KB145667

바람·물 그리고 삶

바람을 다스리고
물을 얻는 것이
곧, 자연과 하나되는 삶입니다.

홍익아카데미 (아름다운 모임)

'바람·물
그리고 삶'을 시작하며…

 바람·물 그리고 삶은 우리나라 전통에 맞춘 동양사상(풍수지리, 전통의례, 동양철학, 명리학 등)에 관련한 내용을 대구한의대학교 대학원 동양사상학과 전통의례지리산업학전공 철학박사과정 2기생 7명이 쉽게 접하고 재미있게 읽을 수 있도록 공동 집필한 책입니다.

 『논어(論語)』 「위정(爲政)」편에 "溫故而知新, 可以爲師矣(온고이지신, 가이위사의.) 옛 것을 익히고 새로운 것을 알면 스승이 될 수 있다" 하였습니다. 이 말을 흔히 우리는 '온고지신(溫故知新)'이라고 표현하는데, '우리의 전통문화와 학문을 충분히 익히면 현재 우리의 인격함양(人格涵養)에 좋은 스승이 될 수 있다'는 말로 해석할 수 있습니다.

 그리고 바쁜 와중에 기꺼이 좋은 글을 주신 박상구, 백남대, 임정기 교수님께 감사의 말씀을 올립니다.

홍익아카데미(아름다운 모임) 회장 김형근
戊戌年(2018) 孟春에 ……

2017년
초여름에

2017년
겨울 초입에

토론 중

2018년
2월 초입

1차 완성 후
토의

2018년 3월
최종 토의

목　차

Ⅰ. 도시의 입지선정과 공간구성[1]

- 전통도시[한성/읍성]를 중심으로 -

원각(圓覺)

김 형 근(金亨根)

Kim, Hyeong-keun

wongak5900@naver.com

저자 소개

- 대구한의대학교 한국어문학과 외래교수
- 대구한의대학교 평생교육원 객원교수
- 대구한의대학교 대학원 동양사상학과 철학박사 졸업
- 동명대학교 정보대학원 정보통신공학과 공학석사 졸업
- 울산광역시 중구평생학습관 출강
- 대구광역시 노인종합복지관 출강
- 원각전통문화연구원 원장(명리학 & 풍수지리)
- 한국불교법사대학 수료(圓覺)
- 한국정보통신공사협회 감리(정보통신) 기술자

---

1) 본 글은 필자의 박사청구논문 「영남지방 읍성의 공간구성과 풍수적 특성 연구」의 일부분을 발췌하여 작성한 내용입니다.

1. 들어가는 글

서울[한성]은 조선시대 때부터 지금까지 우리나라의 수도역할을 하고 있고, 본래 자연을 잘 활용하여 만든 도시이다. 따라서 중국의 수도인 북경의 성곽이 사방으로 네모반듯한 것과는 달리, 서울의 성곽(城郭)[2]은 네모난 듯 하면서도 언덕과 능선을 따라 구불구불 흘러가는 자연스러운 형태를 띠고 있다. 서대문(西大門)과 동대문(東大門)을 연결하는 종로(鐘路)도 서대문 가까이에 다다라서는 약간 아래로 굽어 있는데, 오래 전부터 물길을 따라 만들었던 길을 그대로 살렸기 때문이다. 이처럼 서울은 자연친화적인 역사를 가진 도시였다. 그러나 오늘날 우리의 국토와 도시들은 '편리한 교통망 구축'이라는 단순한 도시계획 시행으로 말미암아 환경훼손이 여전히 이루어지고 있어 자연친화적인 도시 공간구성과 국토개발과는 여전히 거리감이 있는 실정이다.

한국은 본래 상고(上古)시대부터 산이 문화의 중심이 되면서 자연을 근본으로 한 풍류사상(風流思想)이 발전하였다. 고대사회가 형성된 삼국시대에는 유학(儒學)이 관학으로 제정되고 불교(佛敎)가 호국불교(護國佛敎)가 되었으며, 고려 말까지 유(儒)·불(佛)·도(道) 삼교(三敎)가 서로 공존하면서 문화가 더욱 발전하였다. 그 근원에는 성리학(性理學)[朱子學][3]을 근본이념으로 한 조선시대까지 山川과

---

2) 성곽(城郭)은 한 국가의 수도인 도성(都城) 등을 둘러쌓은 '성(城)'과 그 바깥을 다시 둘러싼 '곽(郭)'을 합쳐서 말하는 것으로, 성(城)과 곽(郭)을 각각 내성(內城)과 외성(外城)으로 구별하기도 한다.

3) "조선은 주자학(朱子學)이 풍미하던 시대로, 정치·경제 등 실학(實學)을 포함한 모든 분야의 학문이 주자학(朱子學)에 바탕을 두고 발전하였다."(이강대, 『주자철학』, 대구한의대학교 출판부, 2013, 7쪽.) 따라서 본 글에서 나타내고자 하는 조선의 근본이념은 유학(儒學)[儒敎], 성리학(性理學), 그리고 주자학(朱子學)을 같은 개념으로 이해하기로 한다.

함께한 풍류사상이 있다.

여기서 말하는 풍류사상이란 단지 현재의 풍치(風致)를 즐기는 개념이 아니다. 『삼국사기(三國史記)』에 나타난 통일신라 말엽 학자였던 고운(孤雲) 최치원(崔致遠)의 비문에 우리나라 전통사상[유기체론적]은 자연관을 기본으로 하고 있다. 이는 달리말해 풍류사상을 근본으로 하고 있다는 뜻이 되는데, 여기에는 유·불·도 삼교의 요소가 포함되어 있다고 다음과 같이 서술하고 있다.

"우리나라에 현모(玄妙)한 도(道)가 있으니 풍류(風流)라 이른다. 그 교(敎)의 기원은 『선사(仙史)』에 자세히 실려 있거니와, 실로 이는 삼교(三敎)를 포함하여 중생을 교화한다. 집에 들어오면 효도하고, 나아가면 나라에 충성하는 것은 공자(孔子)의 주지(主旨) 그대로이며, 또 그 함이 없는 일에 처하고 말 없는 교(敎)를 행하는 것은 노자(老子)의 종지(宗旨) 그대로이며, 모든 악한 일을 하지 않고 착한 일만을 행함은 석가(釋迦)의 교화 그대로이다."[4]

이처럼 풍류사상은 상고시대부터 신라의 화랑(花郞)들이 심신훈련을 하면서 풍류를 닦았던 풍류도(風流道)[國仙徒, 風月道]로 발전하게 되었고, 고려와 조선시대를 거치면서 유·불·도 삼교와 함께 명맥을 이어왔다.[5]

이와 같이 조선시대부터 현재에 이르기까지 중심도시인 한성[서

---

[4] 『三國史記』: "崔致遠鸞郎碑序曰, 國有玄妙之道, 曰風流, 設敎之源, 備詳仙史, 實乃包含三敎, 接化群生, 具如, 入則孝於家, 出則忠於國, 魯司寇之旨也, 處無爲之事, 行不言之敎, 周柱史之宗也, 諸惡莫作, 諸善奉行, 竺乾太子之化也."

[5] "우리나라[동이족(東夷族)]는 산악문화의 영향으로 정착된 존재가 '선인왕검(仙人王儉)' 즉 산에 사는, 죽지 않는 사람이다. 이러한 선인의 후예가 신라의 화랑국선(花郞國仙)이요, 고려의 선랑(仙郞)이며, 이들은 조선 선비[士]의 모태이다. 선인의 사상은 한국사상의 원류로써의 기능뿐만 아니라, 외래사상인 유교와 불교, 그리고 도교를 수용하는 바탕이 된다."(천인석, 『한국사상의 이해』, 대구한의대학교출판부, 2014, 37쪽.)

울]과 지방도시인 읍치(邑治)6)는 山川과 더불어 도시를 구성하였으며, 유교적 예(禮)7)와 당시의 우주관이라고 할 수 있는 천원지방(天圓地方)8)과 천(天)·지(地)·인(人) 사상(思想)9)이 나타나고 있다. 이것은 곧 서울[漢城]10)과 읍치의 전체적인 지형과 지세는 진산(鎭山)11)을 두어 '양기명당(陽氣明堂)'에 맞추어 장풍(藏風)과 득수(得水)를 하는 안정[安樂]12)된 곳에 방비와 보민(保民)을 목적으로 조성하였으므로, 조선시대는 도시전체를 자연과 더불어 조화를 이루게 조성하면서 그 중심에 사람이 어울려 살았다고 할 수 있다.

---

6) 읍치(邑治)는 조선시대 지방도시의 중심공간이며, 읍성(邑城)은 그 중심공간과 둘러싼 성곽(城郭)을 말한다. 현재로 말하면 시청과 경찰서 및 주택들을 포함한 도시를 말하고, 그 도시를 둘러싼 성(城)이라고 할 수 있다.

7) 조선은 성리학[주자학]이 들어오면서 유교가 근본이념이 되고, 한성[한양의 궁궐과 도성]과 각 지방의 읍성[객사·관아·향교 등]을 『주례』「고공기」편에 나타난 도성축조법에 의해 축성하였으며, 각 건축물에는 천원지방, 풍류사상, 천지인 사상을 근본으로 한 유교적 예가 표출되어 있다.

8) '하늘은 둥글고 땅은 네모지다'라는 의미로, 조선시대 기둥과 문, 주춧돌, 앙부일귀(仰釜日晷-해시계) 등을 하늘을 상징하는 원형(圓形)과 땅을 상징하는 방형(方形)의 형태로 나타내었다.

9) 동양문화권과 조선시대 사상에서 우주의 본원이 되는 것은 하늘과 땅과 사람으로 보고 있다. 즉 천인관계(天人關係) 또는 천지인(天地人) 합일(合一)로 본다고 할 수 있다.

10) 한성(漢城, 한양 도성)은 조선시대 수도(首都)인 한양(漢陽)[서울]의 중심 공간으로, 유교국가에서 나라를 상징하는 종묘(宗廟)와 사직(社稷)이 있는 궁궐(宮闕)과 그 궁궐(宮闕)을 둘러싼 성곽(城郭)을 말한다.

11) 하나의 도읍(都邑)이나 읍치(邑治) 뒤에 있는 큰 산을 말하며, 그곳을 진호(鎭護)한다 하여 진산(鎭山, 소조산(小祖山)) 또는 주산(主山)이라고도 한다. 진산(鎭山)을 중심으로 사방(四方)을 둘러싼 곳[장풍(藏風)하는 곳, 사신사(四神砂)]에, 국도(國都)나 고을의 중심을 축으로 하여 도시를 건설하였다.

12) 김동욱, 『한국건축의 역사』, 기문당, 2007, 179-251쪽 및 대한건축학회, 『한국건축사』, 기문당, 2003, 418-529쪽에 의하면 "조선시대 불교건축물과 사람들의 가옥 및 서원 등에도 이 영향을 받아 공간구성과 풍수적 특성을 가지게 된다."

2. 조선시대 중심도시 한성[서울]과 지방도시 읍성

1) 조선시대 중심도시 한성[서울]

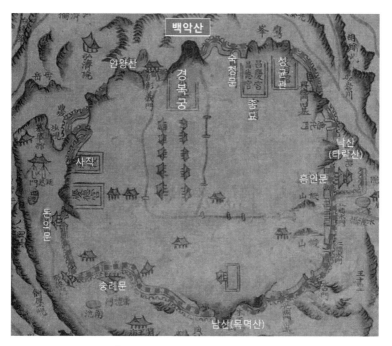

「都城圖」『廣輿圖』(19세기 초)
출처(그림): 규장각 한국학연구원

조선은 태조 이성계(李成桂, 1335~1408, 재위 1392~1398)가 고려를 이어받아 송도(松都, 개성)에서 1392년 개국을 하였지만, 1395년(태조 4) 9월[13])에 개국공신 판삼사사(判三司事) 정도전(鄭道傳)으로 하여금 한양에 종묘(宗廟)와 사직(社稷)이 있는 '궁(宮)'과 '궐(闕)'을 만들게 하고, 이 궁궐(宮闕)을 둘러싼 도성(都城)을 축성

---

13) 『世宗實錄地理志』「京都漢城府」: "本朝太祖康獻大王三年甲戌十月甲午, 定都于此, 改爲漢城府, 置判事尹少尹判官參軍. 卽大明, 太祖高皇帝, 洪武二十七年, 乙亥二月, 始營宗廟宮室, 九月, 皆告成."

시킴으로서 한양에 도성이 축성되었으며, 숭유배불주의(崇儒排佛主義)를 내세워 불교를 배척하면서 성리학[朱子學]을 근본이념으로 받아들인 조선의 '한성(漢城)[한양 도성]'시대가 열리게 된다.

한성은 궁궐과 대묘의 수리 이후 "1395년(태조 4)에 도성축조도감(都城築造都監)을 만들어 정도전으로 하여금 성의 터를 정하도록 명하였고,"[14] "1396년(태조 5) 1월 9일 경상·전라·강원도와 서북면의 안주 이남과 동북면의 함주 이남의 장정 118,070여 명을 징발하여 처음으로 도성을 쌓게 하였다."[15] "성터가 높고 험한 곳은 석성(石城)을 쌓았고, 평탄한 산에는 토성(土城)을 쌓았으며, 수구(水口)에는 높은 사다리[雲梯]를 쌓고 양쪽에다 석성(石城)을 쌓았는데,"[16] 태조가 친히 도성을 순회[17]하기도 하였다. 이후 1396년(태조 5) 9월 24일 "성 쌓는 역사(役事)를 마치고 정부(丁夫)들을 돌려보냄으로서,"[18] 태조 연간의 한성 수축(修築)이 마무리 되었다.

이후 한성은 지리·환경적인 여러 요건에 의해 자주 허물어져 수축을 하여야 했는데, 1416년(태종 16) 10월13일 때부터 도성수축도감[19]을 설치하였고, 세종때까지 계속 도성수축도감을 만들어 <백성들의 원성을 사지 않게끔> 나라에 풍년이 드는 해에 무너져 내렸던 도성을 집 울타리에 비교[20]하면서 도제조(都提調)와 제조

---

14) 『朝鮮王朝實錄』「太祖實錄」: "始立都城造築都監, 置判事, 副判事使, 副使, 判官, 錄事, 命判三司事鄭道傳, 定城基."
15) 『朝鮮王朝實錄』「太祖實錄」: "徵慶尙·全羅·江原道及西北面安州以南, 東北面咸州以南民丁十一萬八千七十有奇, 始築都城."
16) 『朝鮮王朝實錄』「太祖實錄」: "城基高嶮處築石城, 高十五尺, 長一萬九千二百尺, 平山築土城, 下廣二十四尺, 上廣十八尺, 高二十五尺, 長四萬三百尺, 水口築雲梯, 兩傍築石城, 高十六尺, 長一千五十尺." 참조.
17) 『朝鮮王朝實錄』「太祖實錄」: "上巡觀都城基." 참조.
18) 『朝鮮王朝實錄』「太祖實錄」: "築城役訖, 放丁夫."
19) 『朝鮮王朝實錄』「太宗實錄」: "辛未, 設都城修築都監." 참조.
20) 『朝鮮王朝實錄』「太宗實錄」: "謂原等曰, 都城不可不修築, 大役將興, 人

(提調) 등을 두어 수축하게 하였다. 세종때에 이르러서야 현재에 보는 한성의 형태가 완성되었을 것으로 추정된다.

숙종때에는 한성의 수축과 관련된 자료가 『조선왕조실록(朝鮮王朝實錄)』에 1674년(숙종 1) 11월 13일 지사(知事) 류혁연(柳赫然)이 도성을 수축할 것을 아뢰어 허락을 받는 내용[21])과 그 외에도 약 42건의 한성의 수축에 대한 기록이 남아 있다.

영조때에도 우의정(右議政) 조현명(趙顯命)의 한성의 수축을 멈추면 안 된다는 상소[22])에서부터 시작하여 지속적인 수축기록이 있다. 이는 숙종에서 영조에 이르기 까지도 계속 한성을 개·보수하였음을 알 수 있는 내용들이다. 덧붙여 말하면, 일제강점기에 들어서면서 도로개설 등으로 많이 훼손되면서 현재 남아있는 한성의 형태가 된 것으로 보인다.

2) 조선시대 지방도시 읍성(邑城)[읍치(邑治)]

조선시대에는 '도(道)' 산하에 행정구역을 '부(府), 목(牧), 군(郡), 현(縣)'으로 구분하였지만, 통칭하여 '읍(邑)'이라 하였고, 그 지방의 장관을 총칭하여 '수령(守令)'이라 불렀다. 현재의 지방도시와 같은 곳을 읍치라고 하고, 그 도시와 도시를 둘러싼 성곽이 있는 곳을

必怨咨, 然不暫勞, 則不久逸, 吾當其勞, 以逸遺主上, 不亦可乎. 原對曰, '都城猶家之藩籬, 今禾穀稍稔, 不可不修.' 於是, 乃置都城修築都監, 以柳廷顯, 李原, 金承霑爲都提調, 朴子靑, 田興, 李明德, 李蕆, 趙啓生爲提調, 又置使, 副使, 判官." 참조.
21) 『朝鮮王朝實錄』「肅宗實錄」: "赫然曰, 脫有事變, 無可駐蹕之所, 北漢山勢險固, 四面阻塞, 獨有洞口一路, 築役無多, 且是都城咫尺之地, 雖有倉卒之變, 軍兵器械·人民蓄積, 可以避入無遺, 形勢之便, 莫如此處, 宜速講定修築之策矣, 上曰, 然則修築可也." 참조.
22) 『朝鮮王朝實錄』「英祖實錄」: "右議政趙顯命上疏, ..., 至於都城隨毀修築, 誠不可已, 臣謂自今各軍門專爲擔當, 自戶, 兵曹參酌顧助, 依此定式焉." 참조.

'읍성(邑城)'이라 칭하였다.[23]

조선의 지방 도시였던 '읍치 및 읍성'은 전쟁과 고을의 상황(역모, 또는 왕의 친인척 등)에 따라 합해지거나 승격 또는 속현이 되었다가 다시 복속되는 여러 형태로 인해 그 수의 변동이 있었다.

읍성은 왜구의 침입에 방비하기 위해 축성된 연해지역과 내륙지역으로 구분할 수 있다. 세종때 축성된 읍성은 임진왜란(1592년)을 거치면서 많이 소실되었지만, 영·정조(18세기)때에 방어력 강화를 위해 한성으로 연결되는 교통로에 축성한 것들은 신축하거나 개축하였다. 그러나 일제강점기[24] 때에 도로개설과 철도부설 등의 사업으로 인해 많은 성곽들이 훼손되었다.[25]

읍성 내 중심[사통발달]이 되는 곳에 객사(客舍)와 동헌(東軒) 및 기타 관아(官衙)를 배치하였고, 왜구를 막기 위한 고려 말엽 기존 토축(土築)으로 되어있던 읍성을, 조선 세종때에 이르러 전국적으로 방비의 목적과 중앙의 행정목적으로 활발하게 돌로 축성하면서, 자연스럽게 산성(山城)의 수는 줄어들게 되고 읍성의 수가 늘어나게 된다.

조선 초기와 중기 때의 읍성 수를 비교해 보면 다소 차이가 있는데, 다음 표를 참조하면 『세종실록지리지(世宗實錄地理志)』(1454년)에는 335개의 읍치 중에 96개소가 있었고, 『신증동국여지승람(新增東國輿地勝覽)』(1530년)에는 330개의 읍치 중에서 160개소가 있었으며, 임진왜란 이후 『여지도서(輿地圖書)』(1757년)에는 334개

---

23) 문화재청, 『한국성곽 용어사전』, 한솔기획인쇄사, 2007, 13쪽 참조.
24) 1907년 '성벽 처리 위원회 규정'의 공포로 1910년 일제의 철거령으로 훼철되기 시작하고, 1934년 '조선 시가지 계획령'이 공포되면서 도로개설, 철도부설 등을 목적으로 크게 훼손되거나 훼철되었다.
25) 문화재청, 『읍성의 보존관리 매뉴얼』, 대한문화인쇄사, 2013, 10-13쪽 참조.

의 읍치 중에서 107개소로 나타난다.

『신증동국여지승람(新增東國輿地勝覽)』에
나타난 읍치와 읍성의 현황

구 분	행정구역 수	읍성 수
한성부(漢城府)	1	1
개성부(開城府)	1	1
경상도(慶尙道)	66	41
전라도(全羅道)	57	33
충청도(忠淸道)	56	24
경기도(京畿道)	37	2
강원도(江原道)	26	10
황해도(黃海道)	24	8
함경도(咸鏡道)	22	17
평안도(平安道)	42	23
계	330	160

한편, 조선시대 지방 도시(읍치)를 다스리는 수령의 품계는 팔도의 행정구역(부·대도호부·도호부·목·군·현)과 지리적 여건에 따라 다소 차이가 나타나고 있다. 반란과 관계되었거나 전공을 세웠을 때에는 수령의 품계와 행정구역의 명칭을 올림[26]으로써 세금감면 등의 특혜를 주었으나, 다시 강등되는 일도 있었다.

조선시대 영남지방 행정구역과 수령 품계
출처: 泗川鄕校, 『泗川鄕校史』, 기미출판, 2016, 1,478쪽.

행정구역	수령(守令)	수	『경국대전』, 1485(성종 16년)	『속대전』, 1746(영조 22년)	<후기>	합계
府	부윤(종2품)	1	경주		경주	1
大都護府	부사(정3품, 당상관)	1	안동	+창원	안동, 창원	2

---

26) 당시의 행정구역은 병렬관계였지만 수령의 품계는 다소 차이가 있었다.

牧	부목사(정3품, 당상관)	3	상주, 성주, 진주		상주, 성주, 진주	3
都護府	부사(종3품)	7	대구, 김해, 영해, 선산, 청송, 밀양, 창원	+울산, 동래, 거제, 거창, 하동, 인동, 순흥, 칠곡 -창원	대구, 김해, 영해, 선산, 청송, 밀양, 울산, 동래, 거제, 거창, 하동, 안동, 순흥, 칠곡	14
郡	군수(종4품)	14	풍기, 영천, 예천, 김산, 청도, 영천, 흥해, 합천, 초계, 함안, 양산, 곤양, 함양, 울산	-울산	풍기, 영천, 예천, 김산, 청도, 영천, 흥해, 합천, 초계, 함안, 양산, 곤양, 함양	13
縣	현령(종5품)	7	의성, 영덕, 경산, 고성, 남해, 동래, 거제	-동래, 거제	의성, 영덕, 경산, 고성, 남해	5
縣	현감(종6품)	34	봉화, 문경, 용궁, 함창, 진보, 예안, 비안, 군위, 신영, 의흥, 개녕, 지례, 하양, 고령, 영산, 현풍, 안음, 산음, 창녕, 칠원, 사천, 단성, 기장, 웅천, 삼가, 의령, 언양, 진해, 거창, 하동, 인동, 장기, 창하, 연일	+영양, 자인 -거창, 하동, 인동	봉화, 문경, 용궁, 함창, 진보, 예안, 비안, 군위, 신영, 의흥, 개녕, 지례, 하양, 고령, 영산, 현풍, 안음, 산음, 창녕, 칠원, 사천, 단성, 기장, 웅천, 삼가, 의령, 언양, 진해, 장기, 창하, 연일, 영양, 자인	33
계		67				71

경상북도(10시 13군 35읍) : 경주, 상주, 안동, 영주, 문경, 구미, 김천, 경산, 포항, 영천, 봉화, 울진, 예천, 영양, 영덕, 청송, 의성, 군위, 칠곡, 청도, 고령, 성주, 울릉

경상남도(10시 10군 읍면) : 밀양, 양산, 창원, 김해, 마산, 진해, 사천, 통영, 거제, 진주, 합천, 거창, 함양, 창녕, 산청, 의령, 함안, 고성, 남해, 하동

3. 전통도시 한성[서울]과 읍성의 입지

1) 한성[서울]의 입지와 행정·군사·교육시설

한성 전도

출처(그림): 서울특별시청, 『서울한양도성 가이드북(개정판)』, 서울시
문화본부 한양도성도감, 2016, 26쪽.

한성의 둘레는 위성으로 측정하면 약 18.6km이고, 『조선왕조실록 (朝鮮王朝實錄)』에 "둘레 9,975보, 세로의 지름 6,063보, 가로의 지름 4,386보이다"[27]라고 기술하고 있다. 한성 내 궁궐은 여러 왕을 거치면서 정궁(正宮)인 경복궁(景福宮)과 창덕궁(昌德宮)·창경궁(昌慶宮)·덕수궁(德壽宮, 일명 慶運宮) 등이 생기게 되고, 경복궁은 근정전(勤政殿)을 중심으로 사정전(思政殿)·강녕전(康寧殿)·교태전(交泰殿) 등이 뒤편에 만들어졌으며, 앞에는 육조(六曹)와 시장을 두게 된다. 그리고 경복궁 후원 서쪽은 왕실의 권위를 상징하는 큰 정원인 경회루(慶會樓)가 있고, 북쪽은 대내적으로 사용한 정원인 향원정(香遠亭)이 있으며, 청계천(淸溪川)과 청계천을 지나는 여러 석교와 망원정(望遠亭) 같은 정자들뿐만 아니라 민가와 시장 등이 함께 어우러져 조선의 중심인 한양을 이루게 된다.

도성은 하나의 국가를 호칭하는 말로, 한성은 곧 조선을 상징하고, 조선은 유교를 기본으로 한 국가로 궁궐보다 종묘와 사직을 먼저 차례대로[28] 세우게 되며, 제사시설은 이후 묘(廟)·단(壇)·사(祠)

종묘 전경
출처: 문화재청

사직단 전경
출처: 문화재청

의 유형[29]으로 나타나게 된다. 먼저 종묘는 역대의 왕과 왕비 및

---

27) 『世宗實錄地理志』「京都漢城府」: "都城周回九千九百七十五步, ..., 徑六千六十三步, ..., 徑四千三百八十六步."
28) 『朝鮮王朝實錄』「太祖實錄」: "殿下卽位之三年, 定都于漢陽, 先建宗廟, 次營宮室, 越明年乙未, 親服袞冕, 享先王先后于新廟."
29) 주남철, 『한국건축사』, 고려대학교 출판부, 2002, 310쪽에 의하면, "국가의 제사를 지낼 건축으로는 묘·단·사가 있는데, 묘는 『주자가례』에 의하여 조상의 위패를 봉안하고 제사를 지내는 가묘와 나라에서 역대 제왕의 신위를 모시고 제사를 지내는 종묘, 그리고 공자와 유교의 성현들의 위패를 봉안한 문묘 등이 있고, 단으로는 땅신과 곡식신에게

추존된 왕과 왕비의 신주를 모신 사당을 말하며, 중심이 되는 건물은 정전(政殿)과 영녕전(永寧殿)이다.

사직은 백성의 복을 위해 제사하는 국토의 신인 '사(社)'와 곡식의 신인 '직(稷)'을 아울러 이르는 말이다. 나라를 창건할 때는 제일 먼저 왕가의 선조를 모시는 종묘를 짓고, 사직단을 만들어 백성을 위해 사직에게 복을 비는 제사를 지냈다.

한성의 군사시설은 궁과 궐을 보호하는 한양[서울]에 있는 도성을 의미하고, 한성은 체성(體城)·성문(城門)·옹성(甕城)·치성(雉城)·여장(女墻) 등으로 성을 구비하여 방비하는 방식으로 이루어져 있으며, 각 지방도시인 읍성도 이와 같은 군사시설을 갖추게 된다.

한성의 체성[30] 일부는 흙을 쌓아[土築] 축성하였고, 중요지점은 거의 돌을 쌓아[石築] 축성되었으며, 세종때부터 숙종때를 거쳐 영·정조 시대를 내려오면서 거의 석축으로 개·보수되었는데 축성기법이 점점 좋아지면서 정밀하고 튼튼하게 축성되었다.[31]

성문[32]은 주 출입로로 사용하는 4개의 대문(大門, 흥인지문, 돈의문, 숭례문, 숙청문)과 별도의 용도로 사용하는 4개의 소문(小門, 혜화문, 소의문, 광희문, 창의문)이 있다.

한성의 성문을 보호하는 옹성[33]은 현재 반원형 옹성으로 되어 있

제사지내는 사직단과 농사, 잠업이 융성하도록 제사지내는 선농단, 선잠단 등이 있으며, 사로는 남산의 목멱신을 모신 목멱신사 등이 있다."

30) 체성은 성의 바닥에서부터 여장 아래 미석까지의 성벽을 말한다. 즉 성의 본체를 말하는 것으로 원성이라고도 한다.

31) 서울특별시청, 『서울 한양 도성 가이드북(개정판)』, 서울시 문화본부 한양도성도감, 2016, 6쪽 참조.

32) 『朝鮮王朝實錄』「太祖實錄」: "正北曰肅淸門, 東北曰弘化門俗稱東小門, 正東曰興仁門俗稱東大門, 東南曰光熙門俗稱水口門, 正南曰崇禮門俗稱南大門, 小北曰昭德門俗稱西小門, 正西曰敦義門, 西北曰彰義門." 참조.

33) 옹성은 성문 앞에 설치되는 시설물로 마치 항아리와 같다고 하여 붙은 이름으로, 성문을 공격하거나 부수는 적을 측면과 후방에서 공격할 수 있는 시설물이다. 적이 아무리 많아도 옹성 안에 들어 올 수 있는

흥인지문[한성 동쪽 문]과 반원형 옹성
출처: 문화재청

으며, 여장34)은 여러 왕을 거치면서 증축했다는 언표내용35)을 봐서는 조선 초부터 꾸준히 증축되어 왔음을 알 수 있다.

치성36)은 쌓아놓은 성의 바깥에 덧붙여서 만든 것으로 초기 보다는 양

란을 거치면서 유사시 한성이 안전지대로 믿을만한 상황이 아님을37) 알고, 중기이후부터 본격적으로 만들어졌음을 알 수 있다.

한성 내의 식수와 배수구는 궁궐의 중앙을 흐르는 청계천을 이용하였다. 한편, 한성에는 유학을 기초로 한 최고교육기관인 성균관(成均館)을 두었고, 지방에는 관학교육기관인 향교(鄕校)를 두게 된다. 덧붙여 말하면, 현재 한성의 위치는 서울 종로구 누상동 산1-3

인원이 제한되어 있기 때문에 아군 쪽에서는 공격하기가 쉬우며, 적들이 통나무를 들고 가속을 붙여 성문을 공격하는데 가속을 붙일만한 공간적 여유를 주지 않는 기능도 한다.

34) 한성의 여장은 4,664첩이 있다. 성벽 위에 담장을 설치하여 적으로부터 몸을 보호하고 적을 공격할 수 있는 구조물로, 여담 또는 여첩(女堞), 타(垜), 성가퀴 등으로 불린다. 토성에는 정확하지 않으나 석성에는 대부분 여장이 있었다.

35) 『朝鮮王朝實錄』「英祖實錄」: "時有都城增築之議, 而人有以東城地勢平易, 宜設雉增埤爲言者, 故上親自登覽." 참조.

36) 치성은 6군데(출처: 문화재청)가 있다. 성벽의 바깥으로 덧붙여서 쌓은 것으로, 적이 접근하는 것을 일찍 관측하여 선제공격을 하거나, 가까이 오는 것을 미리 막을 수 있도록 한 시설물이다.

37) 『朝鮮王朝實錄』「肅宗實錄」: "而知非緩急可恃之地, 臣曾見, 彰義門外蕩春臺舊址, 四面嶄絶, 壁之如削, 仍山累石, 附築雉城." 참조.

번지 외에 있으며, 서울특별시가 관리하고 1963년 1월 21일 사적
제10호로 지정되었다.

2) 지방도시 읍성의 입지와 행정·군사·교육시설

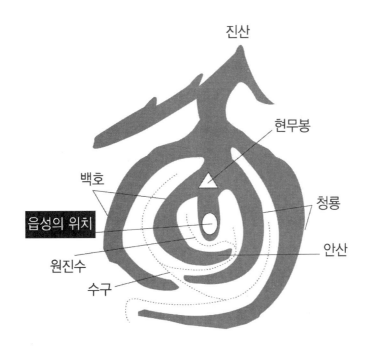

읍성의 입지도
출처: 필자 작도

읍성에는 평시와 전시에 작전권과 운영권을 가지고 있던 수령이 외에도 기타 행정업무를 담당하던 관원이 100여명 정도 있어 도시전체의 살림을 살았고, 수천 명의 군사[38]가 도시에 주둔하면서 주위를 경계방비 하였는데, 훈련도감(訓練都監)·어영군(御營軍)·금위군(禁衛軍)·수군(水軍)·마보군(馬步軍)·봉수군(烽燧軍) 등으로 구성되어 있고, 봉수(烽燧)[봉화]로 유사시의 상황을 서로 전달하면서 대비하였다.

읍성 내 관원과 업무

관원	업 무
수령	守令은 중앙에서 府·牧·郡·縣 등에 파견하여 각 고을을 맡아 다스리던 지방관을 말한다. (府使·牧使·郡守·縣令·縣監 등)
좌수	座首는 향청에서 가장 높은 직무를 가지고 있었고, 수령을 보좌하는 역할을 하였으나, 많은 마찰이 있기도 하였다. 선조이후에는 권한이 크게 약화되어 고을 수령이 임명하게 되었고, 수령의 수석보좌관이다.
별감	지방에서 別監은 통상 2명으로, 조선 초에는 좌수를 도와 지방 풍속의 조정과 鄕吏(향사)를 규찰하였다. 그러다가 후기에는 각종 제수·전곡·형옥·봉수·도로와 교량 보수 등을 담당하였다.
군관	軍官은 장수 휘하에서 군사적 직무를 수행하던 무관을 말한다.
인리	人吏는 관아에서 말단 실무를 맡아보던 향리를 말한다.
서원	書員은 사환잡역 및 문서, 회계, 공사전달 등의 일을 맡았던 향리를 말한다.
지인	知印은 수령의 잔심부름을 하던 구실아치로, 胥吏나 公賤 출신이다.
사령	司令은 관아에서 잔심부름과 군관 밑에서 죄인에게 곤장을 치는 등 하는 일이 많다. 그 일에 따라 일수·문졸·조례·나장·군노 등으로 불렸다.

---

38) 조선시대 지방군사체제는 임진왜란 이후 중앙군에서부터 5군영(훈련도감·어영청·총융청·금위영·수어청)이 갖추게 되었고, 지방에서도 이를 모방하여 운영하였지만 생업을 같이 해야 했던 백성들에게는 또 다른 병폐가 있기도 하였다. 훈련도감은 초창기에 포수로만 구성되다가 점차 사수·살수의 삼수병으로 분류되면서 전문기술을 가진 특수부대로 형성되었고, 어영군은 화포군, 금위군은 정병으로 군인의 주축이 되었다.

봉군	烽軍은 봉수에 기거하면서 신호·전령 등을 담당하였다.
관노	官奴는 관아소유의 남자노비를 말하는데, 각 지리지에는 백성 또는 직책을 가진 자는 '人'으로 표기하였으나, '口'로 표현되어 그 대우를 짐작할 수 있다.
관비	官婢는 관아소유의 여자노비를 말하고, 관노와 같은 대우를 받았다.

읍성은 산위에 축성되었던 산지성과 산과 평지를 적절히 이용하였던 평산성, 평지에 축성되었던 평지성으로 나눌 수 있다.

경북 포항 장기읍성- 산지성
출처: 문화재청

산지성은 방어가 가장 유리한 유형으로 백성들이 바로 대처할 수 있는 지역에 축성하였고, 장기읍성과 하동읍성이 대표적인 산지성이다.

평산성은 산과 평지를 같이 이용한 성으로 산 쪽보다는 평지 쪽을 더 단단하게 석축한 읍성이며, 유사시에 빨리 대처할 수 있는 산지성의 장점과 교통과 공간 활용에 유리한 평지성의 장점을 같이 가지고 있다. 동래읍성과 기장읍성, 밀양읍성, 청도읍성, 사천읍성, 영산읍성 등이 있다.

평지성은 교통과 공간 활용에 대한 장점을 가지고 있는 읍성으로

충남 서산 해미읍성- 평산성
출처: 문화재청

울산 울주군 언양읍성- 평지성
출처(그림): 울산발전연구원문화재센터 『언양읍성
남문 영화루』, 2014, ⅱ쪽.

언양읍성과 경주읍성, 고성읍성, 웅천읍성 등이 대표적이다. 교통과 공간 활용에 대한 장점을 가지고 있지만, 장기전에 불리하기 때문에 산지성과 평산성에 비해 성벽의 높이와 해자 등을 설치하여 장기전에 대비하였다.

읍성의 행정시설은 백성들과 관계된 업무를 보는 곳으로 객사와 동헌 및 기타 관아가 핵심적인 건물이다. 실질적으로 조선시대 각 지리지에는 객사와 관아가 잘 표출되어 있는데, 향교와 더불어 세 개의 시설이 중요함을 나타낸 것이라 하겠다.

객사는 고을에서 가장 중요한 공간으로 왕을 상징하는 전패(殿

牌)[39]를 모시는 건물로 매달 초하루와 보름에 고을 수령은 왕이 있는 대궐을 향해 예[望闕向拜]를 올렸으며, 외국의 사신이나 중앙청에서 내려오는 관리의 숙소로 쓰이기도 하였다.

전북 고창 무장객사
출처: 문화재청

지방에서는 왕을 상징하는 공간이었기 때문에 거의 중앙에 위치하고 가장 높은 건물로, 객관(客官)이라고도 하였다. 객사의 가운데 건물은 정청(政廳)을 두고 그 좌우에 익사(翼舍)[翼軒]를 각각 두었는데 현재는 거의 일자형(一字形)으로 남아있고, 고을에서 가장 격(格)이 높았다.

울산 동헌

울산 서헌

국가에서는 관아의 수령을 일정한 임기를 주면서 고을을 다스리

39) 임금을 상징하는 나무 패(稗)를 말하며, '전(殿)' 자를 새겨 각 지방의 객사에 두었다.

게 하였는데, 수령이 공무[40]를 보던 곳을 동헌이라고 한다. 관아의 대표되는 건물로 아사(衙舍)로 불리기도 했으며, 수령의 개인 생활 공간이었던 서헌(西軒, 內衙)의 동쪽에 있는 헌(軒)이라고 하여 동헌이라고 통상적으로 호칭한다. 동헌 내 정청(政廳)은 수령이 집무하던 곳으로 일반 행정업무와 재판 등이 이루어졌고, 관아에서 객사 다음으로 격이 높은 중요한 건물이다.

기타 관아는 아래 표와 같이 나타낼 수 있다.

읍성의 기타 관아

시설명	역 할
작청	作廳은 육방[41]의 관리들이 모여 집무를 보는 곳을 말한다.
향사당	鄕射堂은 향중의 여러 일들을 의논하거나 향사(활쏘기를 겨루는 의식)와 독법(법령을 읽어 알리는 의식)을 하며 향안을 보관하고 삼향임(좌수·좌별감·우별감)이 상시 근무하던 청사이다.
부사	府司는 육방 중 수석인 호방의 집무실이다.
이청	吏廳은 아전들의 집무소이다.
전제청	田制廳은 각종 토지에 관한 사무를 집행하던 곳이다.
계서청	啓書廳은 공문서의 서사를 보던 곳이다.
진휼청	賑恤廳은 재무와 회계 및 빈민구제를 담당하던 곳을 말한다.
창청	倉廳은 창감이나 창리 등 창고를 맡은 자들의 집무소이다.
식선	食膳은 관찰사의 식선과 보좌관인 판관들의 식선이 따로 있

40) 『經國大典』에는 각 읍치의 수령은 나라에서 법으로 '칠사(七事)', 즉 "농사일과 누에치기가 잘되는 것, 호구조사, 학교를 흥하게 하는 일, 정사를 잘 하는 것, 부역을 고르게 시키는 것, 송사를 편하게 하는 것, 아전들의 농간질을 없애는 것"을 관장하게 하였고, 칠사(七事) 외에도 "조(租)·역(役)·공물(公物)의 수취업무를 하였다. 이러한 경제적 기능 외에 그들은 군졸지휘, 기민진휼(饑民賑恤) 및 지방민을 교화하는 등 사회적 기능을 수행함으로써 중앙집권체제를 유지하는데 어느 정도 기여하였다."(『經國大典』「吏典」: "七事, 農桑盛, 戶口增, 學校興, 軍政修, 賦役均, 詞訟簡, 奸猾息." 및 金東栓, 「朝鮮前期 守令制度 硏究」『史學志』21권, 1987, 329쪽.)

41) 육방(六房)은 이방(吏房)·호방(戶房)·예방(禮房)·병방(兵房)·형방(刑房)·공방(工房)을 말하고, 호장(戶長)이 수석(首席)이 된다.

	었다.
관청	官廳은 의복의 주제소이다.
책방	冊房은 수령의 비서가 거처하면서 보좌하거나 수령의 자제가 글공부를 하는 서실의 성격이 복합된 곳이다.
형청	刑廳은 형리들의 업무공간이며, 죄인을 다루는 업무를 하는 곳이다.
장군청	將軍廳은 속오군의 지휘를 위해 파견된 장교들이 근무하던 곳이다.
군관청	軍官廳은 장교들이 병무를 주관하던 곳으로 군병의 소집과 조련 등의 업무를 하던 곳을 말한다.
사령청	使令廳은 수령의 명령을 전달, 전파, 집행하던 거처이다.
토포청	討捕廳은 도적이나 범법자를 잡아들이는 별포군의 집무처이다.
교련당	敎鍊堂은 군사적인 목적으로 지어진 군관들의 집합소이다.
사창	司倉은 양곡창고를 관리하던 관청을 말한다.
군기고	軍器庫는 군기를 관리 출납하는 곳이다.
관청고	官廳庫는 고을의 관수품과 호적 및 진상하는 공물 등을 보관하는 창고이다.
대동고	大同庫는 대동법이 실시된 이후 설치된 창고를 말한다.
옥사	獄舍는 범죄자를 감금하기 위한 시설이었다.

그 외에도 지방도시에서는 전통사상과 유교의미가 부여된 3단1묘(사직단, 성황단, 여단, 문묘)가 나타나는 것이 특징이다.

문묘(文廟)는 향교에 모셨고, 공자를 비롯한 사성(四聖, 顔子·曾子·子思子·孟子)과 공문10철(孔門十哲) 및 송조6현(宋朝六賢)과 우리나라의 18현(十八賢)을 모셨다.

사직단은 한성에서와 같이 읍성에서 향교 내 문묘와 더불어 꼭 있어야 하는 시설물 중 하나로 토지를 주관하는 신인 '사(社)'와 오곡을 주관하는 신인 '직(稷)'에게 제사를 지내는 시설이다. 동쪽에는 '사단(社壇)', 서쪽에는 '직단(稷壇)'을 설치하여 왕을 대신해 읍치의 안녕과 농사 등을 기원하였던 곳을 말한다.

성황단(城隍壇)은 요즘도 마을에 존재하고 있는 곳이 있다. 처음 용도는 읍치를 다스리는데 나쁜 일과 풍년을 기원하는 목적으로 거의 성지처럼 여겼으나 시간이 흐르면서 마을의 수호신으로 상징화된다.

여단(厲壇)은 후손이 없이 죽은 혼령이나 억울한 죽음을 당한 귀신 또는 전염병으로 죽은 귀신들이 고을에 해를 끼친다고 하여 이를 달래기 위하여 제사를 대신 지내주는 정사각형으로 된 단을 말한다. 아직도 일부 마을에서는 후손이 없는 혼령들을 위해 제사를 지내주는 곳도 있다.

읍성은 한성의 영향을 받아 거의 같은 군사시설을 갖추고 있기 때문에 앞에서 소개하지 않은 일부만 소개하기로 한다.

여장은 "사이사이가 끊어진 구멍을 타구(垜口)라고 하는데 열린 모양이 우리나라는 방형이 아니라 장구모양이어서 시야를 넓게 확보할 수 있는 과학적인 구조이다. 타구로 끊어진 여장의 한 구간을 첩(堞) 또는 타(垜)라고 하며 첩이나 타의 개수는 성벽의 길이를 가늠하는 기준이 되기도 한다. 따라서 첩이나 타는 일정한 기준

여장(평여장)
출처(그림): 김왕직, 『알기쉬운 한국건축
용어사전』, 동녘, 2007, 382쪽.

이 있었음을 짐작할 수 있다."42) 또한 근경안(近銃眼)과 원경안(遠銃眼)으로 구별하여 만들어 적을 방비하였는데 근총안은 가깝게 다가온 적을 공격하면서 방비하는 수단으로 사용하였고, 원총안은 멀리서 다가오는 적을 미리 공격할 수 있도록 하여 여장의 활용성

---

42) 김왕직, 『알기쉬운 한국건축 용어사전』, 동녘, 2007, 383쪽.

을 더 하였으며, 대다수의 읍성은 평여장의 형식을 가지고 있다.

경남 진해 웅천읍성과 해자

해자(垓字)는 읍성의 테두리에 인위적으로 땅을 파서 고랑을 만들거나 자연하천을 이용하여 만든 것으로 적을 막는 최초의 시설이다. 산을 등진 평지 쪽에 하천을 파거나 자연하천을 이용하여 해자를 구성하였다. 물이 없는 해자를 건호(乾壕)라고 하고, 외국의 성에도 두드러지게 나타난다. 왜적이 해자를 넘어오기 위해서는 시간이 걸리기 때문에 왜적을 1차적으로 공격하면서 방어하는 효과와 아군이 방어적 시간을 버는 목적으로 사용되는 중요한 방어시설이다.

읍성 내에는 식수로 사용하는 물이 항상 구비되어 있어야 하는데, 평상시 주로 샘이나 우물·연못 등을 만들거나, 하천을 이용하였으며, 여러 군데 배치해 비상시에도 쓸 수 있도록 구비하고 있었다. 그림은 장기읍성 안에 있는 우물로 당시 식수로 활용했던 것으로 보인다.

경북 포항 장기읍성 내 우물

경남 밀양읍성 장대

장대(將臺)는 비상시를 대비해 읍성의 내부와 외부에서 쳐 들어오는 적을 용이하게 볼 수 있는 장소에 설치한 지휘소이다. 주로 높은 곳에 설치하여 상황을 정확하고 빨리 판단하기 위한 용도였는데, 읍성의 크기와 지형·용도에 따라 2~5곳(동장대·서장대·남장대·북장대 등)으로 나누어 설치된 곳도 있다.

조선시대 지방의 대표적인 교육시설이면서 관학기관인 향교가 '일읍일교(一邑一校)'로 생기게 되고, 중기 즈음에는 사학기관인 서원(書院)[43]이 본격적으로 생기게 된다.

경남 김해향교

향교는 고려시대부터 지방의 국립 교육기관으로 시작[44]하여 조선시대를 거치면서 유학의 이념과 더불어 더욱 적극적으로 육성되었다. 향교의 공간은 주 기능을 하는 명륜당과 대성전이 있고, 강학공간인 명륜당은 좌우에 동재와 서재를 두었으며, 제향공간인 대성전은 좌우에 동무와 서무를 두었다.

---

43) 1542년(중종 37) 풍기군수 주세붕(1495~1554년)이 주자의 백록동학규(白鹿洞學規)를 본받아 백운동(白雲洞)서원을 세우면서 최초의 서원이 되었고, 후에 영남을 배경으로 주리적인 퇴계학파를 형성한 퇴계 이황(1501~1570년)이 부임하여 나라에 상소함으로써 '소수서원(紹修書院)'이라는 편액과 함께 국가가 공인한 최초의 사액서원(賜額書院)이 된다.

44) 『高麗史』: "太祖十三年, 幸西京創置學校, 命秀才廷爲書學博士, 別創學院聚六部生徒敎授." 참조.

4. 전통도시 한성[서울]과 읍성의 공간구성

1) 『주례(周禮)』「고공기(考工記)」

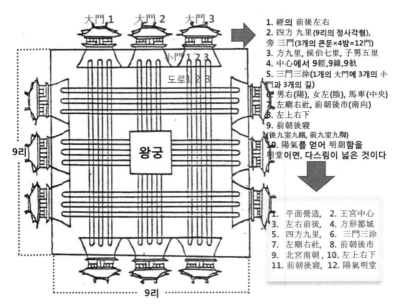

1. 經의 前後左右
2. 四方 九里(9리의 정사각형),
   旁 三門(3개의 큰문×4방=12門)
3. 方九里, 侯伯七里, 子男五里
4. 中心에서 9經,9緯,9軌
5. 三門三涂(1개의 大門에 3개의 小
   門과 3개의 길)
6. 男右(陽), 女左(陰), 馬車(中央)
7. 左廟右社, 前朝後市(南向)
8. 左上右下
9. 前朝後寢
   (後九室九嬪, 前九室九卿)
10. 陽氣를 얻어 明朗함을
    朝堂이면, 다스림이 넓은 것이다

1. 平面營造, 2. 王宮中心
3. 左右前後, 4. 方形都城
5. 四方九里, 6. 三門三涂
7. 左廟右社, 8. 前朝後市
9. 北宮南朝, 10. 左上右下
11. 前朝後寢, 12. 陽氣明堂

『주례(周禮)』「고공기(考工記)」의 왕성도(王城圖)
출처(그림): 김동욱, 『한국건축의 역사』, 技文堂, 2007, 181쪽.

중국 주(周)나라[45] 이전부터 『주례(周禮)』「고공기(考工記)」에 나타나는 도성 건립 형태에 의해 국가를 상징하는 도성들이 설계된 것으로 보인다. 『주례(周禮)』는 주(周)나라 관제 및 직제를 기록한 중국의 고전으로 천관(天官)·지관(地官)·춘관(春官)·하관(夏官)·추관(秋官)·동관(冬官) 6권 중 동관(冬官)이 소실되어 뒤에 「고공기(考工記)」로 보완하여 대체하였다. 당시의 육관(六官, 天官·地官·春官·夏官·秋官·冬官)은 중앙행정 조직의 명칭이기도 했는데, 그 중에서 동

---

45) B.C. 1046~ B.C. 770년경에 있었던 중국 고대 왕조로, 하(夏)와 상(商) 나라에 이어 나타난 왕조이며, 하·상·주를 3대(三代)라고도 부른다.

관(冬官)은 토목공사와 공업행정을 관리하던 중앙부서이다.

『주례(周禮)』「고공기(考工記)」에 나타난 그림과 같이, 도성의 축성에 대해 표출된 내용들을 요약하면 다음과 같다.

『주례(周禮)』「고공기(考工記)」에 나타난 도성의 공간구성
출처: 『주례(周禮)』「고공기(考工記)」 원문을 참조하여 작성함.

순번	공간구성	내 용
(1)	평면영조 平面營造	도성은 사방을 평평하게 하여 평면에 축성한다.
(2)	왕궁중심 王宮中心	도성은 왕궁을 중심에 두고, 나머지 건축물을 구성하여 성곽을 축성한다.
(3)	좌우전후 左右前後	왕궁을 중심축으로 하여 사방[좌우전후]을 조성하여 도성을 건설한다.
(4)	방형도성 方形都城	왕궁을 중심축으로 좌우전후에 방형으로 건축물을 구성하고, 그 왕궁과 기타 건축물들을 둘러싼 성도 방형으로 축성한다.
(5)	사방구리 四方九里	도성은 사방을 9리로 한다.
(6)	삼문삼도 三門三途	도성 한 면의 문은 3개로 하고, 그 1개의 문마다 3개의 길을 만들라는 의미이다. 따라서 한 면 3개의 문에 9개의 길이 되고, 사면에 12개의 문과 81개의 도로가 있게 된다.
(7)	좌묘우사 左廟右社	왕궁의 좌측에는 종묘를 두고, 우측에는 사직을 두는 것을 도성이라 한다.
(8)	전조후시 前朝後市	왕궁을 중심으로 앞에는 조정(天官·地官·春官·夏官·秋官·冬官)을 두고, 뒤에는 시장을 둔다.
(9)	북궁남조 北宮南朝	북극성이 우주의 중심이므로 북쪽에 왕궁을 두고, 남쪽에 조정을 두어 남향을 보고 북고남저(北高南低)[상대방위]의 위계성을 나타낸다.
(10)	좌상우하 左上右下	왕궁을 중심으로 양의 의미인 좌측이 상(上)이 되고, 음을 상징하는 우측을 하(下)로 한다.
(11)	전조후침 前朝後寢	왕궁을 중심으로, 앞에는 조정을 두고, 뒤에는 침전을 배치한다.
(12)	양기명당 陽氣明堂	양기(陽氣)[만물이 살아나는 활발한 기운]가 들어오는 명당에 도성과 왕성을 축성하면 명랑(明朗)함으로 그 다스림이 넓어질 것이다.

『주례(周禮)』「고공기(考工記)」에서 나타난 내용들은 중국의 도성을 건설하는데 기본이 되었고, 성리학[朱子學]을 근본이념으로 한 조선에서도 이 도성 건립 형태를 그대로 받아들이되, 자연사상을 근본으로 하는 풍류사상을 기본으로 하여, 지리지형적·정치적·문화적으로 더욱 발전된 도시구조의 풍수적 특성을 가지고 한성과 읍성들이 축성된다.

2) 한성의 공간구성

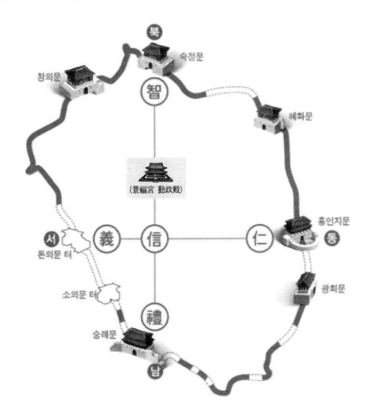

한성[한양도성] 평면도
출처(그림): 서울특별시청, 『서울한양도성 가이드북』, 3쪽.

『설문해자(說文解字)』에는 "종묘가 마련되고 왕이 있는 곳을 '도(都)'라하고, 그렇지 않은 곳을 '읍(邑)'이라 한다"[46] 하였다. 따라서 도성은 곧 국가를 뜻하면서 종묘와 사직이 있는 곳을 말하는 것이고, 읍성은 지방 도시를 말하며, 각 지방의 군사·행정·문화·정치 등의 목적이 있다.

한성은 우리나라 고유사상인 자연사상과 『주례(周禮)』「고공기(考工記)」를 기본으로 설계하고, 서울의 지형에 맞춰 방어적 기능과 자연친화적 기능을 같이 하면서 축성되었다고 할 수 있다.

주례(周禮)』「고공기(考工記)」에 나타난 도성 건립형태와 비교하면서 공간구성을 설명하면, 먼저 진산인 백악산(白岳山)의 산줄기 아래 좌·우측에 각각 인왕산(仁王山)과 낙산(駱山)을, 앞에는 남산(南山, 木覓山)과 관악산(冠岳山)을 조안(朝案)[47]으로 하여 북풍 한기를 막는 양기명당에 평면영조(平面營造)를 하였다. 사방이 약 4.3km가 넘는 방형도성(方形都城)으로, 왕궁[正宮]인 경복궁이 중심축이 되니 왕궁중심(王宮中心)이라 할 수 있고, 좌우전후(左右前後)에 사대문(四大門, 좌(左)·흥인지문(興仁之門)과 우(右)·돈의문(敦義門), 전(前)·숭례문(崇禮門)과 후(後)·숙청문(肅淸門)이 서로 대칭되게 배치되어있다.

성문은 왜적의 침입에 대비하여 옹성을 구비하였기 때문에 삼문삼도(三門三途)가 나타나지 않았으나, 경복궁과 광화문, 육조와 저자거리, 그리고 각 기관에는 신성시 되는 홍전문(紅箭門)[48]과 내·외

---

46) 『說文解字』: "有宗廟, 先君之王, 曰都, 無曰邑."
47) 조안(朝案)은 도시나 마을 앞에서 생기(生氣)를 보호하는 산이다. 안산(案山)은 흔히 주작(朱雀)이라고 하며, 조산(朝山)은 안산 뒤에서 병풍역할을 해주는 산이다. 안산과 조산을 조안이라고 한다.
48) 홍전문(일명 홍살문 또는 紅─門)의 기둥 상부에는 가로대를 길게 건너지르고 그 위에는 세로 살대를 촘촘히 박아 구성하였다. 세로살대 중간은 태극문양 등으로 장식하기도 한다. 붉은색 주칠을 하는 데에서 홍전문이라는 이름을 갖게 되었다. 서원이나 향교를 비롯해 능 앞에

삼문(內·外三門)을 삼문삼도를 만들어, 공간의 개념을 크게 삼조삼
문(三朝三門)49)으로 구성하였다고 할 수 있다. "예를 중시하는 조
선에서 문(門)은 공간과 공간의 분절을 통해 예적 질서를 분명히
하는 역할을 한다."50) 그러므로 한성과 읍성의 성문 또는 기타 출
입문에서 여러 의미를 찾을 수 있다.

중심축인 경복궁(景福宮)[中央 土·信]과 사대문(四大門)[東(木)·西
(金)·南(火)·北(水)]은 오제방위(五帝方位)를 나타내는 것으로, 동쪽에
있는 성문은 동방(東方) 목(木)[仁]을 상징하는 흥인지문(興仁之門),
서쪽에 있는 성문을 서방(西方) 금(金)[義]을 상징하는 돈의문(敦義
門), 남쪽에 있는 성문은 남방(南方) 화(火)[禮]를 상징하는 숭례문
(崇禮門), 북쪽에 있는 성문은 북방(北方) 수(水)[智]를 상징하는 숙
청문(肅淸門)으로 명명하여51) 4개의 큰 성문을 만들었으며, 4개의
작은 성문인 혜화문(惠化門, 동소문), 광희문(光熙門, 남소문), 소의
문(昭義門, 서소문), 창의문(彰義門, 북소문)이 있었다. 이것은 곧,
한성을 출입하는 4대문과 4소문은 음(小門)·양(大門)으로 구분하면
서 조화를 이루게 하였고, 홍전문과 내·외삼문 및 삼문삼도로 신성
시되는 공간을 구별하였다.

정궁인 경복궁은 왕을 상징하는 근정전52)을 중심으로 남쪽에는

설치되기도 하는데 그 앞에는 대개 하마비를 세운다. 아무리 지체 높
은 사람도 홍전문 앞에서부터는 말에서 내려 걸어 들어가란 뜻이다.
홍전문부터는 청정하고 신령스런 공간이라는 상징성을 갖고 있다.

49) 한성은 크게 삼조(三朝)인 치조(治朝), 外朝(외조), 내조(內朝)와 삼문
(三門)으로 구성되어 있다고 할 수 있다.

50) 가지카와 아키히로, 「조선시대 의례공간의 구성체제와 예제 건축의
형식」, 서울대 박사청구논문, 2004, 130쪽.

51) 『世宗實錄地理志』「京都漢城府」: "東自興仁, 西至敦義門, ..., 正東曰興
仁門, 正西曰敦義門, 正北曰肅淸門." 참조.

52) 당시 유교국가에서는 각 건물들을 9개의 품계로 나누었는데, 폐(陛),
전(殿), 당(堂), 합(閣), 각(閣), 제(齊), 헌(軒), 누(樓), 정(亭)이다. 이중 당
시 조선은 폐를 제외한 전·당·합·각·제·헌·루·정의 8개의 품계를 사용하였
다. 따라서 폐하보다 아래인 왕을 전하라고 부르고, 이하 7개의 건물을
품계에 따라 사용하였다. 이후 고종이 대한제국을 선포하고 황제가 된

육조를 배치하면서 시장을 형성하였으며, 뒤에는 사정전·강녕전·교태전이 각각 자리하고 있어, 북극성[북쪽]을 우주[하늘]의 중심으로 하는 북궁남조(北宮南朝)와 전조후침(前朝後寢)이 잘 나타나고 있고, 전조후시(前朝後市)는 한성[서울]의 지리지형에 맞춰 배산임수(背山臨水)를 하였기 때문에 전조전시(前朝前市)가 나타난다.

경복궁의 진입과 기타 사람이 다니는 도로를 3개(三途)로 만들었고, 경복궁을 중심으로 "동쪽에 종묘가, 서쪽에는 사직단이 배치되어 있는데, 종묘는 양에 해당하는 사람의 신주를 모신 곳이며, 사직은 음에 해당하는 땅의 신주를 모신 곳으로,"[53] 이것은 좌묘우사(左廟右社)와 좌상우하(左上右下)가 나타나 있다. 좌(左)를 상(上)으로 하면서 우(右)를 하(下)로 하는 좌상우하의 유교적 예법은 조선시대 관직 및 여러 제도에 적용되었고, 모든 왕릉과 사당에서도 적용되면서 소목제도(昭穆制度)[54]와 서상제도(西上制度)[55]로 발전하게 된다.

궁궐의 명칭은 태조 이성계의 지시로 정도전이 지은 것으로 "새 궁궐을 경복궁이라 하고, 연침을 강녕전이라 하고, 동쪽에 있는 소침을 연생전이라 하고, 서쪽에 있는 소침을 경성전이라 하고, 연침의 남쪽을 사정전이라 하고, 또 그 남쪽을 근정전이라 하고, 동루를 융문루라 하고, 서루를 융무루라 하고, 전문을 근정문이라 하

후에는 폐하라는 호칭을 사용하였다.

53) 김문식, 『조선 왕실 기록문화의 꽃 의궤』, 돌베개, 2010, 125쪽.

54) 『禮記』「王制」: "天子七廟, 三昭三穆與太祖之廟而七, 諸侯五廟, 二昭二穆與太祖之廟而五." 소(昭)란 중앙의 태조를 기준으로 좌측에서 2·4·6세를 두는 것이고, 목(穆)이란 우측에 3·5·7세를 두는 것이었다.

55) "후한 대에 나타난 동상이실제도(同堂異室制度, 한 건물 안에 신실만 따로 하여 여러 신위를 함께 모시는 것)로 인하여 묘제가 소목제도에서 서상제도로 변화하게 된다. 즉 산 자는 양을 높이므로 동상이며, 땅의 도리나 죽은 자는 음을 높이므로 서상이다."(白南大, 「朝鮮 王室 喪禮에 나타난 陰陽五行 연구」, 嶺南大 博士請求論文, 2012, 110쪽 참조.)

며, 남쪽에 있는 문[午門]을 정문이라 하였다."[56]

그 중 경복궁은 "궁의 이름에 대해 신(정도전)이 명을 받자와 삼가 손을 모으고 머리를 조아려, '『시경(詩經)』「주아(周雅)」에 이미 술에 취하고 이미 덕에 배부르니 군자는 영원토록 그대의 크나큰 복을 모시리라'라는 시를 외우고, 새 궁궐을 경복궁이라고 이름 짓기를 청하 옵니다"[57]라고 하였다. 그리고 경복궁 후원에는 큰 정원인 경회루를 만들었고, 북쪽에는 대내적으로 사용한 향원정을 만들어 유교적 예를 기본으로 하는 왕의 권위를 상징하고 위계성을 강조하였다.

조정은 좌측 그림과 같이, 육조를 일컫는데 이조(吏曹)·호조(戶曹)·예조(禮曹)·병조(兵曹)·형조(刑曹)·공조(工曹)[58] 6개의 중앙 관청을 말하고 경복궁 밖 광화문 앞에 위치해 있다.

경복궁 앞 육조
출처: 사이버조선왕조

56) 『朝鮮王朝實錄』「太祖實錄」: "新宮曰景福, 燕寢曰康寧殿, 東小寢曰延生殿, 西小寢曰慶成殿, 燕寢之南曰思政殿, 又其南曰勤政殿, 東樓曰隆文, 西樓曰隆武, 殿門曰勤政, 午門曰正門."
57) 『朝鮮王朝實錄』「太祖實錄」: "臣受命謹拜手稽首, 誦周雅, 旣醉以酒, 旣飽以德, 君子萬年, 介爾景福, 請名新宮曰景福."
58) 이조는 문관 인사담당, 공신과 종친을 관리하는 기관, 호조는 호구 및 인구 파악, 각종 통계기록, 국가 재정출납기관, 예조는 교육, 외교, 천거, 문과 및 잡과의 과거를 시행하고, 홍문관·예문관·성균관·사역원을 두었다. 병조는 무관 인사담당, 무과 및 원시과거를 시행하고, 형조는 각종 법령담당, 상급 재판에 대한 심리를 하고, 공조는 각종모임 인허가 및 평가, 물품관리, 토목공사를 하는 기관이다.

『주례(周禮)』의 천(天)·지(地)·춘(春)·하(夏)·추(秋)·동관(冬官)의 순서에 따라 이조(吏曹)는 천관(天官), 호조(戶曹)는 지관(地官), 예조(禮曹)는 춘관(春官), 병조(兵曹)는 하관(夏官), 형조(刑曹)는 추관(秋官), 공조(工曹)는 동관(冬官)이라 하며, 경복궁 광화문 앞 좌측에는 천관[이조]과 지관[호조]을 우측에는 춘관[예조], 하관[병조], 추관[형조], 동관[공조]을 배치하였다. 그리고 육조거리를 비롯한 중추부·사헌부·의금부·한성부가 있고, 중앙 관아는 의정부를 중심으로 승정원·의금부·삼사·한성부를 일컫는다.

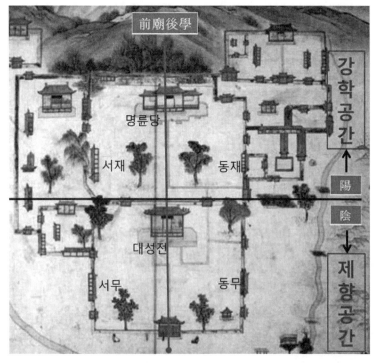

성균관 공간배치(전묘후학, 1747년, 영조 23)
출처(그림): 성균관

당시 국립중앙학교였던 한성의 성균관[59]의 공간배치를 설명하면,

문묘를 모시는 대성전에는 공자와 사성(四聖, 顔子·曾子·子思子·孟子)의 위패를 모시고 제사를 지내던 곳이고, 좌우에 있는 동·서무가 있으며, 건물의 규모는 96칸[間][60]이다. 대성전을 기준으로 좌측에는 양과 좌상(左上)을 상징하는 동무를 두었고, 우측에는 음과 우하(右下)를 상징하는 서무를 두어 좌상우하와 음양의 구별 및 조화를 나타내었다고 할 수 있다. 동재와 서재도 명륜당을 기준으로 같은 방법으로 설명할 수 있다. 성균관은 전묘후학의 배치구조로, 강학공간인 명륜당을 뒤로하고 제향공간인 대성전을 앞으로 하고 있다. 이것은 좌우에 명륜당과 대성전을 축으로 대칭되게 하였고, 전후를 양의 공간인 명륜당과 음의 공간인 대성전으로 구성하여 서로 음양이 대칭되면서 조화를 이루는 구조 형태이다. "전묘후학(前廟後學)의 공간구성은 유교이념을 실천하기 위한 교육의 장으로 예의 질서규범을 바탕으로 전상후하(前上後下)의 개념이 적용되어 전면에 문묘공간을, 후면에 강학공간을 각각 놓은 위계적 배치구성이라고 할 수 있다."[61]

이처럼 한성의 공간구성에서 『주례(周禮)』「고공기(考工記)」의 도성 건립 형태가 기본이 된 것을 알 수 있고, 건축물들의 곳곳에 음양을 기본으로 한 천원지방 및 삼신오제사상이 발전된 천·지·인 사상이 나타나 있는 것을 알 수 있다.

---

59) 『朝鮮王朝實錄』「太祖實錄」: "成均館掌學校肄業等事, 大司成一, 正三品, 祭酒一, 從三品, 樂正二, 正四品, 直講一, 正五品, 典簿一, 從五品, 博士二, 正七品, 諱諭博士二, 從七品, 進德博士二, 正八品, 學正二, 學錄二, 正九品, 直學二, 學諭四, 從九品, 書吏二, 九品去官."
60) 9와 6은 『주역』에서 양효(陽爻)와 음효(陰爻)로 나타내는데, 건물을 음양으로 배합하였다고 볼 수 있다.
61) 김남웅, 「조선시대 서원건축의 배치와 외부 공간 특성에 관한 연구」, 단국대 석사청구논문, 1979, 32쪽.

3) 지방도시 읍성의 공간구성

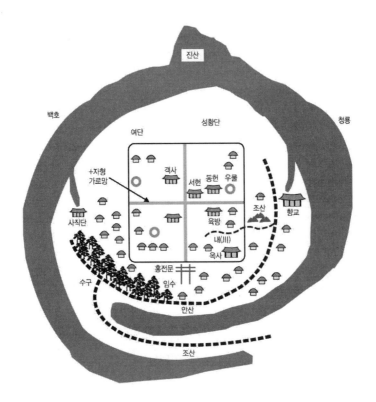

지방도시 읍성의 공간구성과 산줄기·물줄기 및 비보
출처: 필자 작도

지방도시에 해당하는 읍성은 한성의 영향을 받았으나, 그 지역의 지리지형에 맞춰 변형 발전된 형태이다. 즉 읍성은 그 지역의 자연형성[山川]과 우리나라의 전통사상이 반영되어 한성과 같이 『주례(周禮)』「고공기(考工記)」의 영향을 받아 축성되었고, 천원지방과 천·지·인 사상이 각각의 건축물에서 나타난다. 왕의 전패를 모시는 객사와 동헌을 중심으로 좌측에는 문묘를 모시는 향교를, 우측에는 사직단을, 주위 진산과 관련된 산줄기에 성황단과 여단을 두는 공간구성으로 하였다. 이후 지방 사림들의 서원 및 사택과 서당에도 영향을 주었다.

행정·군사·교육시설은 한성과 유사한 형태를 갖추게 되면서 '3단(사직단, 성황단, 여단) 1묘(문묘)'의 형태가 나타나게 된다. 조선시대는 강력한 중앙집권체제를 효과적으로 구축하고, "지방의 지배를 고착시키기 위해 각 지역 읍치[읍성] 내에 객사와 향교, 사직단과 여단 및 성황단이 어느 고을이나 유교를 근본이념으로 하여 설치되었다. 향교는 공자의 위패를 모시고 제사지내는 문묘와 지방 학생들에게 유교의 경전을 교육하는 학교시설이며, 향교를 세움으로써 전국 고을에 유교의 가르침이 퍼질 수 있는 것이므로 조선왕조가 각별히 중요시한 건물이다. 3단1묘는 국왕이나 공자의 혼령, 그리고 지방 고을과 관련한 각종 신령에게 예의를 표현하는 것들이며 결국은 유교의 예의와 관련한 시설들이다. 즉 조선 초기에 와서 지방 모든 도시에 객사나 향교, 성황단을 설치함으로써 지방도시를 예의 시설로 획일화시켰던 것이다."[62]

읍성은 먼저 진산의 산줄기가 내려오는 곳에 그 도시의 위계가 가장 높은 객사를 중앙에 배치하면서 평면영조와 객사중심이 나타나고 있다. 객사를 상(上)으로 하고, 좌하(左下)에 동헌을 배치하였으며, 객사와 동헌을 중심축으로 하여 사대문(동·서·남·북문)이 서로 대칭되게 십자형(十字形) 가로망[63]을 구성하고 있고, 한성과 같이 방형읍성[64]의 형태가 나타나고 있다. 당시 왜구의 침입이 많아 옹성으로 성문을 방비하였기에 한성처럼 삼문삼도를 따르지는 않았지만, 객사 및 기타 관아 및 향교에는 홍전문을 따로 두어 신성함

---

62) 김동욱, 『조선시대 건축의 이해』, 서울대학교출판부, 1999, 36-37쪽.
63) 각 지방의 읍성들은 성문을 十자형외에도 지리지형적 여건에 따라 ㅜ자형·ㅡ자형·ㄱ자형의 가로망도 나타나고 있다.
64) 대다수 읍성이 방형(네모)에서 크게 벗어나지는 않지만, 그 지역의 지리지형이나 여건에 따라 방형에서 변형된 형태로 나타나는 곳도 있다.

을 강조하면서 그 격을 높이 하였다. 그리고 읍성은 삼아삼문(三衙三門)[治衙·內衙·外衙, 三門][65]으로 구분할 수 있으며, 홍전문과 내·외삼문을 두어 공간을 구별하였고, 내·외삼문을 다시 각각 삼문삼도로 하여 진입하는 공간을 좌상우하가 되게 한 것으로 보인다.

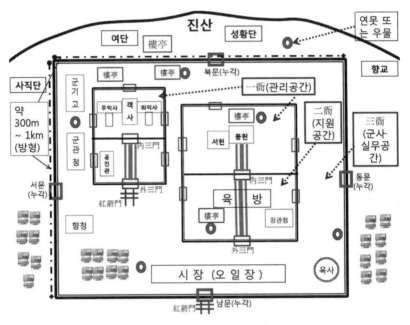

지방도시 읍성의 삼아삼문(三衙三門)
출처: 필자 작도

당시 읍성은 좌측에 문묘를 모시는 향교를 두고, 우측에 사직단을 조성하는 좌묘우사를 따랐으나, 조선 중·후기에는 양란을 거치면서 소실되거나 이전중수(移轉重修)의 요인과 지리·환경적 요건에 의해 좌묘우사를 따르지 못한 곳도 있다. 그 도시를 진호하는 진산의 산줄기가 내려오는 곳 양기명당에 가장 중요한 객사나 동헌을 중심축으로 하여 기타 관아를 상대적 방위인 남쪽으로 배치하

65) 金亨根,「嶺南地方 邑城의 空間構成과 風水的 特性 硏究」, 大邱韓醫大 博士請求論文, 2018, 278쪽.

면서 그 앞에 시장을 두었고, 동헌의 우측(서쪽)에 서헌을 배치하고 북궁남조와 전조후침, 전조전시가 나타나는 것이 통상적이다.

각 읍성의 시장은 음양과 오행에 근거하여 오일장을 조성하였는데, 1·6장(陽·陰, 水), 2·7장(陰·陽, 火), 3·8장(陽·陰, 木), 4·9장(陰·陽, 金), 5·10장(陽·陰, 土)을 거리가 가까운 읍치에서 겹치지 않게 하였으며, 그 고을의 특색[지형과 산세]에 따라 상생하는 날짜로 구별되었다고 할 수 있다.

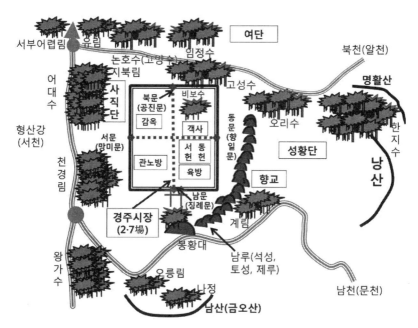

경북 경주읍성의 공간구성과 山川 및 비보[임수(林藪) 외]
출처: 필자 작도

한성에서 왕실의 권위를 상징하는 경복궁 뒤에 경회루와 향원정을 설치하여 위계를 높인 것처럼, 읍성에서는 객사와 동헌 주위에 연못과 더불어 누각 또는 정자 등을 만들어 관청의 위계를 나타내면서 풍류사상을 지향[66]하였다.

---

66) 변주승 옮김, 『여지도서 경상도Ⅳ』「동래도호부」, 디자인흐름, 2009,

현재 지방 국립대학에 해당하는 향교[교육시설]는 "유교건축의 특징인 권위주의적인 색채를 고려하여 배치하는데 힘썼다. 즉 건축을 배치할 때, 축을 형성하여 권위를 상징하게 하였고, 가급적이면 좌우 대칭을 이루도록 하였다. 지형상 축이 형성 되지 않으면 비대칭의 축을 이용하여 권위주의를 표방하였다. 또한 지형적 조건에서 볼 때 높은 지형에는 위계가 높은 건물을 배치하여 정문 입구에서부터 점차적으로 접근하는 건축배치의 특성을 보여주었다.

향교의 공간배치와 위계
출처: 韓國傳統建築研究會,「鄕校·書院」
『韓國傳統建築』, 黃土出版社, 1997, 304쪽 참조,
필자 재 작도.

따라서 건축의 최고 사상성을 지니고 있는 사당에 접근하도록 구성하였다."67) 향교도 크게 3개의 공간으로 나눌 수 있는데, 교화공간68)과 강학공간 69)[명륜당]

및 제향공간70)[대성전]으로 나눌 수 있다.

288쪽에 의하면, 조선시대 동래[현 부산광역시]에서 '정원루(靖遠樓)'라는 누각의 이름을 지은 신숙주(申叔舟)의 기문(記文)에 나타는 내용을 보면 당시 선비들이 정자·누각·연못 등을 만들어 정신을 맑게 하고 풍류사상을 알 수 있는 내용이 나타나 있다.
67) 韓國傳統建築研究會,「鄕校·書院 建築」『韓國傳統建築』, 黃土出版社, 1997, 274쪽.
68) 교화공간은 홍전문부터 시작된다고 보면 향교 자체를 신성시하였음을 알 수 있다.
69) 명륜당은 유생들을 교육하는 장소로 숙식과 독서를 하는 공간을 말한다.
70) 대성전은 공자의 위패와 중국의 사성과 우리나라의 18현 등을 모시고 제향을 거행하는 건물이며, 동·서무는 공자의 제자 및 선현의 위패를

조선시대 대다수의 향교는 진산의 산줄기가 왼쪽으로 내려오는 [통상적으로 靑龍기슭] 산줄기[71)]에 가장 격이 높은 대성전을 먼저 배치하고, 앞을 낮게 하여 명륜당을 배치하는 형식이 가장 많이 나타나는데 이를 전학후묘의 배치구조라고 한다. 반대로 전묘후학의 배치구조가 된 향교들도 있지만 거의 대다수 향교가 전학후묘의 배치방식을 가지고 있다. 따라서 향교의 공간구성은 전묘후학과 전학후묘를 기본으로 하여 많이 나타난다고 할 수 있고, 여러 여건[지리적 위치·공간의 크기·전쟁으로 인한 소실·읍성의 확대 등]에 따라 전묘후학에서 변형된 좌묘우학과 좌학우묘로 나타나는 곳도 있다. 향교의 대성전을 음의 공간으로 하고 내삼문을 별도로 두었고, 명륜당을 양의 공간으로 배치하면서 외삼문으로 다시 구별하여, 진입하는 과정을 음양의 공간으로 서로 달리 하면서 전체적으로는 음양의 조화를 이루게 하였다.

먼저 전묘후학은 앞서 설명한 성균관과 경주향교가 있으며, 전상후하의 개념이 적용되어 전면에 문묘공간을, 후면에 강학공간을 각각 놓은 위계적 배치구성이라고 할 수 있다.

전학후묘는 우리나라 향교에서 전형적으로 나타나는 공간배치이며, 고상저하의 형식에 의한 위계에 따라서 유교적 예의 질서규범이 표현되었다. 좌학우묘와 우학좌묘는 지형적인 요건과 환경적인 요건에 따라 대성전을 좌우의 배치를 상하로 구별하여 예의 기본원리에 맞춰 위계성을 확보하기 위한 배치구조라고 할 수 있다."[72)]

모시는 곳이다.(공자를 중앙에 모시고 안자·증자·자사·맹자 등 4聖을 좌우에 모시고 합사한다. 십팔현은 설총·최치원·안유·정몽주·김굉필·정여창·조광조·리언적·이황·이이·성혼·김장생·송시렬·송준길·박세채·조헌·김집·김인후 등을 모신다.)
71) 통상적으로 진산에서 내려오는 청룡기슭에 조성이 되었으나, 임진왜란과 기타 산지여건에 따라 이동하거나 백호기슭에 조성된 경우도 나타나고 있다.
72) 金善洪,「京畿道 所在 鄕校의 立地에 關한 風水地理的 考察」, 東方大

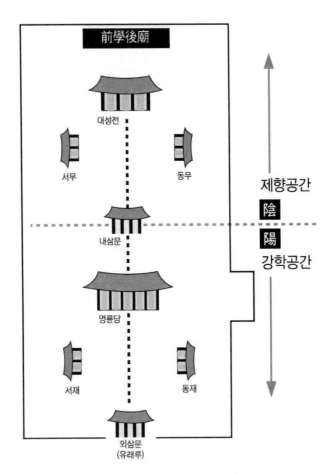

전학후묘 배치도(영천향교)

출처: 필자 작도

博士請求論文, 2009, 74-75쪽.

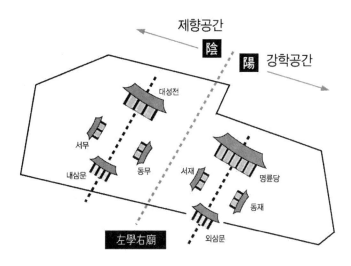

좌학우묘 배치도(제주향교)
출처: 필자 작도

그리고 향교에서 대성전의 주춧돌은 원형으로 하늘과 양을, 명륜당의 주춧돌은 방형으로 땅과 음을, 그 중심에는 사람이 문묘를 모시고 공부를 하였다. 대성전은 3칸, 명륜당은 5칸을 만들어 칸수를 홀수로 나타내었으며, 홍전문과 외·내삼문으로 3개의 영역을 구분하였다.

5. 나가는 글

이와 같이 우리나라 전통도시라고 할 수 있는 한성[서울]과 읍성[읍치]들은 진산을 중심으로 배산임수를 기본으로 구성하여 도시적 기능을 하였고, 행정·군사·교육시설에서는 유교적 공간구성과 예(禮)가 잘 나타나 있으며, 다양한 풍수경관과 비보경관을 가지면서 자연친화적 도시공간을 구성하였다.

우리는 자연과 더불어 하나 되는 도시의 공간을 구성하는 것이 가장 이상적인 도시라고 할 수 있기에, 조선시대 한성[서울]과 각 지방 도시의 형성을 거울삼고 '온고지신(溫故知新)'[73]하여, 山川에 순응하면서 발전해 나가는 것이 바람직하다 할 것이다.

그리고 한성과 더불어 읍성[읍치]들을 역사성과 관광화차원에서의 전통도시로 발전시켜 나가고, 현대 도시와 신도시의 구성에 대한 방안을 제시하고자 하는 점에 본 글에 대한 의의가 있다고 하겠다.

---

73) 『論語』「爲政」편에 공자가, "옛 것을 익히고 새로운 것을 알면 스승이 될 수 있다"고 한 것처럼, 山川과 더불어 풍류사상을 이어온 조선시대 전통도시[한성과 읍성]의 공간구성을 충분히 익히면, 현재의 도시와 새로운 도시를 구성하는데 제대로 된 앎이 될 수 있다고 본다.(溫故而知新, 可以爲師矣.)

Ⅱ. 우리시대의 풍수는 어떠해야 하는가?

(풍수사들의 도전과제 / 우리시대 풍수에 대한 이해와 방향)

문 정 우(文正佑)
Moon, Jung-woo

jw4477@hanmail.net

소 목차
1. 시작하는 글
2. 풍수지리와 동기감응[氣] 이해
3. 풍수에 대한 새로운 이해와 풍수사들의 도전과제
4. 오늘날 풍수사들이 가져야 할 자세
5. 마무리 글(새로운 풍수지리의 방향)

저자 소개
- 대구한의대학교 대학원 동양사상학과 철학박사 수료
- 동국대학교 행정대학원 사회복지학석사 졸업
- 영남신학대학교 졸업
- 계명대학교 졸업

1. 시작하는 글

 풍수지리는 우리문화의 근원 중 하나이며, 우리 생활 속에 녹아
있는 생활풍습이면서 삶을 지속시키는 정신적인 매개체라고 할 수
있다. 따라서 한국인이라면 이미 은연중에 풍수지리와 함께 하고
있으며, 문화적으로나 정신적으로 공유자라고 할 수 있다. 그런데
도 불구하고 부정적이고 의심스러운 시각으로 풍수지리를 바라보
게 되는 것은 무엇 때문인가? 풍수지리에 관심이 있는 분들은 한
번쯤은 의아심을 가지거나 고민했으리라는 생각이 든다.
 이에 필자는 나름대로 풍수지리의 현 상황을 검토하면서 개선해
야 될 사항을 지적하고, 독자들의 이해를 구하면서 우리의 풍수지
리가 나아가야할 발전적인 방향을 함께 모색해 보고자 한다.

2. 풍수지리와 동기감응[氣] 이해

바람, 물 그리고 삶이란 자연에 어울린 삶 그 자체이다. 바람과 물은 모두 인간 삶에서 끔직한 재앙적인 존재일 수도 있으면서 동시에 없어서는 안 될 중요한 요소이다. 바람은 공기의 흐름이다. 바람이 있음으로 인해 생기(生氣)를 느낄 수 있고, 자연의 소리를 듣고 자연을 느낄 수 있다. 또한 물은 인간생명 연장과 인체구성에 있어서 중요한 요소이며, 생물에게는 삶의 근원이 된다. 따라서 바람과 물은 인간 삶의 필수적인 요소이므로 바람과 물을 떠나서는 살 수 없다. 늘 함께 하면서도 해(害)를 당하지 않고 이롭게 활용할 수 있어야 한다.

고대신앙인 애니미즘(Animism)에서는 자연물이나 자연현상에 정령이 있다고 믿어왔기 때문에 바람과 물의 해악(害惡)이 바람신·물신 등의 보이지 않는 신(神)의 행위로 믿고 그 처분에 의존하였으며 모든 피해를 감수했으나, 인간의 지혜가 발달하면서부터는 그 피해를 줄이는 문제는 인간의 몫이 되었다. 바꾸어 말하면 바람신이나 물신의 처분을 기다리는 것이 아니라, 바람과 물을 다스리는 것이 인간의 큰 관심사가 되었다. 그래서 예부터 바람과 치수(治水)에 능한 지도자가 가장 유능한 지도자로 평가받아 왔다. 자연을 잘 다스려서 인간에게 피해(被害)를 최소화 할 수 있도록 조치하고 대비하는 것이 다른 무엇보다 중요함을 말하고 있는 것이다. 이로 인해 바람·물과 관련된 술법이 나타나게 되었다고 할 수 있다. 결국 바람과 물이라는 환경요소를 이용하여 인간에게 유리하도록 터를 잡는 기법이 곧 풍수지리라고 풀이할 수 있다. 풍수지리는 누구나 알아야 하며 관심을 기울여야 하는 분야이다.

1) 고전 풍수지리에서의 개념정리와 특성

풍수를 학문적으로 논하자면, 풍수고전이라고 할 수 있는 『청오경(靑烏經)』[74]과 『금낭경(錦囊經)』[75]을 이야기하지 않을 수 없다. 『금낭경』에는 풍수지리를 다음과 같이 한마디로 요약하고 있다. 풍수란 용어는 '장풍(藏風)과 득수(得水)'에서 온 말이며, "기(氣)는 바람을 만나면 흩어지고, 물은 만나면 멈춘다"[76]고 하여 기(氣)가 모인 혈처를 찾는 것이 풍수지리임을 말하고 있다. 즉 풍수지리에서 말하는 기(氣)란 바람·물과 관련 있는 것이고, 바람·물과 관련하여 땅의 이치를 따지는 것이 풍수지리임을 알 수 있다.

위의 개념정리에 이어 다음에서는 풍수지리의 특성을 살펴보고자 한다. 풍수지리 특성의 분석은 풍수지리를 이해하는데 많은 도움이 될 것이다.

(1) 자연과 인간의 조화, 즉 인간이 바람과 물을 중심으로 주변 환경과의 조화를 이룬다는 자연관을 가지고 있다.

(2) 지모신앙(地母信仰)의 성격을 지닌다. 즉 땅은 살아있는 유기체이며 땅이 가진 생기의 발현을 통하여 삼라만상을 지배하고 통제한다고 본다.

(3) 땅의 형세를 통해 인간의 길흉화복을 이해하고 설명한다.

(4) 삼라만상의 생성과 변화를 음양오행으로 설명한다.

(5) 역사적인 사례나 개인적인 경험을 통하여 상황을 설명하려고 하는 경험과학 측면이 있다.

---

74) 중국 한나라 때 '청오'가 묘터를 정하는 데 필요한 사항을 정리한 책으로, 산과 물은 중요한 관계로 설명하고 있고, 그 관계에 의해 길지와 흉지를 판단한다고 지적하고 있다.

75) 중국 당나라 때 '곽박'이 『청오경』을 부연하여 만든 책으로, 『청오경』과 더불어 풍수지리학에서 양대 기서로 전하고 있으며, 특히 우리나라에서는 신라 도선국사의 스승인 일행(一行)의 주석서라는 데에 의미가 있다고 하겠다. 고려 말과 조선 초기에는 많은 사람들이 이 책을 연구하여 풍수지리가가 많이 배출되었다고 한다.

76) 『錦囊經』: "氣乘風則散, 界水則止."

(6) 기복적인 요소가 있으며, 기(氣)를 통해 발복을 추구하는 신비적인 측면이 있다.

(7) 동기감응이나 자신에게 주어진 환경에 의해 모든 것이 결정되어진다는 운명론, 숙명론적인 측면이 있다.

(8) 이데올로기화 되어 가진 자들의 권력유지나 부의 축적 수단으로서 이용되기도 한다.

(9) 미신적인 요소뿐만 아니라 종교성이 깃들어 있으며, 자연과학적인 합리성도 포함되어 있다.

(10) 지역의 문화적인 요소와 정신적인 사고가 깊게 내포되어 있다.

(11) 단조로운 평야가 아니라, 까다롭고 복잡한 산간 산록 지형의 특징을 반영하고 있다.

(12) 다양한 기후조건과 자연재해가 심한 지역에서 생존의 기본적이고 필수적이며 본능적인 요소를 반영하고 있다.

2) 풍수지리는 학문인가? 풍설인가?

위에서 살펴본 풍수지리의 개념과 특성은 우리로 하여금 과연 풍수지리가 학문인지 풍설인지를 궁금하게 한다. 우리는 분명 풍수지리의 학문적인 체계를 원하고 있으나, 학문으로서의 자리매김에 많은 시간이 걸리는 이유를 다음과 같이 몇 가지 분석해 봄으로써 반성의 기회로 삼고자 한다.

첫째, 각자의 주장이 체계적이고 못하고, 과정에 대한 뚜렷한 기준이 없다.

풍수지리학이 되기 위해서는 과정에 대한 뚜렷한 줄기를 가져야 한다. 말하자면 명확한 기준을 제시해 주어야 하나, 그렇지 못하고 과거의 설화와 같은 이야기를 인용하여 설득하려 하거나 주장을 합리화시키려고 하다 보니, 현대인들에게는 허황된 이야기로 들릴 수 있다. 이처럼 풍수지리는 명확한 답을 제시하지 못하고 사람에 따라 각자의 다양한 주장을 하고 있으므로 인해 '學[체계성을 갖춘 學問]'으로 인정받지 못하고 많은 사람들에 의해 '說[항간에 떠도는 風說]'로 불리고 있음이 안타까운 현실이다. 이처럼 학문적인 체계를 갖추지 못한 일부 '거짓풍수사'들의 주장으로 인해 여러 문제점들이 발생하고 있으며, 금전을 노린 일명 '반풍수'를 계속 배출하고 있는 실정이다.

둘째, 풍수지리가 추구하는 방향성의 학문적 재검토가 필요하다. 풍수지리의 역사는 오래 되었지만, 그 오랜 세월동안 풍수지리가 학문으로서 정착하지 못하는 이유는 무엇인가? 풍수지리가 중국에서 발달하여 전수되었다거나, 신라 말 도선국사로부터 토착 풍수지리가 시작되었다는 등의 주장이 있다. 풍수고전이라 불리는 『청오경』, 『금낭경』 등을 기준으로 해도 몇 천 년이요, 신라의 도선국사를 기준으로 해도 1천년 이상의 세월이 흘렀다. 이러한 오랜 역사에도 불구하고 풍수지리는 고전풍수의 의식에 머물러 있으며 발전되거나 확산되지 못하고 오히려 쇠퇴되고 있는 듯하다. 지금부터라도 풍수지리가 추구하는 방향을 거시적으로 재검토해야 한다고 본다.

셋째, 심히 주관적이며 객관성이 결여되어 있다.
형기풍수 중 하나인 물형론(物形論)에서는 연화부수형, 갈마음수형, 장군대화형, 금계포란형, 와우형 등 다양한 형국을 논하고 있으나, 그러한 형국은 같은 위치에서 보더라도 보는 이에 관점에 따라 달리 말하고 해석하고 있다. 더구나 어떤 이에게는 눈을 씻고 아무리 봐도 그러한 형국이 나타나지 않는 수도 있다. 이처럼 다양한 '說'이 나온다면 '풍수학(風水學)'으로의 자리매김은 요원할 뿐이다.

넷째, 풍수지리의 대원칙이 '명당=발복'이라면 학문적 연구가치가 없다.

'명당=대박'의 공식을 벗어나지 못한다면 풍수지리는 영원히 풍설로만 남게 될 것이며, 말장난이나 술수로 전락할 수 있다. 살아 생전에 조상을 잘 모시지 못하다가, 돌아가신 후에 조상의 음덕을 보겠다고 명당을 찾아 헤매는 풍수지리 신봉자들은 다시 한 번 각성해야함이 마땅하다. 이는 잘되면 내 탓이요, 잘 못되면 조상 탓이 되고 마는 근원이 되기도 한다.

다섯째, 묘지풍수의 그늘에서는 신비주의로만 남게 된다.

풍수지리라고 하면 가장 먼저 묘지풍수를 연상하는 우리의 잘못된 풍수지리의 틀에서 하루빨리 벗어나야 한다. 한국 풍수지리의 원조로 보는 신라 말 도선국사 때부터 지금까지만 살펴보아도 얼마나 많은 주검과 무덤이 있었던가? 인간수명이 지금은 80년이라 하지만 과거에는 40~50년을 넘기기가 쉽지 않았다. 그렇다면 수천여년의 세월동안 작은 반도의 나라 한국에는 어림잡아 수백억의 무덤이 있었음을 추정할 수 있다. (수명 60년을 기준으로, 약1000년의 세월을, 인구 1천만 명으로 대충 환산해도 수백억 명에 이른다.) 더구나 묘지가 조성되면 그 봉분이 사라질 때까지 몇 년이 세월이 흘러야 될까? 적게는 50년에서 많게는 몇 백 년은 지속될 것이다. 아마도 봉분이 사라지지 않은 한 계속될 것이다. 좁은 한국의 강산이 묘지로 뒤덮여도 부족할 판인데, 또다시 명당을 찾아 헤매고 있다는 것은 의아스럽지 않은가?

위의 몇 가지의 예에서 보듯이 풍수지리의 미래를 희미하게 하고 학문적 발전을 저해하는 요소들을 빨리 벗어나지 못하고 있음이 심히 안타까운 일이다.

3) 양택풍수가 먼저냐 음택풍수[77]가 먼저냐?

조금은 생소할 것 같은 내용이다. 그러나 한번쯤은 생각해 보아야할 문제라고 생각된다. 풍수관련자들 중에는 음택에 몰두하고 있는 자들이 많으며, 자칫 음택이 풍수지리의 전부 인양 착각하고 있는 듯하다.

우선 생각해보아야 할 점은, 앞에서 말했듯이 풍수지리가 장풍(藏風)과 득수(得水)에서 왔다고 한다. 그렇다면 장풍과 득수 중에서 무엇이 먼저인가? 『금낭경』에는 "풍수의 도리는 물을 얻는 것을 제일로 삼는다. 바람을 가둔다는 것은 그 다음이다"[78]라고 기록하고 있다. 장풍은 들어오는 바람을 막는 것이 아니라, 들어온 바람을 갈무리하는 것이며, 득수는 물을 얻는 것이다. 인간이 살아가는데 있어서 바람과 물은 모두 요긴한 것이다. 인간이 삶의 터를 잡을 때는 물을 얻을 수 있는 곳을 가장 중시해 왔으며, 그런 후에 사신사(四神砂: 청룡, 백호, 주작, 현무)로 둘러싸인 안전한 터를 고려하였다. 여기서 득수가 우선이었다는 것은 양택[양기]이 우선이었음을 시사해주는 것으로, 양택풍수가 먼저 생겨나고 음택풍수에서도 적용되었음을 알 수 있으며, 양택이나 음택 모두 풍수지리에서 추구하는 명당의 조건은 같다. 단지 혈이 작게 내려오면 음택자리이고, 크고 넓게 내려오면 양택의 길지로 우선시 된다.

4) 대중적인 관심과 수용에서 멀어지는 풍수지리- 그 이유는 무엇인가?

첫째, 풍수지리의 개념 정리를 다시 해야 한다.

대중적인 관심과 수용에서 멀어지는 가장 큰 이유는 '풍수지리=묘지풍수'로 여러 사람들이 오해하고 있는 점이다. 특히 조선중기

---

77) 한마디로 요약하자면, 양택[양기]는 산자를 위한 것이고, 음택은 죽은 자를 위한 것이다.

78) 『錦囊經』: "風水之法, 得水爲上, 藏風次之."

이후 묘지풍수가 풍수지리의 전부인양 오도되고 이를 악용하는 지관들이 득세하여 민심을 흐리게 하니, 일부 사람들은 묘지를 잘 잡아 명당 발복하여 잘 먹고 잘 살길 바라는 대박의 수단으로 인식하게 되었다. 참으로 개탄스러운 일이 아닐 수 없다. 이 때문에 무심한 국민들은 명당 찾기에 혈안이 되고 어설픈 지관들은 혹세무민(惑世誣民) 하는 것이 아니었겠는가? 이로 인해 일부 지식인들이나 종교인들이 풍수지리에 대해 혐오감 또는 편견을 가지게 된 계기가 되었다고 할 수 있다. 더구나 서양학문에 노출된 오늘날의 젊은이들에게는 묘지풍수가 우습게 보일 수밖에 없으며, 점술 등의 술법정도로 가볍게 여기는 것이 아닐까 한다. 하지만 묘지풍수는 풍수지리의 극히 일부분이다. 그리고 동기감응(同氣感應) 등 기감(氣感)의 이해에도 재해석이 필요하다. 고전적 풍수지리를 무조건적으로 받아들이기보다는 비판적 이해와 적용이 필요하며, 풍수지리에 대한 새로운 개념정리와 현대적 해석이 요구되고 있다.

둘째, 다양한 학문과 연계성을 가지고 있음을 깨우쳐야 한다.
동양사상에는 유교나 불교뿐만이 아니다. 법가, 병가 사상 등과 함께 풍수지리가 동아시아인의 삶 속에 깊숙이 뿌리내리고 영향을 끼쳐왔으며, 역대왕조의 건국과정 뿐만 아니라 국가통치이념으로까지 영향을 주었다. 뿐만 아니라 나라의 문화유산을 이해하려면 풍수지리를 이해해야 한다. 왜냐하면 독특한 문화유산에는 비보(裨補) 등의 풍수의 흔적(당간, 장승, 정자, 남근석, 조산, 불상, 연못 등)이 그대로 녹아 있기 때문이다. 또한 풍수의 다양성은 인테리어, 환경학, 건축학, 조경학, 역사학, 지리학, 철학, 국문학 등 다양한 인접 학문과 연계성을 가지고 있으므로, 이들 학문은 풍수를 함께 이해해야만 한다.

셋째, 보편성이 결여되어 있고 시대의 변화에 맞지 않다.

풍수지리가 과거의 틀에 얽매어 있어 시대의 변화에 따르지 못하고 있다. 풍수고전의 이론에 입각한 배산임수(背山臨水), 좌청룡(左靑龍), 우백호(右白虎) 등의 조건을 갖춘 명당(明堂)이라는 곳은 과연 얼마나 되겠는가? 10만분의 1, 또는 100만분의 1의 명당에서만 발복한다면 그러한 명당을 찾아 헤매는 것은 어리석은 일이 될 수도 있다. 더구나 풍수지리에 입각하지 않고 선조·후손 따지지 않고 줄지어 집단 매장하는 나라의 사람들이나, 매장 외에 화장(火葬)·천장(天葬) 등의 다양한 장례풍습을 가진 나라들이 우리보다 더 잘 사는 이유는 어떻게 해석해야 하는가?

넷째, 풍수가들의 주장은 때에 따라 객관성이 없다.

풍수가들은 명당의 예를 들 때에, 현재 어떤 유명한 사람의 선조의 묘를 찾아보고 명당의 조건을 애써 맞추어 설명하려고 하거나, 잘못된 사람의 선조의 묘를 찾아서 명당이 되지 못하는 조건을 애써 맞추어 설명하려 한다면 꿰어 맞추기 식의 논리일 수밖에 없다. 또한 특정한 지역을 두고 지관마다 다른 주장을 하는 것을 보면 과연 명당의 조건이 무엇인가 의심스러울 때도 있다. 결국 혹세무민(惑世誣民)하는 것이고, 불확실한 미래를 자기 나름대로 점치는 것과 다를 것이 없게 된다. 말하자면 지관들의 말재간이 특정의 묘를 유명한 후손을 배출한 명당으로 일치시키고 있는 것이니 객관성이 없다고 할 수 있다. 또한 앞에서 잠깐 언급한 것처럼 산의 형태를 금계포란형(金鷄抱卵形), 연화부수형(蓮花浮水形)이니 와우형(臥牛形)이니 하는 것도 보는 사람마다 다르게 해석하는 경우가 있다. 객관적인 연구가 없다면, 결국 이현령비현령(耳懸鈴鼻懸鈴)이 되고, 뜬 구름 잡는 것이 될 뿐이다.

5) 기(氣)에 대한 이해

기(氣)는 신성한 것인가? 종교에서처럼 인간이 숭상해야할 능력을 가진 존재로, 감당하지 못할 존재로 인식되어야 하는가? 그렇지 않다. 우리는 '신기하다'는 말을 많이 한다. 물론 한자의 표기에 따라 '뛰어난 재주' 등 다양한 의미로 사용될 수 있겠지만, '신비로운 운기로서 신의 기운처럼 느껴진다.'는 뜻으로도 이해하기도 한다. 이처럼 기(氣)에 대한 풀이는 다양하게 나타난다. 특히 한의학에서도 혈(血)과 함께 기(氣)를 중요하게 다루고 있으며 인체에서 기(氣)의 흐름을 경락(經絡)[79]으로 설명하고 있다. 또한 氣에 대한 해석도 다양하다. 붙잡을 수 없는, 정확하게 표현할 수 없는 그 어떤 것 --- 기운, 기선, 호흡(흡기·배기), 감기, 혈기, 느낌, 살기, 온기 등등. 기(氣)를 정확하게 표현하고 분류하기란 참으로 어렵다. 하지만 인간이 살아있는 동안 즉, 인간이 호흡하는 동안에는 기(氣)가 존재한다. 따라서 기(氣)는 우리 몸의 상태, 즉 우리의 육체활동과 정신활동 모두에 밀접한 관련이 있다.

(1) 기(氣)를 어떻게 정의할 것인가?

기(氣)에 대해서는 많이들 궁금해 하고 있으나, 정의를 못 내리고 있다. 기(氣)의 실체를 밝힐 수만 있었다면 풍수지리는 학문으로서의 위상이 달라졌을 것이다. 기(氣)의 존재를 인정받으려면 증명해야 하기 때문이다. 그렇다고 기(氣)에 대하여 풍수에서 핵심으로 표현하고 있는 '동기감응(同氣感應)'[80] 수준에서의 막연한 이해로 끝나야 하는가?

---

79) 인체의 경맥과 낙맥으로 이 자리에 침이나 뜸으로 자극하면 병이 호전되게 된다.

80) 죽은 조상들의 좋고 나쁜 기운이 후손들에게 끼치는 영향을 발음(發蔭), 발복(發福) 또는 동기감응(同氣感應)이라고 한다. 조상과 후손은 같은 혈통관계로 같은 유전인자를 가지고 있기 때문에 서로 감응을 일으킨다는 이론으로, 조상이 좋은 환경에 있으면 좋은 기를 발산하여 자손이 좋은 기를 받게 되고, 나쁜 환경에 있으면 나쁜 기를 발산하여 자손이 나쁜 기를 받는다는 것이다.

인간이 어떻게 할 수 없는, 무형의 전능한 기운으로만 이해하고 있어야 하는가? 만약 우리가 기(氣)에 대한 줄기를 이해하지 못한다면 동기감응에 대한 올바른 이해도 어렵고, 풍수는 막연한 것, 그 어떤 기운에 사로잡혀 있는 것, 미신적이고 신비적인 것, 현대인들이 이해할 수 없는 것, 학문적 가치도 없는 것, 풍수사들에 따라 해석이 달라지는 막연한 것으로 치부될 수밖에 없고, 허풍쟁이로만 남게 될 것이다.

(2) 기(氣)에 대한 고전풍수적 이해

생명의 원천은 기(氣)인데, 『금낭경』에는 "오행의 기는 땅 속에서 흐른다. ···, 음양의 기는 내뿜으면 바람이 되고, 바람에 의해 올라가면 구름이 되고, 구름이 내려오면 비가 되며, 땅속으로 흘러 다니면서 생기가 된다."[81]라고 기록되어 있다. 옛사람들에게는 기(氣)의 존재여부가 의심의 대상이 아니었으며 아주 자연스러운 생활의 일부였다.

(3) 기(氣)에 대한 현대적 이해

▶바람과 관련하여 기(氣)의 이해: 바람은 공기의 순환이다. 더운 공기와 찬 공기가 순환하면서 생기는 기운이 바람이다. 그 순환이 빨라지면 바람이 되고 그 순환이 더욱 심해지면 물리적으로 인간에게 피해를 가져오게 된다.

▶물과 관련하여 기(氣)의 이해: 물은 화학적 분해를 하면 수소와 산소로 분류된다. 즉 기체가 되어 공기로 나타난다. 결국 물은 기(氣)와 관련 된다는 사실을 알 수 있다. 한편 물은 공기화 되기 전 상태에서는 물리적인 힘을 가지고 있다. 그 양이 적당할 때는 동식물에 필요한 영양을 공급하면서 필수적인 존재가 되지만, 너무 지나치면 감당하기 어려운 무서운 존재가 된다.

---

81) 『錦囊經』: "五氣, 行乎地中. ···, 夫陰陽之氣, 噫而爲風, 升而爲雲, 降而爲雨, 行乎地中, 則爲生氣."

이처럼 기(氣)란 우리 인간이 환경을 어떻게 조성하느냐에 따라 달라지므로 생태학적 접근이 당연하다.

(4) 기(氣)에 대한 일반적 이해

기(氣)에 대해서 어렵게 생각하고 접근하면 더욱 복잡해진다. 일반적으로 기(氣)는 곧 생기(生氣)로서 살아있는 생물체에 있는 기운이다. 생물체는 신경다발로 구성되어 있고, 혈이 운행하면서 기운을 전달한다. 또한 뇌라는 통제소를 통해 모든 기운이 통제되며, 그 느낌을 판단한다. 더구나 인간은 다른 동물에 비해 미래를 예측하는 능력이 뛰어나다. 그래서 기(氣)라는 것에 더욱 예민한 것이다. 결국 기(氣)라는 것은 인간이 감당할 수 없는 신적인 능력을 가진 것이 아니며, 그 어떤 다른 것이나 다른 이로부터 주어지는 통제 불가능의 기운도 아니다. 우리의 환경이 안정되고 정신이 안정되면 좋은 기운이 생기고, 정신적이 힘과 육체적인 활력도 생긴다. 그것은 좋은 기운이며 생기(生氣)라고 말한다.

(5) 우리의 삶의 터 자체가 기(氣)의 장(場)이다.

풍수지리는 물과 바람에 관한 이론이며, 물과 바람이 없는 곳에서는 생기도 없고 생명이 존재하기 힘들다. 우리의 집터나 일터 등, 온 우주가 에너지활동의 근본인 기(氣)의 장(場)이다. 실내 환기를 시키는 것도 기의 움직임을 원활히 하는 것이며, 건강을 위해 울창한 숲속을 찾아가는 것도 에너지인 기(氣)를 받기 위함이다. 기(氣)를 받지 못하면 아토피 등의 피부병뿐만 아니라 여러 가지 질병이 생겨나고 생명체는 생기를 잃어버린다. 우리의 삶속에는 이미 풍수지리의 논리가 깊숙이 스며들어 있으며, 풍수지리 속에서 살아가고 있으나 이러한 이론을 체계적으로 이해하지 못하고 있을 뿐이다. 인간은 거주지 선정, 즉 삶의 터 잡기부터 안전하고 생기가 충만한 곳을 찾는다. 이는 모두 환경풍수·양기풍수·양택풍수에 속한다. 독일 등 서양 일부에서도 이미 오래전부터 인테리어풍수가 유행하고 있고, 동양사상 중 하나인 풍수 관련 서적이 수십 종에 이르고 있으며, 풍수를 강의하는 사설학원이 있고 TV에서도 소개 되고 있다고 한다.[82)]

6) 동기감응(同氣感應)이란?

동기감응은 풍수지리의 핵심이라고 할 수 있다. 그 개념을 살펴 보면, 같은 기운은 서로 반응한다는 것으로, 좋은 땅에서는 좋게 반응하고 나쁜 땅에서는 나쁘게 반응한다는 이론이다.

동기감응에 대한 몇 가지 예를 살펴보자.

먼저, 쌍둥이는 서로간의 움직임에 민감하며 성격과 성향이 비슷하다는 사실을 우리는 이해하고 있다. 그러나 여기에 덧붙여 말해 두고 싶은 것은, 비록 일란성 쌍둥이처럼 같은 유전자를 갖고 태어났어도 환경에 따라서 신체구조나 성격이 얼마든지 바뀔 수 있다고 한다. 한 개인의 성격이나 건강, 노력은 유전적인 요인보다 후천적 환경요인이 더 중요하다. 이것을 개체변이라고 한다. 이런 개체변이는 유전되지 않고 환경에 따라서 적응하며 변한다고 한다.[83)] 그리고 쌍둥이 일지라도, 어려서는 같은 환경에서 자라기 때문에 성격과 성향이 비슷하지만 사춘기나 청소년기를 겪으면서 주위환경의 차이와 서로 다른 사회생활의 영향으로 달라지고 있음을 보게 된다.

둘째, 부산 동의대 이상명교수의 정자실험에서도 그 예를 살펴볼 수 있는데, 성인남성 3명의 정액을 채취해서 시험관에 넣고 정밀

---

82) 김두규, 『우리 풍수 이야기』, 북하우스, 2003, 55쪽 참조.
83) 김진목, 『건강다이제스트』, 2009 및 http:ikunkang.com/news 참조.

한 전압계를 설치한 후, 3명을 옆방으로 데려가서 전기쇼크를 가했다. 전기쇼크를 받은 사람의 정액에 설치된 시험관의 바늘도 동일한 시간에 움직였으며 미세한 전위차를 나타냈다. 이로써 동일한 유전자를 가진 정자는 전자기적 공명현상이 일어남을 실험한 것이다. 그러나 실험을 통해 인정받기 위해서는 다양한 여건에서 행한 다수의 실험빈도에 따라 객관성이 주어져야 함을 잊어서는 안 된다.

셋째, 『금낭경』에도 "서쪽에 있는 구리광산이 무너지자 동쪽의 영종이 우는 것과 같고, 봄에 밤나무에 꽃이 피자 방에 있는 밤에 싹이 나는 것과 같다"[84]라고 동기감응과 관련된 내용을 언급하고 있다. 그러나 이러한 유사한 여건은 이후에도 얼마든지 있을 수 있었으나 그런 현상이 나타나지 않았으며, 식물이 계절에 따라 변화되는 것은 예나 지금이나 당연한 것이 아닌가 한다.

그러면 동기감응의 유형은 어떠한가? 양기풍수(양택풍수)에서의 동기감응과 음택풍수에서의 동기감응으로 분류하여 살펴보자.

▶양기(陽基)풍수 내지 양택(陽宅)풍수에서의 동기감응 :
주위환경과 나와의 관계성에서 감응을 다룬다. 인간은 어떤 환경에 놓이면 그 환경의 산물이 되어가는 것이다. 유유상종이라는 말이 있는데, 비슷한 것들은 잘 어울리고 잘 반응하게 된다는 말이다. 이들은 환경풍수와 관련된 것으로 본다.

▶음택(陰宅=묘지)풍수에서의 동기감응 :
조상과 나와의 기(氣)에 대한 감응을 다루고 있다. 조상과 나는 동일

---

84) 『錦囊經』: "是以銅山西崩, 靈鐘東應, 木華於春, 栗芽於室."

한 유전자이며 동기(同氣)로서 무덤 속의 조상의 유골이 땅의 기운을 받아 후손에게 전달됨으로써 서로 반응한다고 보는 것이다.

7) 동기감응의 문제점과 바른 이해

여기서 필자는 동기감응의 문제점을 살펴보고자 한다. 먼저 인간과 자연 그리고 산 자와 죽은 자의 감응을 다루는데 있어서 동기감응이 내포하고 있는 그 신비성이 문제이다. 이는 참으로 문제의 소지가 많다. 단순히 조상의 무덤을 명당에 모시기만 하면 발복한다는 횡재의 심리나 기대감이 풍수지리를 미신으로 오인하게 하고, 이러한 분위기에 휩쓸려서 부화뇌동(附和雷同)하는 풍수사들로 인해서 풍수지리가 바로 서지 못하는 것이다. 또한 동기감응과 함께 명당의 발복도 과학적으로 증명할 수 없는 것이기에 더욱 논란의 소지가 많다. 그리고 똑같은 환경에서 자란 자녀들이라도 삶이 모두 같은 것이 아니다. 잘 되는 자손이 있는 반면 어려운 자손도 있다. 잘되면 동기감응 운운하고, 안되면 조상의 묘를 문제 삼는다. 동기감응에 대한 해석도 분분(紛紛)하다. 이로써 인정받지 못하는 풍수지리가 되고, 이러한 인간의 약점을 이용하는 사기꾼 풍수사들이 활개 치는 것이 아닌가 싶다.

그러므로 동기감응에 대한 바른 이해가 필요하다. 동양사상에서의 근본은 윤리적인 요소[禮]를 많이 강조한다. 따라서 동기감응도 윤리적인 차원에서 이해하고 다루어야 한다고 본다. 이제는 풍수에서의 동기감응을 고전적으로 더 이상 확대해석해서는 안 되며, 소주길흉론(所主吉凶論: 주로 땅을 쓸 사람에게 관련된 논리체계)[85]의 연장선상에서 동기감응을 이해해야 되지 않을까 한다.

---

85) 적선(積善)과 적덕(積德)을 행한 사람에게 길지가 돌아간다거나, 땅을 쓸 임자가 따로 있다는 논리로, 아무나 명당을 찍으면 임자라는 논리와는 상반된다. 이는 산신(山神)이 지기를 관장한다는 설과 부합되는데,

3. 풍수에 대한 새로운 이해와 풍수사들의 도전과제

1) 풍수에 대한 새로운 이해

이제는 풍수지리에 대해서 새로운 이해와 재해석이 필요할 때다. 풍수지리에서 명당과 발복에 집착하다보면 매장이나 이장에 대해 고민하게 된다. 아래에서 몇 가지의 경우를 살펴보자.

첫째, 불안해서 이장을 하는 경우가 있다. 어느 풍수사의 말에 따라 명당이라는 곳에 거액을 들여 이장 한 후, 후손들이 잘 되면 묘지이장으로 인해 잘 되는구나 하겠지만, 이장 후에도 잘되지 않을 수도 있다. 그러한 경우는 또 다시 다른 풍수사를 찾아서 이장할 것인가?

둘째, 동일한 후손들 중에 잘 되는 후손도 있고, 잘 안 되는 후손이 있을 경우, 과연 이장을 해야 하나, 말아야 하나?

셋째, 화장을 했는데도 후손들이 잘 되는 경우에 동기감응이나 명당과 발복을 어떻게 이해해야 하는가?

이런 경우들에 비추어 볼 때 풍수를 단지 동기감응이나 명당에 의한 발복으로만 이해해야 할 것인가? 고민하지 않을 수 없다. 물론 발복에 집착하거나 신앙적인 사고에 사로잡혀 있다면 어찌할 수 없는 것이며, 사이비 풍수사의 농간에서 헤어나지 못할 것이다. 여기서 우리는 풍수지리의 근본에 대해 잠시 생각해 볼 필요를 느낀다. 자연과 인간의 관계설정을 수직적 관계가 아닌 수평적 관

덕이 없는 자가 명당에 들어오면 산신이 혈이나 나침의 방향을 틀어서 지기가 남용되는 것을 막는다고 한다.

계에 놓고 고려해야 한다. 그것은 곧 인간과 자연의 조화이다. 인간이 자연을 떠나 살 수 없다면 그 안에서 평안을 누려야 한다. 사실 인간이 신을 찾는 것은 인간이 나약하기 때문이라고 말할 수 있다. 인간은 무엇이라도 의지하게 되면 마음의 평안을 누릴 수 있다. 마음이 평안하면 어떤 일이든지 자신 있게 임할 수 있을 것이고, 자신감을 가지고 행한 일들은 또한 잘 풀려갈 것이다. 이제 우리는 이와 같은 맥락에서 풍수지리를 이해하고 풍수에 대해서 새로운 시각을 가져야 하며, 답을 찾기에 노력해야 할 것이다.

2) 발복에 대한 인식전환의 필요성

발복을 위해서 풍수지리를 알아야 하고 공부해야 하는 것이 아니다. 과거에는 풍수지리를 발복에 초점을 맞추다보니, 많은 분들이 풍수지리에 대해서 신앙적 의미를 강조하고 있음을 보게 된다. 현대에서는 발복에 대한 인식의 전환이 필요할 때다. 풍수지리를 자연과 인간의 조화 차원에서 이해해야 하며, 자연을 인간생활에 어떻게 적용하고 조화롭게 이용할 건인가에 대하여 고민하는 학문이 되어야 한다. 그리고 우리는 지금 이러한 풍수에 대한 인식의 변화가 요구되는 시대에 살고 있음도 이해해야 한다.

(1) 망 자(者)를 위한 풍수인가, 산 자(者)를 위한 풍수인가?

혹자는 풍수를 눈에 보이지 않는 기운에 의해 좌우되는 것으로 인식한다. 알 수 없는 기운이 우주에 운행하면서 우리 인간의 운명을 좌우하는 것으로 본다. 은연중에 우리는 이러한 사고에 사로 잡혀 있었다. 그래서 그것을 운명으로 받아들이고 자신의 운명이 이미 결정된 것으로 안다. 그 운명 중 하나가 음택풍수에서 오고, 결정되는 것으로 집착하고 있다. 음택에서 나오는 그 어떤 기운이 작용하여 후손들의 운명을 결정하는 것으로 알고 조상의 묘지를 어디에 쓸 것인가 하고 고

심하고 있다. 이 고민의 핵심은 죽은 者를 위한 것이라기보다는 산 者를 위한 고민임을 알 수 있다. 과연 죽은 자가 살아있는 자의 운명을 결정하는 것인가?

(2) 발복에 대한 사고의 변화가 요구된다.

묘지를 선택할 때에 동양사상의 근원이라고 할 수 있는 예(禮)를 중요시하지 않고, 선조로부터의 발복(發福)을 위해 명당(明堂)을 찾아다니는 것은 너무 이기주의적이다. 자신의 주변이나 타인을 먼저 의식하고 고려하는 우리의 사고가 아니다. 풍수지리의 이론을 모르더라도, 양지바르고 외부의 간섭이나 바람이 적고 습기 없고 양질의 흙으로 이루어진 땅이라면 누가 보더라도 좋은 묘자리라고 할 수 있을 것이다. 그러한 곳에 선조의 묘를 쓴다면 그 후손은 우선 마음이 편안해질 것이다. 마음의 평안은 발복(發福)의 기본이다. 그런 후에 열심히 자신의 할 바를 다하면서 노력하는 것이 바른 삶의 자세가 아닐까 싶다. 말하자면 발복은 조상의 묘를 어디에 쓰느냐에 있는 것이 아니다. 따라서 발복에 초점을 맞춘 풍수문화도 이제는 변화되어야 한다. 삶이 여유롭지 않으면 조상 탓으로 돌리고 원망하고 고민할 것이 아니라, 어떻게 하면 조상의 유골을 편안하게 모실 것인가를 먼저 염려해야 함이 마땅하다. 자신의 삶과 장래 문제에 대해서는 조상의 탓이 아니라 자신의 노력하고 준비하고 개척해야 한다는 자세가 중요하다. 다른 사람이 잘 되면 조상을 잘 두어서 그렇고, 내가 잘되면 내 탓이고, 잘 안 되면 조상을 잘못 두어서 그렇다는 것은 우스운 논리이다.

또한 세상에는 매장만 있는 것이 아니다. 나라마다 다양한 장례풍습이 있다. 좁은 땅을 가진 한국에서는 지금 매장의 풍습으로 인해 온통 묘지로 뒤덮여서 큰 딜레마에 빠져 있다. 더구나 조상숭배의 풍습과 관련하여 분묘기지권 시시비비로 인해 더욱 어려움에 봉착해 있으며 다른 나라에서는 안 해도 되는 고민에 빠져 있다.

(3) 발복의 의미에 대한 바른 이해가 필요하다.

오히려 풍수를 안다는 자들은 묏자리를 놓고 불안해하고 있다. 생각해 보라, 조상의 생전에는 불효하다가도 돌아가신 후 묏자리를 잘 잡는다고 복이 그냥 굴러 들어온다는 것이 타당한 것인가? 풍수에서 말하는 발복의 의미는 그렇지 않다. 바른 삶의 자세와 적선(積善), 적덕(積德)이 중요하다. 평소에 바른 삶을 살고, 덕행을 한 사람은 풍수의 이론을 떠나서라도 일반적으로 복 받을 사람이라고 한다.

(4) 장례풍습의 변화를 인지해야 한다.

오늘날에는 장례의 풍습이 많이 바뀌고 있다. 한국장례문화진흥원의 장사관련 통계에 의하면 2017년 4월 현재 화장률이 83.4%를 넘어가고 있으며,[86] 빠르게 장례문화가 바뀌고 있다. 이러한 인식의 변화는 풍수사의 각성과 우리의 풍수지리가 나아가야할 방향에 대한 재검토를 요구하고 있는 것이다.

(5) 젊은 세대의 풍수에 대한 관심 저조와 그 이유.

노년층 외의 대다수 젊은 세대에서는 풍수가 무엇인지 잘 모를 수 있다. 첨단 IT기기나 휴대폰 등의 전자·전파 세대가 과연 기(氣)에 대해 얼마나 이해하고 관심을 두겠는가? 우리는 세대의 변화와 인식의 변화를 인정해야 한다. 혹시 어느 젊은 세대가 어느 날 고인의 뜻에 따라 매장을 해야 하는 일이 생기더라도, 풍수지리의 원리를 알고 그 원리에 따라서 묏자리를 정하는 경우는 드물다. 갑자기 상(喪)을 당하면 풍수지리를 모르더라도 양지바른 자리, 안전한 자리에 묏자리를 잡으려 할 것이다. 그들에게는 지기(地氣)가 어디서 어떻게 흐르느냐 하

---

86) e하늘 장사정보시스템에 의하면, "2017년 4월 화장률은 83.4%, 전년 동월(81.2%) 대비 2.2% 증가하였고, 2017년 4월 지역별 최고는 인천 95.1%, 최저는 제주 64.7%이다. 2017년 4월 성별 화장건수는 남성 10,766건, 여성 8,499건으로 나타났다."

는 문제에까지 생각과 지식이 자라지 않으며 별로 관심도 없다.

그 이유를 무엇일까? 풍수지리의 논리가 시대의 변화에 따르지 못하고 있으며 젊은 사람들의 사고에 맞지 않는 것이다. 그들에게는 자신의 사고가 풍수지리의 영역에서 벗어나 있어도 불편이 없으며, 그들의 삶의 조건과는 무관한 것이 되어있는 것이다.

3) 풍수사들의 도전과제

앞으로 풍수사들은 과연 어떻게 풍수논리를 적용하며, 풍수지리의 위상을 고양시키며 새로운 이해와 발전을 위해 힘써야 할 것인가에 대해 고심하지 않을 수 없다. 이에 필자는 다음과 같이 몇 가지를 제시하고자 한다.

첫째, 고전풍수를 버리는 것이 아니라 끊임없이 개선하고 발전시켜야 한다. 풍수에 대한 시야를 넓히고 멀리 바라보아야 하며, 변화하는 다음 시대를 염두에 두어야 한다.

둘째, 고전풍수가 밝히지 못한 부분을 우리시대에서 밝히고 이론의 체계를 새롭게 세워야 하며, 문화·문명의 발전과 흐름에 관심을 두고 발맞추어야 한다.

셋째, 고전풍수는 변할 수 없는 경전이라는 사고에서 벗어나야 한다. 풍수이론의 체계를 더욱 발전시켜야 한다. 감히 함부로 손될 수 없는 경전이라고만 여긴다면 케케묵은 고전으로만 남게 된다. 만일 중세나 근대의 의학서적을 경전으로만 여기고 답습해 왔다면 인간의 생명 연장은 불가능했을 것이며, 천체학자들의 끊임없는 연구가 없었다면 어찌 우주탐사가 가능하겠는가?

넷째, 풍수학자들의 과감한 연구와 발표가 필요하다. 자유롭게 학설을 제시할 수 있어야 한다. 학문은 주장과 반박을 통해 더욱 새롭게 발전할 수 있을 것이다. 혼란이 혼란으로서 끝나는 것이 아니라 많은 혼란 속에서 질서가 생겨나게 되는 것이며, 분자의 혼란스러운 운동은 제자리를 찾아가는 과정일 뿐이다.

다섯째, 풍수지리의 연구 방향과 초점을 정확히 인식해야 하며, 풍수지리가 기득권자들이나 일부 풍수사들의 전유물이 되어서는 안 된다. 풍수지리 원리는 인간 세상에서 누구나 이해하고 함께 공유하고 적용할 수 있어야 하며, 자연과 더불어 사는 인간에게 평안을 가져올 수 있는 도구가 되어야 한다. 또한 더욱 확산되어 보편적 차원의 학문이 되어야 할 것이다.

4. 오늘날 풍수사들이 가져야 할 자세

 태양계에는 지구뿐만 아니라 많은 행성들이 있다. 지구에는 많은 생물체가 있고, 우주변화의 원리에 따른 기(氣)의 운행(運行)도 이미 우리는 알고 있다. 인간뿐만 아니라 다른 생물체에도 기(氣)의 운행(運行), 즉 기운(氣運)이 있다. 인간의 생로병사(生老病死)는 자연 생물체의 일생과 다를 바 없다.

 고대에는 이해하지 못했던 지형의 변화에 대해서도 우리는 이미 알고 있다. 화산작용에 의한 지형의 변화가 산과 바다를 만들었으며, 산의 기복이 풍수지리에서는 용(龍)으로 비유되어 행룡(行龍)한다고 한다. 행용하던 맥(脈)이 물을 만나면 그 움직임을 멈추고 기운이 응집(凝集)되는데 그곳이 용진처(龍盡處)이며, 혈(穴)[87]이라고도 한다. 일반적으로 물이 있는 곳은 주변의 지형 가운데서 가장 낮은 곳이다. 화산활동에 의해 생긴 지형이 가장 낮은 곳에 이르렀다는 것은 화산활동 분출지형의 끝부분이라는 것이다. 이러한 지형은 대체로 장풍(藏風)이 되고 득수(得水)가 되는 곳이다. 풍수지리에서 말하는 장풍은 바람이 없는 곳을 말하지 않는다. 바람의 적당한 기운을 간직한 곳이다. 바람과 물은 생물체의 생존에 꼭 필요한 요소이다. 즉, 바람과 물은 생기의 원천이며, 생명유지 즉 생기를 간직하는 데에 중요한 요소이다. 생기가 있는 곳은 사람이 살 만한 곳이고 생기가 넘치는 곳은 명당이 된다. 생기가 있는 곳은 생명체가 잉태하고 존재하기에 유익한 곳이며, 재물과 건강의 복이 풍성한 곳이 되기에 혈처(穴處)이고 명당(明堂)이라고 한다. 그러고 보니 풍수지리에서 말하는 생기는 특별한 것이 아니고, 신비로운 것도 아님을 알 수 있다. 그런데 고전풍수지리의 생기는 단순히 생태학적인 기체의 운행만이 아니라 훨씬 폭 넓은 많은 의

---

87) 용맥(龍脈)의 정기가 모인 자리를 말한다.

미를 내포하고 있다. 말하자면 인간관계의 기운의 전이까지도 포함하고 있기 때문에 현대과학으로 증명할 수 없는 신비로운 것이 되어 있다. 이 신비로움으로 인해 미신적인 것으로, 신앙적인 것으로 까지 치부되기도 한다. 풍수지리가 신앙의 대상이 되어버리면 과학이 접근할 수도 없고, 증명이나 어떠한 과학적인 논박도 의미가 없어진다. 그러나 만약 풍수지리에 신앙적인 요소가 없다면, 미신적인 것으로 배척되고 싶지 않다면 체계적인 이론과 납득할 만한 과학적인 원리를 제시할 수 있어야 한다.

풍수지리가 학문으로서 인정받고 누구에게나 선호받기 위해서는 신비로움에서 벗어나야 한다. 현대인들은 학문의 신비로움과 미신적인 요소를 용납하지 못한다. 우리시대의 풍수지리가 제자리를 잡기 위해서는 케케묵은 풍수의 틀에서 벗어나서 더욱 발전되어야 하고 새롭게 전개되어야 한다. 이것은 풍수고전을 버리자는 것이 아니다. 만약 풍수고전을 불변의 진리로 여긴다면 영원히 그 신비로움에서 벗어나지 못할 것이기 때문이다.

이제 풍수고전이 밝히지 못했던 사실들을 현대의 풍수사들이 밝혀내야할 의무가 있으며, 한 걸음 더 나아가 새로운 이론을 제시할 수 있어야 한다. 그러므로 두전과 반박을 받을 만한 창의적이고 획기적인 논문도 많이 나와야 한다. 만약 고전적인 풍수의 틀에서 벗어나지 못한다면 풍수지리는 결코 발전할 수 없을 것이며, 시대에 뒤떨어져 현대인들로부터 외면당할 것이며, 서서히 자취를 감추면서 먼지 쌓인 고전으로만 남게 될 수도 있다. 다시 말하면 풍수지리는 과거에 얽매여서도 안 되며, 신앙적이거나 신비로운 요소가 있어서도 안 된다. 풍수지리가 학문으로서 발전하려면 과거에 집착하지 않고 과거로부터 자유로워야 한다.

5. 마무리 글(새로운 풍수지리의 방향)

바람, 물 그리고 삶이란 자연 속에 어울린 인간을 말한다. 인간이 자연과 하나 되고, 자연을 슬기롭게 이용하여 인간세상을 널리 이롭게 하기위한 학문으로서 풍수지리가 자리하기를 바라며, 우리 시대에 맞는 풍수지리로 거듭나기를 바라는 마음으로 현대의 풍수지리가 나아가야할 새로운 방향을 함께 정리해 보고자 한다.

첫째, 음택풍수는 뼈를 매개로 하는 유물론적 성격을 반영하고 있다. 그런데 그 매개체인 뼈(유골)는 시간이 지나면 소멸되거나 매장지의 환경변화에 따라 사라지기도 하며, 관리가 제대로 되지 않고 방치되거나 개장(화장) 등으로 인해서 음택풍수 자체의 의미는 서서히 희미해지게 된다. 말하자면 음택풍수에 초점을 맞춘 풍수논리는 환경의 변화와 시대의 변화 그리고 문화와 사고의 변화를 반영하지 못한다. 풍수지리는 자연속의 인간 삶을 다루고 있으므로 과학의 발전과 시대의 변화에 반응하고 적용할 수 있어야 한다.

둘째, 앞에서 살펴보았듯이 풍수지리에서의 동기감응을 자신의 바른 삶의 자세를 반영하는 것으로 이해한다면, 그것은 본인에게 해당되는 것이 아니라 후손에 관여된 것이다. 바꾸어 말하면 후손에게 어떠한 영향을 줄 것인가 하는 문제는 본인에게 달려있는 것으로, 조상 본인의 훌륭한 정신 자세가 후손에게 이어지도록 하는 것이 무엇보다도 중요하다. 이제는 동기감응도 동일 유전자의 생체적 반응이나 단순히 유골을 통한 생기의 전달내지 발복의 수단으로만 이해할 것이 아니다. 조상의 삶의 모습과 정신의 반영으로 받아들여야 하며, 소주길흉론(所主吉凶論)의 연장선에서 바라보거나 자신의 바른 삶의 자세를 반영하는 재해석이 필요하다.

셋째, 과연 발복의 결과는 권력이나 부의 축척으로만 나타나야 하는가? 대개의 경우 후손의 부나 권력으로 발복을 따지고 있다. 이로 인해 세상은 더욱 미혹되고 풍수지리의 앞날은 어둡기만 하다. 사실 풍수지리의 발복은 물질적인 요소보다도 정신적인 요소가 강함을 이해해야 한다. 눈에 보이는 부(富)나 권력에 있지 않고 마음의 안정과 평안에 있음을 이해했으면 한다. 아름답고 더 큰 세상을 열어갈 수 있는 혜안(慧眼)을 얻는 것이 가장 큰 발복임을 인지했으면 한다.

넷째, 풍수지리의 야사(野辭)에서 벗어나야 한다. 주변의 풍수지리 책자들을 보면 대개 신비적인 야사들뿐이다. 어떤 스님이나 도사가 나타나 점지해 준 곳을 묏자리로 삼았더니 발복하고 출세한다는 식이다. 이런 식의 이야기는 누구나 얼마든지 지어낼 수 있다. 책 판매 부수를 늘리기 위한 가십거리로 만든 책이나 내용이 되어서는 안 된다. 만화처럼 재밋거리로 읽고 넘긴다면 상관없겠지만, 일반인들이 풍수지리를 그런 식으로 이해하게 되고 미혹된다면 풍수지리가 설 자리는 더욱 좁아질 수밖에 없게 된다.

다섯째, 풍수지리는 우리 인간이 어떻게 자연과 조화를 이루면서 아름답게 살아갈 것인가를 연구하고 추구하는 학문이어야 한다. 이것이 풍수지리가 생겨난 원인이고 이유이다. 자연을 슬기롭게 이용하면서 인간과의 관계를 조화롭게 하고, 생태계를 원활하게 할 수 있는 분야가 곧 풍수지리이다.

여섯째, 발복에만 초점을 맞춘 구시대적인 풍수사고에서 벗어나야 한다. 단지 동기감응을 통한 발복만 고집할 때에는 신비적이고 술수적인 것으로만 남을 것이며 현대인으로부터 외면당할 것이다.

일곱째, 복은 명당에서 오는 것이 아님을 알아야 한다. 만약 명당을 통해서 복이 온다면 세상사는 복불복이다. 누가 노력하겠는가. 눈만 뜨면 명당 찾으러 가야할 것이다. 만약 풍수지리가 복 받기 논리로 전개된다면 참으로 신화적이 될 수밖에 없고, 사회를 불건전하게 만드는 요인이 된다. 명당의 효과는 심리적 안정임을 이해했으면 한다.

여덟째, 음택풍수 중심의 발복을 바라고 발복에 심취한 자들에게 또 한 가지 질문을 해보자. 명당을 통한 동기감응이 발복의 근원이라면, 세상에는 매일같이 비명횡사하거나 갑작스러운 일로 조상을 잃어버리고 시신조차 찾지 못하는 경우가 허다하다. 그러한 일을 당한 후손은 출세를 기대하지 못할 운명에 놓인 것인가? 그렇지 않다. 얼마든지 자신의 노력으로 출세하고 세상에서 이름을 떨칠 수 있을 뿐만 아니라. 선인으로도 살아 갈 수 있다.

마지막으로 필자는 이 글을 통해서 독자들에 바란다. 우리시대의 풍수는 과연 어떠해야 하는가? 다시 한 번 생각해 볼 수 있는 기회가 되었으면 한다. 오늘날 우리가 풍수에 대해서 가져야할 자세는 어떠해야 하는지를 각자의 깊은 판단에 맡기면서 이 글을 마무리 한다.

Ⅲ. 자연장(自然葬) 활성화 방안에 대하여[88]

박 영 숙(朴英淑)
Park, Young-suk

pys8956@hanmail.net

저자 소개

- 서라벌대학교 장례서비스경영과 외래교수
- 서라벌대학교 평생교육원 외래교수
- 영천 남경장례지도사 교육원 출강
- 대구한의대학교 대학원 동양사상학과 철학박사 수료
- 영남대학교 행정대학원 행정학석사 졸업

---

88) 본 글은 이철형, 『자연장 활성화 방안 연구』, 한국보건사회연구원, 2009 및
    이필도외, 「자연장 제도 정착 방안에 관한 연구」, 葬禮文化硏究 제4권 제2호,
    2007을 참고하여 작성한 글입니다.

1. 들어가는 글

  최근 화장률이 급격하게 증가하고 있지만 화장장 시설의 공급 및 화장이후 유골을 처리할 수 있는 장사시설은 매우 부족한 것이 현실이다. 일반국민들은 현대화되고 다양화된 장사시설을 요구하고 있으며, 현재의 장사시설의 공급은 이러한 수요를 충족시키지 못하고 있는 실정이다. 화장률의 증가와 더불어 화장한 유골의 처리시설로 납골시설이 묘지시설의 대안으로 사회적 관심을 모았었다.
  그러나 무분별한 사설납골 시설의 설치와 과다한 석물사용 및 호화 납골묘 조성, 비싼 사용대금 요구로 심각한 사회적 폐해를 발생시키고 있다. 또한 인구·사회적 환경변화와 경제발전에 따른 생활수준의 향상으로 장사문화 환경도 급격히 변화되고 있다. 핵가족화, 가족구조 변화 및 경제활동 인구의 증가 등으로 장사문화가 편리주의로 변하고 있을 뿐만 아니라 소득수준의 증가와 문화수준의 향상으로 장사수요가 고급화·다양화 되고 있으며, 이 같은 상황은 향후 저출산 고령사회의 진입으로 더욱 가속화될 것으로 예상된다. 특히 1990년대 이후 정부와 시민단체들의 화장 장려운동의 결과, 2017년 화장률이 83.4%에 이르게 되었으며, 환경에 대한 관심 증가로 장사처리 과정뿐만 아니라 장사시설의 관리운영에 있어서도 보다 자연친화적인 방법을 추구하게 되었다.

  이와 같은 장사문화 환경변화에 적극대처하기 위하여 정부는 최근 장사법을 개정하여 자연장 제도를 도입하였다. 시기적으로 다소 늦은 감이 있긴 하지만 유럽 등지의 자연친화적 장사문화의 조류에 합류하게 됨으로써 장사문화 또한 세계화의 흐름에 동승하게 되었다. 물론 전통적인 장사문화에 대한 계승과 발전 또한 무시할 수는 없지만, 저출산 등의 영향으로 장사시설을 관리할 수 없는

상황이 이르게 된다면 또한 커다란 사회문제로 대두될 가능성이 많다,

 따라서 화장률 증가에 적극 대처함은 물론 저출산 고령화 사회의 패러다임에 맞는 장사문화의 발전과 이를 뒷받침할 자연친화적인 장사시설 확충이 필요하다. 또한 사망자 수의 증가로 점증하게 될 장사수요를 보다 친환경적인 방법으로 유인할 수 있는 방안과 지속가능한 장사시설을 유지, 관리해 나아갈 수 있는 효율적인 관리 방안이 마련되어야 할 것이다.

 장사제도의 현실적인 과제는 화장문화 확산에 따른 친환경적 장사시설을 어떻게 확충해 나갈 수 있느냐 하는 것이며, 장사시설을 기피시설로 인식하는 지역이기주의 현상을 극복하고 바람직한 장법과 환경 친화적인 장사시설을 어떻게 정착시키느냐에 있다. 이러한 장사문제를 효율적으로 해결할 수 있다는 인식에서 최근 활발하게 논의되고 있는 것이, 앞서 말한 수목장을 포함한 자연장 제도 도입이다. 국토의 효율적 이용 측면에서 추가공간이 소요되지 않으면서도 자연친화적인 장법으로 자연장이 납골제도의 대안으로 자주 거론되고 있다. 수목장이 기존 장사문화의 폐단을 일시에 해결할 수 있으며 유일한 대안인 것처럼 주장되고 조급하게 도입하려고 하고 있다.
 그러나 국민정서의 변화와 욕구에 부응하는 새로운 장법 및 장사시설에 대한 국민적 공감대와 이를 실천하기 위한 법과 제도적 장치마련 없이 자연장 및 수목장 제도의 성급한 시행은 오히려 건전한 장사문화 발전을 저해하는 요인으로 작용할 수 있다. 특히 국민적 관심이 높아지고 법 시행을 앞둔 시점에서 자연장 제도가 구체적인 방법 및 절차, 시설설치와 운영 주체에 대한 명백한 기준도 없이, 국민적 공감대를 형성할 수 있는 시스템을 갖추지 않은

채 성급하게 시행되면 올바른 자리매김을 할 수 없을 것으로 판단된다.

국민정서의 변화에 부응하는 새로운 장법 및 장사시설에 대한 국민적 공감대를 형성하고 시대정신에 맞는 장사문화를 실현하기 위해서는 자연장 제도의 단계적 정착방안에 대한 심도 있는 논의가 필요하다. 자연장 제도 운영은 나라마다 차이를 보이며, 관리운영 주체에 따라서도 서로 다른 여러 가지 형태를 지니고 있으므로 장기적이며 종합적인 검토를 통해 예상되는 문제점을 최소화 할 수 있는 방안이 필요한 시점이라고 생각한다. 자연장 제도는 장사정책에 대한 명확한 비전과 중장기적인 관점의 바람직한 방향설정에 대한 보다 심도 있는 검토를 통해 화장한 유골의 친환경적인 처리방안의 하나의 대안으로 제시되어야 한다.

장사문화에 대한 의식변화는 인구의 고령화 추세와 함께 다양한 장례시설 및 장례방법에 대한 관심과 신규 장사시설에 대한 욕구가 지속적으로 증가하게 될 것이라고 예상된다.

2. 자연장 관련법 개정 내용

예로부터 시신을 처리하는 방법인 장법은 매장과 화장, 그리고 화장 및 개장이후 유골을 처리하는 방법으로 납골을 들 수 있다. 또한 화장한 후 유골은 강이나 산, 바다 등 고인이나 유가족이 원하는 장소에 뿌려져 왔으므로 산골(散骨)도 화장한 유골을 처리하는 방법 중 하나로 간주되어 왔다. 현행 장사법에서는 화장장이나 납골시설에 화장한 유골을 뿌릴 수 있는 시설을 마련하도록 규정하고 있어 일부 지방자치단체에서 '유택동산' 또는 '산골장'이라고 하여 화장한 유골을 뿌릴 수 있는 시설을 설치하고 있다.

화장한 유골을 아무 곳에나 뿌리는 경우 자연 환경 및 미관상 위해와 민원발생, 산골장소 및 시설설치를 둘러싼 분쟁의 소지가 있을 수 있으며, 유골처리 방법에 대한 법적 근거가 없어 최종 처리방안에 많은 어려움이 있다.

보건복지부에서는 이러한 문제를 해결하고자 환경 친화적인 자연장 제도 도입을 통해 자연장 및 수목장림의 정의, 자연장 방법, 자연장 구역의 지정, 수목장림의 설치, 운영에 관한 사항을 주요내용으로 장사 등에 관한 법률 개정안을 입법 예고한바 있다. 이에 대해 살펴보면, 먼저 자연장(自然葬)이라함은 화장한 유골의 골분(骨粉)을 수목, 화초, 잔디 등의 밑이나 주변에 묻어 장사하는 것으로 정의하고 자연장의 개념을 도입하고 있다. 그리고 자연장의 방법에서는 유골을 묻기에 적합하도록 분골하도록 되어 있으며. 유골을 분골하여 용기에 담아 묻는 경우 그 용기는 생화학적으로 분해가 가능하도록 정하고, 그러한 묻는 방법, 사용하는 용기의 기준 등에 관하여는 대통령령으로 정하도록 했다. 또한 자연장지에는 사망자 및 연고자의 이름 등을 기록한 표지와 편의시설 외의 시설은 설치할 수 없게 된다. 무엇보다 자연장은 화장한 유골을 자연에 아무런 흔적과 시설을 남기지 않는 형태와 기존 장사시설 내 공동 유택동산 또는 조그마한 평석이나 기념물, 또는 상징시설을 설치하는 경우를 포함하고 있어 적용 시 혼란이 예상된다. 특히 우리나라의 경우에는 일반 산림지역과 일반묘지 등에서 자연장을 하는 경우 아무장소에서 무분별하게 묻는 경우가 많을 것으로 예상된다.

한편, 사설 자연장 및 시설의 설치는 관할 시장. 군수, 구청장에게 신고 및 허가를 받아야한다. 구체적으로 100제곱미터 미만인 개인, 가족 자연장지는 신고를 해야 되고 종중이나 문중 구성원의 유골을 같은 구역 안에 자연장을 할 수 있도록 하는 종중, 문중 자연장지 또는 법인 등 자연장지는 자연장지의 조성, 관리를 목적으로 민법에 따라 설립된 재단법인 및 대통령령으로 정하는 공공법인 또는 종교단체로서 조성의 허가를 받아 설치하도록 하고 있다. 우리는 이미 묘지와 납골시설 설치 관리에서 경험하였듯이 자연장 시설이 산림에 조성되어 납골묘 설치와 마찬가지로 여러 가지 사회적 폐해를 발생시킬 가능성이 높다. 이와 같은 사설 자연장 구역 지역은 자연 환경을 보호하고자하는 국민 정서와 역행되는 조치로서 단순 신고로 처리될 사안이 아니며, 특히 종교단체를 포함한 사설 자연장 시설의 무분별 설치 운영으로 인한 폐해를 반복하지 않기 위해서는 사설 자연장 설치 관리의 예외 규정은 없어야 하며, 사용면적도 최소한으로 줄여 지나친 영리 추구를 근본적으로 막아야할 필요성이 제기되고 있다.

사설 자연장에 대한 경과 조치는 일반 국민이 자연장과 수목장에 대한 지식이 빈약한 상태에서 사설 자연장과 수목장에 대한 경과 조치를 통한 인정은 또 다른 불법장사 시설을 조장하는 결과를 가져올 수 있다. 즉 법이 시행되기 이전 마음대로 사설 자연장 또는 수목장 구역을 조성하여 상업적 목적으로만 운영되고 있으면 법이 개정된 이후 그대로 시행되는 폐단을 가져와 건전한 장사문화를 정착시키기 보다는 오히려 기존 산림의 훼손과 지나친 영리 추구 등으로 인한 또 다른 사회문제를 야기할 수 있다.

기존 납골 시설의 자연환경 훼손, 과다한 석물사용과 비용문제등 사회적 폐해 재발을 방지하기 위해 먼저 국유림, 공유림에서 자연장과 수목장림을 조성하여 시범적으로 시행하고, 개인의 사설 자연장 또는 수목장은 그 결과를 토대로 충분한 검토를 거친 후 허용여부를 결정해도 늦지 않다.

3. 우리나라 장사시설의 문제점

현행 장사 등에 관한 법률은 매장 및 화장, 개장에 관한 사항과 이에 필요한 장사시설인 묘지와 화장장, 납골시설, 그리고 장례식장 등의 시설의 합리적 설치와 관리에 관한 사항을 규정하고 있다. 이러한 장사 등에 관한 법률은 1961년 제정되어 여러 차례 개정에도 불구하고 현재까지도 법의 실효성을 제대로 확보하지 못하고 있는 실정이다.

현행 장사시설의 문제점으로 자주 지적되고 있는 것은 다음과 같다. 첫째, 매장 중심으로 인한 묘지의 국토잠식과 자연환경 훼손이다. 우리나라의 묘지는 대부분이 산림에 무분별하게 설치되어 자연경관을 훼손하거나, 산사태, 생태계 파괴 등 여러 가지 문제를 야기 시키고 있다. 특히 개인묘지를 포함한 문중, 종중, 묘지 등 사설묘지는 허가를 받지 않았거나, 신고조차 되지 않고 있으며, 설치 금지구역에 설치된 불법 또는 편법으로 설치된 사설묘지들이 관리되지 않은 채 그대로 방치되어 산림 및 자연환경의 훼손이 심각한 실정이다.

둘째, 화장장 시설 등 장사시설의 공급부족과 확충의 어려움을 들 수 있다. 화장의 수요는 폭발적으로 증가하는데 반해 화장장 시설의 공급은 절대적으로 부족하다. 이는 화장장을 포함한 장사시설은 기피, 혐오시설로 인식되어 새로이 설치되거나 확충하는 데에는 해당지역의 지역 이기주의 현상으로 갈등사례가 자주 발생하고 있다.

셋째, 사설납골 시설의 편법적 운영이다. 화장 문화가 보편화되고 전국적으로 가족 납골묘 및 문중 납골묘 등 사설 납골 시설이 성행되면서 불법적인 납골시설이 무분별하게 설치되고 있다. 대형화된 구조물로 만들어진 사설 납골묘가 문제가 되는 것은 과다한 석물사용과 전국적인 산림에 관리되지 않은 채 방치될 경우 매장묘지보다도 더 심각한 환경 파괴요인으로 작용하게 된다는 것이다. 또한 대부분의 사설 납골시설은 비싼 사용료 및 관리비 요구로 수익성만 추구할 뿐만 아니라 투자 재원의 부족으로 사후 관리가 이루어지지 않아 편법과 부실 운영의 사례가 발생하여 피해를 주고 있다.

넷째, 낙후된 산골시설과 제도적 장치에 대한 미흡을 들 수 있다. 화장이후 유골을 강, 산, 바다 등에 뿌리거나 묻는 단순한 산골은 유골처리의 효율성만을 강조한 것으로 장사제도가 가지는 사회적 유대와 가족공동체적 결속 기능을 약화 시킬 수 있다.

산골(散骨)은 비교적 환경적 피해가 가장 적은 장법임에는 틀림이 없으나 문제는 아무런 장소에 집단적으로 산골하거나 현행과 같은 산골장의 과정에서 환경을 오염시키거나 엄청난 사회적 비용을 수반할 수 있다는 것이다.
현행 장사 등에 관한 법률에서는 산골에 관한 개념정의와 구체적인 내용이 없으며, 특히 화장한 유골 및 개장한 유골을 묻거나 뿌리는 것에 대한 구체적인 처리방법과 시설 설치 기준에 대한 명확한 규정이 없는 것이 문제점으로 지적되고 있다.
장사관련 법률은 개인묘지와 납골시설 등 장사제도 전반에 걸친 법적인 실효성을 확보하지 못하는 것이 여러 가지 사회 경제적 문제점을 발생시킨 주요원인으로 자주 지적 되고 있다. 장사시설에 대한 바람직한 제도적 개선은 필요하지만 수목장제도 도입과 시행에 있어서는 법적용의 형평성을 유지해야하며 설치기준, 설치지역, 운영주체 등 강력한 정책적 의지를 가지고 편법성과 불법성이 근절되도록 엄격한 적용과 효율적인 집행노력이 무엇보다 중요하다.

4. 선진국 장사시설 운영 사례의 시사점

 선진국의 환경 친화적 장사시설은 단순히 화장한 유골을 뿌리는 장소가 아닌 삶과 죽음에 대한 종교, 철학적 의미를 부여하고 있는 상징적 장소이며, 추억의 정원, 회상의 숲, 산림묘지 등은 상징적인 명칭과 함께 추모 상징물을 설치하여 고인을 추모할 수 있도록 하고 있다.
 선진국의 자연장과 수목장의 형태는 나라마다 차이를 보이며 개개인에 따라서도 제각기 다양한 형태를 요구하고 있다. 최근 우리나라에 소개된 수목장이란 화장한 골분을 지정된 수목의 뿌리 주위에 묻어줌으로써 그 나무와 함께 상생한다는 자연 회귀의 섭리에 근거하고 있다.

 특히 독일의 'Freid-wald'라는 브랜드명의 수목장림은 1999년 스위스 '윌리 자우터(Ueli Sauter)'에 의해 창안되어 2001년 이후 독일에서 본격적으로 사업화된 자연 상태의 숲을 그대로 이용하는 장법이다. 수목장림은 기존의 산림지역에 영생목(永生木)을 선택하고 봉분이나 비석과 같은 일체의 시설물은 허용되지 않는다. 다만 고인의 이름과 출생, 사망일이 적힌 손바닥 크기의 명패가 유일한 시설이다. 즉 나무가 묘지인 동시에 비석이 되는 셈이며, 골분을 묻은 흔적, 시설물, 형질변경 등 아무 것도 없는 자연 그대로의 숲을 의미한다. 이는 산림이 갖는 고유의 역할을 그대로 수행하면서 육림(育林)에 의한 임산자원의 생산을 최종 목표로 삼고 부차적으로 장사문화를 산림경영에 접목시켜 영생목을 키워줌으로써 국가적 자연 환경보존과 임목 축적증가, 나아가서는 장사문제 해결에도 기여할 수 있는 방법으로 평가되고 있다.

영국은 오래전부터 공원묘지, 공원 또는 소구역의 수목생육지에 있는 관목이나 교목을 선택하여 나무주변에 화장한 분골을 묻거나, 어린나무나 꽃나무를 조성하여 최소한의 면적을 활용하는 친환경적인 녹색장(Green burial)을 하고 있다. 특히 로즈 가든(Rose garden)이라고 불리는 장미정원은 가족단위로 산골 할 수 있는 배려를 하고 있으며 장미꽃을 심어 놓은 것이 특징이다.

스웨덴의 자연장 형태의 산골 방법은 유골함을 땅에 묻거나 화장한 유골을 미네슬룬드(Minneslund, 회상의 숲)로 불리는 숲에 뿌릴 수 있도록 하고 있다. 유골함을 땅에 묻는 경우에는 약 20cm 깊이로 묻어야 하며, 산골에 관한 설치기준은 산골이라는 표시가 있어야하고, 유족이나 참배객들이 접근할 수 있는 도로가 있어야하며, 유가족이 직접 산골 할 수 없고 산골 시설 잔디에 들어가는 것이 금지되어 있다.

익명의 특성을 공동 산골장소에는 표시를 하지 않으며, 개별적으로 꽃 등의 식물을 심는 것이 금지되어 있고, 추모할 수 있는 별도의 장소에서 추모 할 수 있다.

일본은 화장한 유골을 자연 속에 뿌리는 산골은 오래전부터 행해져 왔으나, 이를 특별히 규제하는 법적 제도적 규제는 없다. 일본의 시민단체(장송의 자유를 추진하는 회)는 화장한 유골을 산골하기 시작하여 사회각계에 커다란 반응을 불러왔다.

1990년대 후반부터 일본인들은 사후 추억이 담긴 장소에 화장한 유골을 뿌리는 자연장 사례가 늘고 있으며, 자연장 서비스업체가 증가하면서 다양한 산골 서비스가 제공 되고 있다. 산골을 하는 사람들이 점차 늘어나면서 후생성에서는 산골방법에 관해 사회적 합의를 통한 산골 관련 법규 제정이 필요하다고 인식하고 있다.

최근 일본에서는 바다나 산 등의 자연에 산골하는 것 외에 수목장이 인기를 모으고 있다.

수목장은 유골을 땅에 묻고 거기에 꽃나무 또는 수목을 심는 새로운 장례방식으로 묘석대신 심은 꽃나무가 매년 꽃을 피우면서 성장하고 자연으로 돌아가는 점이 자연친화적 시설로 인기가 높다.

수목장 형태의 산골 시설은 법적으로 묘지허가를 받아 조성하고 있으며, 묘석이 아닌 나무가 있다는 점과 운영자에 의해서 여러 가지 형태를 보이는 것이 특징이다.

이와 같이 국내외 수목장 관련 장사시설의 운영 사례를 통해 수목장에 대한 중장기적 관점, 장사 정책 방향 설정과 법적 제도적 장치마련을 위해 몇 가지 시사점을 제시하고자한다.

첫째, 선진국 장사시설은 무엇보다 자연친화적 시설로 조성된 것이 특징이다. 대부분의 선진국은 화장장, 매장시설, 장례식장, 납골시설, 산골시설, 화원 등이 한 장소에 종합화되어 있어 일종의 토털 서비스 체제로 되어있으며, 장사시설 단지 내 편익시설들이 서로 조화를 이루고 있다. 장사시설은 환경 친화적 시설로 조성되어있고, 수목과 잔디 등으로 조성하여 묘지로서의 기능뿐만 아니라, 공원으로서의 기능을 하고 있다. 특히 역사적 유물이나 일정한 테마 공간을 조성하여 유가족이나 조문객 및 지역주민들에게 휴식, 문화, 교육 공간 등 종합적인 시설로 역할을 담당하고 있다. 장사시설 조성 시에도 경사면, 언덕, 숲 등 가급적 자연환경을 그대로 유지하면서 장사시설이기 보다는 자연공원의 느낌을 주고 있다.

둘째, 도시기반 시설로 장사시설을 의무적으로 설치하고 있다. 도시계획의 원칙에서 장사시설은 죽은 자의 공간으로서 뿐만 아니라 산자들의 휴식공간으로서 공원을 조성하고 식목림, 저수지, 잔디밭, 휴식공간 등이 도시지역의 필수시설로 계획되고 이를 공원화하는 것을 의무화하고 있다. 특히 지역의 유명인사의 장사시설은 관광명소이며 지역주민의 자랑거리로 지역경제 활성에 기여하고 있다.

셋째, 기존 집단묘지 내 수목장 등의 장사시설의 다양화이다. 선진국의 자연장 시설은 단순히 화장한 유골을 뿌리거나 묻는 장소가 아니라 삶과 죽음에 대한 종교, 철학적 의미를 부여하고 있는 상징적 장소이다. 프랑스의 추억의 정원, 영국의 장미정원, 스웨덴의 회상의 숲, 독일의 익명의 묘지 등은 상징적인 명칭과 함께 추모 상징물을 설치하여 엄숙하면서도 경건한 것임을 일깨워주며, 고인을 추모할 수 있도록 장사시설을 다양하게 공급하고 있다.

넷째, 미래 수요에 대비한 적정한 장사시설을 설치하고 있다. 미래수요에 대비하여 중장기적 수급계획에 따라 적정한 장사시설 설치방안이 마련되고 있으며, 장사시설의 공급 부족으로 인한 부작용을 사전에 방지하는 효과가 있다. 인근지역 지자체간의 기존 장사시설 내 공동설치로 상호간에 이익이 될 수 있는 win-win 방안으로 지역주민에게 적정한 장사시설 공급을 제공하고 있다.

5. 자연장지 조성유형과 효율적 관리방안

자연장은 흔적 없이 자연적으로 회귀하는 친환경적 장사방법이나 자연장지 조성은 대상자에 대한 인위적 조작이 필연적으로 수반되는 행위임을 이해할 필요가 있으며, 도시 속에 존재하는 공원과 마찬가지로 어느 정도 인공화 된 자연으로서 본래의 자연과 같이 자생, 자족, 자기정화 기능이 없으므로 방치, 유기될 수 있는 시설요소이며, 이러한 이유로 자연장지의 조성은 합리적인 계획, 설계 과정을 거쳐 조성되어야만 기존 장지가 갖는 문제점을 극복할 수 있는 대안으로서 실효성을 확보할 수 있는 것이다. 또한 조성된 자연장지에 대해서는 지속적이고 체계적인 관리가 뒷받침 되어야 하며, 특히 개인 및 가족 자연장지 등 소규모의 사설자연장지 조성에 대하여는 이에 대한 고려가 선행되어야 할 것이다.

도시화지역, 혹은 전원지역을 막론하고 자연장지의 조성은 주변 환경과 조화될 수 있어야 되며, 자연장지 조성 시 고려해야할 자연환경은 조성예정지의 풍토, 지형, 경사, 수계, 임상과 기존 수림, 경관 등 제반조건을 검토하여야 한다. 입지특성, 주변 토지이용, 인접시설과의 맥락성, 접근성, 조성규모, 조성주체의 특성, 운영 및 관리여건 등을 종합적으로 검토하여야 할 것이다.

o 자연장지 조성과 관리의 기본방향으로는
 - 친환경성 : 친자연성, 지속가능성, 주변 환경과의 조화
 - 선택가능성 : 자연장 소재, 유형, 방법 등에 대한 다양한 선택 가능성
 - 기능성 : 추모, 명상, 휴게기능의 조화
 - 심미성 : 아름다움, 계절감, 밝고 쾌적한 곳

- 개방성 : 격리, 소외되지 않는 곳, 자주 찾을 수 있는 곳, 일반인의
           친숙한 이용이 전제되는 장소
 - 유지 관리성 : 지속적이고 체계적인 관리, 우범화에 대한 대처 등
           을 들 수 있다.

 수요자와 추모객의 측면에서 볼 때 기존 공설 자연장지의 공간적
질과 미적수준은 수요자와 추모객의 기대 및 요구에 부응하지 못
하고 있고, 운영 중인 자연장지는 일상과 격리되어 있다. 특별한
기념일에만 성묘하는 기존묘지의 이용 패턴과 차이가 없고, 잔디
장, 화초장, 수목장 등 소재별 자연장과 안치방법, 안치자 표식방
법 등에 있어서 선택의 여지가 제한적이며, 사설장지는 수요에 비
해 공급이 충분치 못하여 이용에 제약이 있다. 사설 자연장지(수목
장림)의 경우 안치료와 관리비 징수에 있어서 적정수준의 가이드
라인이 필요하다.

 미적·경관적 측면으로는 공설 자연장지의 경우 기존 집단묘지의
부속시설로 조성되어 있어 쾌적성이 낮고, 자연장에 대한 인식과
선호도 제고에 긍정적인 영향을 제공하지 못하며, 자연장의 기본
취지에 부합되도록 자연성이 강조되고 자연과 동화되는 분위기의
자연장지 조성이 필요하다. 그리고 자연장지에 도입되는 표지석,
헌화대, 안내 및 휴게시설 등 제반구조물과 시설물 디자인의 질적
제고가 필요할 것이며, 자연장지 내 동선의 포장재 등 재료의 고
급화와 시공품질의 제고, 고인을 추모할 수 있는 분위기, 아늑하고
밝은 정원 분위기의 자연장지 조성으로 일반인도 즐겨 찾을 수 있
는 공간이 되어야할 것이다.

6. 유형별 자연장지 조성모델

1) 잔디장 : 조성장소는 비교적 평지 혹은 평지를 조성할 수 있는 지형을 활용하며 지름 15cm, 깊이 30cm 구멍을 파고 골분과 흙을 섞어 되 메우고, 생분해성 골분함 사용 시 용기 규격에 맞추어 굴토 후 안치하고, 추모·휴식을 위한 벤치와 안치자 공동표식 또는 경계석을 활용한 개별표식을 설치해야할 것이다. 야생동물로 인한 훼손이나 동절기에 땅이 어는 것을 고려할 때 70cm이상의 깊이로 땅을 파는 것이 안전하며, 용기는 땅속에서 생화학적으로 분해가 가능한 것이어야 한다. 용기를 사용하지 않거나 한지를 사용하는 경우에는 흙과 섞어서 묻어야 한다. 흙과 섞은 골분의 용기를 묻고 흙으로 메운 후 잔디나 흙 등으로 지표면을 마무리한다.

2) 화초장 : 조성장소로는 비교적 평지에 조성하며 부지 내 자투리땅을 활용할 수 있으며, 골분을 흙과 섞어 30cm 이상의 깊이로 안치하거나 생화학적으로 분해가 가능한 용기를 사용하여 안치하도록 하며, 부대시설로는 배경의 역할을 하는 경계식재, 추모, 휴식을 위한 벤치와 공동표식 혹은 경계석을 활용한 개별 안치자 표식과 헌화대, 적절한 규모의 조각물로 설치한다.

3) 수목장 : 조성장소는 평지, 완만한 경사지 등 지형조건을 적절히 활용하고, 가용면적과 주변식생을 고려하여 다양한 수종을 도입한다. 안치방법으로는 골분을 흙과 섞어 30cm 이상의 깊이로 안치하거나 생화학적 분해가 가능한 용기를 사용하여 안치하며, 부대시설로는 추모대, 공동표식, 또는 경계석을 활용한 개별표식과 추모 및 휴게공간을 설치한다.

4) 수목장림 : 수목장의 조성지역은 기존의 공원묘지나 집단묘지 등를 재개발하거나 신규로 조성하는 공원묘지에 수목장의 개념을 포함하는 방법과 산림 내에서 하는 수목장림의 경우로 나눌 수 있다. 공원묘지에 조성할 경우 기존 부지를 재활용할 수 있고, 다양한 형태의 수목장이 가능하다는 장점이 있으나, 공원묘지형은 형태에 대한 제약이 적어 호화, 대형화될 수도 있으며, 또한 사업화가 쉬워 부작용 발생이 우려되고, 산림에서 시행하는 수목장림은 추가적인 장묘부지가 필요치 않아 국토를 효율적으로 이용할 수 있으며, 자연환경에 아무런 인위적 시설을 가하지 않을 수 있고 친환경적이고 숲을 가꿀 수 있어, 임업 활성화와 함께 아름다운 숲을 후손에게 물려줄 수 있다.

산림지역 중에서는 국유림이나 공유림에 조성되는 것이 유리하며, 국·공유림은 사유림에 비해 상대적으로 대규모로 경영규모의 설정이 용이하고 오랜 시간 관리하기가 용이하다. 산불이나 병해충 등 각종 재난에도 대응해야한다는 점을 고려한다면 소유주의 변동이 적고 일정수준의 관리가 지속적으로 이루어질 수 있는 국·공유림이 수목장의 시행 적지로 평가되며, 수목장의 입지선정에 있어서 가장 중요한 점은 숲의 아름다움이다.

수목장에서는 묘지란 느낌이 들지 않는 아름다운 숲이 수목장림을 선정하는 첫 번째의 입지조건이라 할 수 있으며, 명절이나 특정한 날에 많은 사람들이 한꺼번에 방문하는 경향이 있고, 수목장림이 대부분 산간지역에 조성된다는 점을 감안하면 수목장으로 진입하는 접근성이 용이해야 할 것이다. 수목장림의 조성규모는 운영의 효율성과 제반여건을 감안하여 30~50ha 정도가 적절하며, 이는 경영규모의 설정이 유리하며, 수목장의 가격경쟁력을 위해서도 소규모보다는 일정 규모이상의 숲이 요구되며, 너무 클 경우

적정대상지를 찾기 어렵고 수목장림 내의 접근로나 숲 관리를 위한 사업이 어려워져 비용 상승이 우려된다.

7. 나가는 말

국민의식의 변화로 화장수요가 급격히 증가하고 있고, 화장한 유골의 처리방법 및 시설에 대한 관심도 높아지고 있다. 특히 수목을 이용한 자연장은 친환경적인 장법으로 사회적 이슈가 되고 있다.

자연장 제도 도입은 매장 문화가 아닌 화장문화 실천과 화장시설의 확충이 선행되어야하며, 화장 문화와 화장시설의 발전은 뒤로한 채 자연장 및 수목장을 한때의 사회적인 유행처럼 확산시켜서는 건전한 장사문화의 발전을 기대할 수 없다. 향후 증가될 화장과 화장한 유골처리 시설 수요에 대비하여 양적인 측면에서의 공급확충뿐 아니라 질적인 면에서 개선방안이 선행적으로 마련되어야한다.

자연장은 단순히 화장한 유골을 뿌리거나 수목 주위에 묻는 것이 아니라 우리 모두가 돌아가야 하는 마음의 안식처이며, 가족 공동체의 연대를 강화해주는 환경 친화적인 장소로 만들어가야 한다. 이를 위해 국민정서의 변화와 욕구에 부응하는 장법 및 장사시설에 대한 국민적 공감대 형성이 중요하며, 철저한 사후관리 시스템이 갖추어 지도록 법적인 실효성을 확보하는 데에도 지속적으로 노력해야 할 것이다. 새로운 장사제도 도입은 미래수요에 대비하여 중장기적 수급계획에 따라 적정한 시설설치 방안이 마련되어야하며, 장사시설의 공급부족으로 인한 부작용을 사전에 방지하는 효과가 있어야한다.

최근 화장률 증가는 향후 장사문화 발전 방향에 상당한 영향을 미칠 것으로 예상되고 사망자수의 증가, 지역개발로 인한 개장수요의 증가 등은 화장 문화와 관련된 산업전반에 영향을 주며, 건강과 환경에 대한 관심의 증가와 더불어 2008년 제도화된 자연장 선호가 급증하고 있는 상황에서 자연장지의 적극적인 보급과 자연 장제도 활성화는 지속 가능한 장사문화의 대안으로 급부상할 가능성이 있다.

현세대 노인이나 베이비붐세대의 예비노인들은 자연과 더불어 생활을 해왔고 항상 자연을 그리며 생활을 하고 있기 때문에, 더욱 자연장을 선호할 가능성이 높으며 자연장 제도는 지속가능한 장사제도이다.

한반도는 이용 가능한 국토가 한정 되어있고, 인구사회구조 변화로 장사문화의 편의주의가 확산되고 장사시설을 돌볼 수 있는 후손들이 감소하고 있는 상황에서 관리와 보관, 유지 등의 문제를 안고 있는 묘지와 봉안시설은 더 이상의 대안이 아니며, 자연장지는 기존 장사시설을 보완할 수 있음은 물론 대체 제도로서의 특징을 가지고 있다. 더구나 자연장지가 공원화된 시설로 제공된다면 공공재이면서 가치재로서 공공투자의 대상이 될 수도 있다. 왜냐하면 많은 사람이 공동으로 이용할 뿐만 아니라 국민들에게 휴식공간을 제공함으로써 사회적으로 편익을 극대화할 수 있다면 중앙지방정부가 가치재로 공급할 수 있기 때문이다.

자연장지는 경제적 측면에서 외부효과를 가져다준다. 종전의 비용집중-혜택분산이란 장사시설의 이미지를 해소할 수 있는 대안으로 활용할 수 있으며 자연장지는 타 장사시설과는 달리 자연친화적이고 사회친화적인 자연장지로 조성이 가능하기 때문에 더 이상 혐오시설도 기피시설도 아니다. 산자와 죽은 자가 함께 할 수 있는 공간을 제공할 수 있기 때문에 회상의 공간, 추모의 숲과 같이 유족과 지역주민들이 자연을 즐기면서 삶의 질을 향상시키고 복지를 증진시킬 수 있으며, 지역주민들을 위한 편익시설로 충분히 활용가능하기 때문이다.

단점으로는 기존의 장사시설은 모시고 돌볼 수 있는 시설임에 반하여 자연장 시설은 어떤 형태가 있는 것이 아니기 때문에 사시사철 변하는 나무, 꽃, 잔디 등의 생명체를 잘 관리하는데 어려움이 다소 있을 것으로 예상된다. 우선적으로 중앙정부는 자연장사 시설을 효율적으로 공급하는 방안을 모색하기 위한 전략으로 보건복지부, 보훈처 등이 관리운영 하고 있는 망향의 동산, 국립묘지 등에 시범적인 자연장지를 조성하여 운영함으로써 자연장에 대한 국민의 인식을 제고시키고, 지방정부는 기존의 비교적 접근성이 좋고 완만한 지역에 있는 공설묘지를 개발하여 모범적인 자연장지를 확보해야할 것이다.

모범적인 자연장지는 죽은자와 산자가 함께 할 수 있는 추모의 공간, 휴식의 공간으로 활용 될 수 있도록 조성하여 주민뿐만 아니라 모든 국민과 함께 할 수 있는 시설로 자리 잡아야 할 것이다. 민간부문에서는 기존의 장사 시설을 적극 활용할 수 있는 방안을 모색하되, 비교적 완만한 지역에는 잔디나 화초장을, 삼림이 훼손된 지역에 식생이 가능한 나무를 식재하는 방법으로 자연을 회복시킨다는 차원에서 조성해야 할 것이다.

자연장지 설치주체는 화장장과는 달리 공공과 민간 모두가 될 수 있으므로 사설 자연장지가 관계법규를 어기거나 지나치게 영리를 추구하는 경우 주민의 경제적 부담은 물론 사회적으로 손실을 초래하여 건전한 장사문화 발전에 걸림돌이 될 수 있으므로 관리, 감독, 평가 기능을 강화, 도입하고, '장사시설 인증제도'를 실시함으로써 소비자가 믿고 찾을 수 있는 시설로 자리 잡아야 할 것이다. 모든 기초자치단체는 궁극적으로 주민을 위해 독자적인 자연장지를 보유할 필요가 있으므로 기존의 공설시설을 활용함으로서 자연을 복원시키고 주민들이 활용할 수 있도록 해야 할 것이다.

바람직한 장사문화를 정착시키기 위해서는 매장, 화장, 납골, 수목장 등 어떤 특정한 장사방법과 장사시설이 최선이라는 사고방식을 탈피하고 국민 모두가 공감할 수 있는 환경 친화적 장사방법과 자연장 시설 설치방안을 모색해야한다. 정부와 지방자치단체는 장사시설 확충 및 장사법의 실효성 확보노력이 필요하며, 장사문화 전반에 대한 국민들의 의식전환을 통해 우리 모두가 공감할 수 있는 해법을 찾아내고 실천하는 것이 시급한 과제일 것이다.

건전성과 효 사상이 고취될 수 있도록 평소 교육을 통해 건전한 장사문화의 가치관을 확립해나가면서 사회 환경변화와 국민정서에 부합한 장사제도를 단계적으로 발전시켜 나갈 수 있도록 해야 할 것이다.

IV. 조선시대에는
어떤 기준으로 집터를 정했을까?[89]

유 병 우(兪炳宇)
Yoo, Byung-woo

yoobyungwoo@hanmail.net

저자 소개

- 대구한의대학교 대학원 동양사상학과 철학박사 졸업
- 경북대학교 경영대학원 경영학과 경영학석사 졸업
- 영남대학교 경영학과 졸업
- (주) 대양 관리부장

---

89) 이 글은 필자의 박사청구논문 「영남지방 전통주택의 풍수지리적 특성
연구」를 토대로 작성하였습니다.

1. 들어가는 글

우리가 삶을 살아오면서 꼭 필요한 것이 무엇일까? 일반적으로 인간생활의 삼대요소인 의(衣), 식(食), 주(住)라고 대답을 하는데 이들은 인류의 역사와 함께 하였다. 필자는 이 중에서 풍수지리의 양택의 한 분야인 주택에 대해서 이야기하고자 하며, 구체적으로는 주택에 대한 개념과 간단한 역사 및 시대별 특징, 그리고 우리의 선조들이 삶을 영위하기 위한 집터를 어떤 기준으로 선정했는지 알아보고 실제적인 예를 찾아 살펴보고자 한다. 온고지신(溫故知新)이란 옛말이 있듯이 이 글을 통해 우리의 선조들이 택지(宅地 : 집터)를 선정하기 위해 활용한 풍수지리를 현대사회에서 응용할수 있는 근거를 마련하는데 보탬이 되길 기대한다.

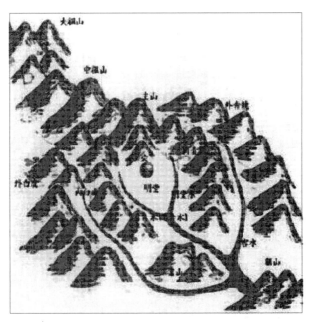

용혈사수도(출처: 김두규, 『명산론』)

2. 주택의 역사와 조선시대주택의 특징

1) 주택의 개념과 역사

잠을 자며, 밥을 먹고, 휴식을 취하며, 아이를 기르는 등의 활동을 하는 보금자리인 주택(住宅)에 대해 주택법에서는 "세대(世帶)의 구성원이 장기간 독립된 주거생활을 할 수 있는 구조로 된 건축물의 전부 또는 일부 및 그 부속토지"라고 정의하고 있고, 건축물착공통계조사시행규칙에서는 주택을 "한 가구가 주거생활을 영위할 수 있도록 축조된 건축물과 건축물의 부분으로서 1개 이상의 방과 부엌 및 출입구를 갖추고 있는 것"으로 규정하고 있으며, 주택과 관련된 가장 오래된 책인 『황제택경(黃帝宅經)』에서는 음양의 근원이고, 사람이 지켜야 될 인륜의 규범이며, 사람이 거처하는데 필수불가결한 것이므로 주택은 사람이 살아가는 근본이 된다고 하였다.[90]

주택은 주어진 자연환경(自然環境)뿐만 아니라 그 시대의 정치나 문화, 그리고 사상, 제도 등의 인문환경(人文環境)의 영향을 받아 발전하여 왔다.

움집(출처: 두산백과사전)

석기시대의 사람들은 땅을 파서 지하에 생활공간을 마련하고 지표면 위로는 지붕부분이 나오는 움집형태의 주거를 만들어 생활하였다. 움집은 기둥을 수직으로 세워 벽체를 만들 기술이 없는 이 시대

---

90) 유병우, 「영남지방 전통주택의 풍수지리적 특성 연구」, 대구한의대학교 박사학위논문, 2018, 9쪽.

사람들이 공간을 마련하기 위해 땅을 파서 인공적으로 만들 수 있는 가장 시원적(始原的)인 구조이다. 이러한 움집은 지표면 위의 건물 높이를 가능한 낮춤으로서 바람의 영향을 덜 받고 땅속은 항상 일정한 온도를 유지하고 있기 때문에 시대가 상당히 진행된 철기시대에도 발견되고 있다.[91]

청동기시대의 움집은 금속을 이용하여 목재를 가공함으로서 더욱 발전된 반움집 형태를 보이고 있다. 반움집이란 수직벽체가 발생하고 지붕, 서까래가 지면에서 떨어지는 움집을 의미한다. 반움집은 지붕이 벽체와 분리되면서 맞배나 우진각지붕의 가구체계가 발전하는 단계를 의미하기도 한다. 따라서 이러한 반움집의 존재는 주거의 역사에서 석기와 청동기를 구분하는 중요한 단서인 동시에 움집에서 지상주거로 발전하는 중간단계로 볼 수 있다.[92]

여러 부족들이 성읍국가(城邑國家)를 이루었던 원삼국시대의 주택에 대하여는 여러 곳의 터들과 중국의 문헌들로 알 수 있다. 원삼국시대에서는 움집과 귀틀집, 고상식 주거 등 여러 형태의 주택들이 건축되었으며, 지배계급에서는 낙랑 등을 통하여 한나라의 좀 더 발달된 목조건축양식의 영향을 받아들여 이들 주택들과는 다른 궁실건축이 이루어졌다고 생각된다.[93]

원삼국시대를 지난 삼국시대에는 왕권이 강화된 중앙집권의 국가체제를 갖추게 되고, 건축도 상당한 발전을 보게 된 것을 여러 곳에서의 건축지(建築址)와 가형토기(家形土器) 등의

집모양 토기(출처: 한국학중앙연구원)

91) 안옥희·백영흠, 『한국 주거역사와 문화』, 신정, 2011, 16쪽.
92) 강영환, 『새로 쓴 한국 주거문화의 역사』, 기문당, 2013, 45-49쪽.
93) 바람과 구름과 비(http://simjeon.kr).

출토유물이나 관계문헌 등으로 알 수 있고, 건축의 가장 기본이 되는 주택건축 역시 성읍국가시대보다는 상당히 발전된 것이었다.[94]

고구려는 중국과 접경하고 있어 중국의 문화를 자연스럽게 받아들일 수 있었으며 고구려의 주택건축은 중국과 비슷하였을 것으로 추측된다. 고구려시대의 고분인 안악3호분[동수묘(冬壽墓)]의 벽화를 보면 부엌간이나 고깃간, 마차고 등 용도에 따라 지어진 건물을 볼 수 있다. 백제의 주거나 주택에 관계된 자료는 매우 빈약하나, 『신당서(新唐書)』「동이전(東夷傳)」 백제조에 "俗與高句麗同(그 풍속이 고구려와 같다)"고 한 것으로 보아 고구려의 주택과 별다른 차이가 없었던 것 같다.[95]

신라시대와 통일신라시대는 분명한 선후의 차가 있고, 또 주택도 차이가 있을 가능성이 있으나, 현존하는 자료들로는 이들을 확실히 구분하여 고찰할 수 없는 실정이다. 그러나 당시의 상류계층들은 그들의 주택을 보다 크고 화려하게 건설함으로써 지배계층으로서의 위엄과 권위를 표현하였으며 그들 주택의 권위적인 요소들을 하위계층에서 모방하거나 사용하지 못하도록 제한하는 제도적 장치를 만들었는데 이를 가사제한(家舍制限)이라고 한다. 삼국 중 신라의 가사제한만 『삼국사기(三國史記)』「잡지(雜志)」 옥사조(屋舍條)에 남아 있다.[96]

고려는 소수의 문벌귀족들에 의해 지배된 문벌귀족사회로 초기에는 송나라, 중기이후에는 원나라의 영향을 받으면서 발전하였다. 고려시대의 주거관련 문헌이나 유물, 유적을 근거로 주거양상을 살펴보면 일반주택들은 개미굴이나 벌집모양으로 지붕을 띠로 덮었고, 부잣집은 기와집이었다고 한다. 또한 귀족계급의 침상 앞에

---

94) 한국민족문화대백과사전(http://encykorea.aks.ac.kr).
95) 안옥희·백영흠, 『한국 주거역사와 문화』, 신정, 2011, 20-23쪽.
96) 강영환, 『새로 쓴 한국주거문화의 역사』, 기문당, 2013, 97쪽.

는 낮은 평상 셋을 놓았는데 삼면에 난간이 둘러있고 각기 비단보료를 깔았으며, 일반서민들은 대부분 흙침상으로 땅을 파서 아궁이를 만들고 그 위에 누웠다는 기록이 있다. 이로써 고려시대 상류층은 주로 중국식 의자, 침상 등을 사용한 입식생활을 하였고, 일반서민들은 온돌바닥에서 좌식생활을 한 것을 알 수 있다.[97]

아산 맹씨행단(출처: 문화재청)

이 시대의 주택 중 유일하게 남아있는 것이 아산의 맹씨행단(孟氏杏壇)이다. 14세기 중반에 지어진 집으로 현존하는 전통 가옥중 가장 오래된 맹씨행단은 고려말 최영(崔瑩) 장군이 살던 집이었으며 이후 그의 손녀사위인 맹사성(孟思誠)이 물려받아 살았던 곳이다. 맹씨행단(孟氏杏壇)이란 이름은 맹사성 일가가 이곳에서 뿌리를 내린 데서 유래했다. 참고로 행단은 은행나무 단(檀)을 의미한다.[98]

우리나라 주택의 정화(精華)라고 할 수 있는 조선시대 주택의 가장 큰 특징으로는 가대 및 가사의 규제와 유교문화, 음양오행론 및 풍수지리설의 반영 등이라고 할 수 있다.

조선시대의 주택에 대해서는 별도로 이야기 해보자.

---

97) 안옥희·윤재웅·배정인, 『주거학의 이해』, 기문당, 1998, 22-23쪽.
98) 문화콘텐츠닷컴(http://www.culturecontent.com).

2) 조선시대 주택건축의 특징

조선시대의 한옥(출처: 필자 촬영)

우리가 알아보고자 하는 주제가 조선시대에는 어떤 기준으로 터를 정하였는지 알아보는 것이므로 조선시대 주택의 특징을 살펴보자. 어느 시대, 어느 곳이든 주택이 건축되게 된 배경은 환경에 따르기 마련이다. 환경은 자연환경과 인문환경으로 대별될 수 있는데 자연환경은 삼국시대부터 고려, 조선시대까지 큰 변화가 없었으니 일단 제쳐두고, 많은 변화가 있었던 인문환경에 대해서 알아보면 앞서 말한 것처럼 조선시대 주택의 가장 큰 특징은 가대 및 가사규제, 유교문화, 음양오행론, 풍수지리설의 반영이라고 했는데 하나하나 구분하여 이야기해보자.

(1) 가대 및 가사의 규제

조선은 건국을 하고 나서 건국을 하게 도와준 개국공신들에게 수도인 한양의 땅을 나누어줘야 했다. 그러나 땅은 한정되어 있는데 나누어 줄 사람은 많으니 조정에서는 규제가 필요하게 되었는데 그것이 가대규제(家垈規制)이다. 그리고 주택을 지으면서도 일반주택이 궁궐보다 클 수가 없었고, 왕실의 주택규모와 사대부의 주택규모, 서민의 주택규모를 다르게 하였으니 이를 가사규제(家舍規制)라고 한다.

(2) 유교문화의 반영

조선은 개국을 하면서 숭유억불정책을 펼쳐나갔다는 사실을 모든 사람이 알고 있는 내용이다. 유교를 숭상하였는데 유교의 대표적

공자(출처: 아시아 소사어티)

인 내용이 상호간의 예(禮)에 대한 것이다. 군신의 예(禮), 남녀의 예(禮), 숭조(崇祖)의 예(禮), 주종(主從)의 예(禮) 등이 그것이다.

주택에서 군신의 예(禮)에 대해 말하면, 임금이 생활하는 궁궐과 백성이 사는 일반 주택과는 엄연한 차이가 있다는 것이다. 왕실과 백성들의 주택 터와 크기 등은 가대(家垈) 및 가사(家舍)의 규제라는 형태로 나타난다.

남녀의 예에 대한 이야기를 하자면, 유교에서는 남녀유별사상이 있어 남과 여를 엄격하게 따졌으며, 남자는 바깥활동 및 대외활동을 위주로 하였으니 사랑채를 만들어 생활을 하였고, 여자들은 집안 살림을 챙기는 등 내부적인 일을 하였으므로 안채를 만들어 안채에서 생활을 하였다. 사랑채와 안채를 구별하기 위해 내·외담이라는 것까지 만들었으며, 영덕의 충효당의 경우 과거에는 사랑방의 문을 열어도 안방이 보이지 않게 되어 있었는데 개보수를 하면서 방문을 잘못 고쳐 문을 열면 안방이 바로 보이게 되었다고 큰 소동이 벌어질 정도였다.

주택에서 숭조의 예(禮)와 관련된 건물로는 가묘 즉 사당을 사례로 들 수 있다. 사당은 고려 말 정몽주 등이 주자학에 의해 건립을 제창하여 조선시대에 일반화 되었는데 돌아가신 조상들을 사당에 모시면서 조상의 영혼과 같은 공간 내에 있다는 것으로 경건함과 공경심을 갖게 되었고 대부분 가례에 따라 주택의 동쪽(좌측)에 사당을 건축하였다.

주종의 예(禮)에 대해 이야기를 하면, 조선시대에는 반상의 서열이 있어 주인이 생활하는 안채나 사랑채와 하인들이 거주하는 문간채의 차이가 있다. 안채나 사랑채는 축대를 높이거나 팔작지붕으로 하는 등 권위와 위엄을 나타내었고, 문간채는 높이도 낮았으며 지붕도 맞배지붕으로 하는 등 서열에 차별을 두었다.

(3) 음양오행론의 반영

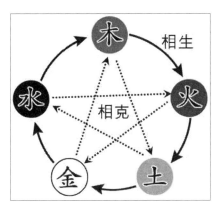

오행의 상생상극도
(출처: 장영훈, 『풍수와 우리문화유산』)

음양오행론은 음양론과 오행론이 합쳐진 단어이다. 따라서 하나씩 구분하여 그 의미를 알아보아야 한다. 먼저 음양론은 세상의 모든 것은 남과 여, 하늘과 땅, 높고 낮은 등 음과 양으로 구분된다는 사상이며, 오행론은 세상의 모든 것이 다섯가지 물질로 구성되고, 이 다섯가지 물질의 상호작용으로 발전과 소멸을 한다는 사상이다. 『서경』 「홍범」편에서는 다섯가지 물질은 수(水), 화(火), 목(木), 금(金), 토(土)라고 이야기 하고 있다. 오행의 작용은 상생과 상극으로 설명을 되는데 물이 나무를 키워주고, 나무가 불을 일으키며, 불이 타고나면 재가 흙이 되고, 흙에서 쇠가 나오며, 쇠에서 다시 물이 생성된다는 것을 상생작용이라 하고, 쇠는 나무를 자르며, 나무는 땅의 영양분을 섭취하고, 땅은 물을 흐름을 막으며, 물은 불을 끄고, 불은 쇠를 녹인다는 것이 상극의 작용이라 한다.

음양론과 오행론은 초기에는 분리되어 있다가 나중에 합쳐지면서 한의학, 명리학, 풍수학 등 동양철학의 기본사상으로 자리를 잡게 된다.

(4) 풍수지리설의 반영

명당도(출처: 학습백과ZUM)

풍수지리는 지모사상, 삼신오제사상 등이 뒷받침이 되어 발달하였고, 우리나라에서 학문적으로 발전하게 된 것은 신라말기의 도선국사 이후로 보고 있다. 풍수지리가 널리 퍼진 고려시대에는 풍수 전문가인 지리박사(地理博士)와 지리생(地理生) 등의 관직을 따로 두었고, 조선시대에는 음양과(陰陽科)에서 공식적인 과거시험을 치렀다. 풍수지리는 조상숭배라는 유교적 이념과 맞물려 양택풍수(陽宅風水) 뿐 아니라 음택풍수(陰宅風水)까지 발전하게 되어 자신들이 살아갈 훌륭한 삶터를 찾아 이상적인 건물배치를 함으로서 보다 좋은 기운을 받으며 생활하려는 것만이 아니라 돌아가신 조상들까지 좋은 곳에 모시려고 많은 노력을 하였다. 이러한 풍수지리는 서민들에게까지 퍼져서 주택의 택지선정에 큰 영향을 끼치게 되었다.

택지의 선정과 관련이 많은 풍수지리에 대한 내용은 좀 더 구체적으로 이야기 해보자.

3) 풍수지리 이론

주택은 기후와 생활양식에 따라 다르며, 문명의 발달과 함께 발전한다. 그러나 온 가족이 건강과 휴식을 위해 즐겁고 편히 쉴 수 있는 곳이어야 한다는 생각은 변함이 없다. 집짓기에서 제일 먼저 하는 일은 좋은 터를 선정하는 것이다. 생활조건이 유리한 곳에 터를 정하는 것은 일반적으로 살림집을 생활에 편리하게 꾸리며 물질문화 생활을 보장하는 중요한 문제의 하나이므로 우리의 선조들은 집터 선정에 특별한 관심을 돌려왔다.

집터는 주위의 환경이 조용하고 배수가 잘 되고 햇볕이 잘 드는 곳이 좋은데, 우리나라의 마을을 보면 대체적으로 뒤쪽에 산을 두고 앞에 들과 강이 있는 곳 즉, 산이 완만하게 내려오다가 들판으로

배산임수형의 주택(출처: 필자 촬영)

바뀌는 산기슭에 자리를 잡고 있다. 이러한 지형을 이룬 터를 배산임수(背山臨水)하고 있다고 말한다. 산이 많은 지형에 살고 있는 우리나라에서는 예로부터 마을이나 주택이 배산임수한 곳에 자리를 잡고 있으면 그 곳은 풍수가 좋다고 생각했다. 이러한 곳의 앞에는 들과 물이 있어 농사를 짓기에 편하고, 뒤에는 산이 있어 찬바람을 막아 주고 땔감을 구하기 편하기 때문에 농경생활을 하기에 적합하면서도 친환경적이고 생태적인 특성을 지닌다.

그러면, 배산임수에 대한 내용을 조금 더 자세히 이야기 해보자. 뒤에 산이 있다는 말은 풍수에서 말하는 용(龍)을 의미하는 것이고, 산들이 둘러싸인 곳이라는 말은 주변인 전후좌우로 산이 있다는 말인데 이를 사신사(四神砂)라고 한다. 임수(臨水)한다는 말은 앞에 물(水)이 감싸고 있다는 뜻이며, 산줄기와 물줄기가 법칙에 맞게 어울린 곳을 혈(穴)이라고 한다. 용(龍), 혈(穴), 사(砂), 수(水)라는 기준을 지리사과(地理四科)라고 하여 풍수지리에서 터를 선정할 때 많이 활용하여 왔다. 이들에 대해서 학술적으로 설명하면, 용(龍)은 내룡맥 즉 집까지 이어지는 산줄기가 좋은지 아닌지를 살펴보는 것으로 용세론(龍勢論)이라 말하고, 혈(穴)은 집의 핵심적인 건물이 들어설 장소인 혈장(穴場)을 살펴보는 것으로 정혈론(定穴論)이라 말한다. 사(砂)는 주변의 산들이 바람을 잘 가두어 주는지 살펴보는 것으로 사격론(砂格論)이라 하고, 수(水)는 주택을 둘러싸고 있는 물길을 살펴보는 것으로 수세론(水勢論)이라고 한다.

이제 간단하게 풍수에 관한 용어의 개념을 알았으니 좀 더 자세히 살펴보자.

(1) 용세론

풍수지리에서 산줄기가 높고 낮게, 그리고 급하고 완만하게 변화하는 모습이 마치 용의 상징처럼 꿈틀거리는 듯 하다고 해서 용(龍) 또는 내룡(來龍)이라고 부르고, 기가 흐르는 산줄기를 일러 용맥(龍脈)이라 하며, 산의 정기가 모인 곳을 혈(穴)이라고 한다.

내룡맥은 태조산에서부터 출발하여 중조산, 소조산, 현무를 거쳐 주택까지 이르는 산줄기를 말하는데 그 근원이 깊어야 한다. 우리 사람들과 비유를 한다면 할아버지, 아버지를 거쳐 아들에게 이어지는 가계(家系)와 같다고 생각하면 이해가 빠를 것 같다. 그리고 중국 송나라 때 채성우라는 사람이 『명산론』이라는 책에서 용의 종류를 12개로 나누었는데 이 중 생룡(生龍)을 가장 먼저 제시하면서 생기(生氣)를 중요시하였다.[99] 생룡은 글자 그대로 용맥에 힘이 있어 생기가 흐르는 용을 말하며 살아있는 미꾸라지는 꿈틀꿈틀 거리지만 죽은 미꾸라지는 쭉 뻗은 형태인 것처럼 산도 이와 마찬가지로 변화가 많은 용이 생기있는 용이라고 한다.

용세론에서는 이 내용 외에 다른 많은 조건들을 이야기 하고 있지만 너무 많으니 용은 그 근원은 깊어야 하고 생기가 있어야 된다는 것만 기억해 두자.

---

99) 蔡成禹 著/김두규 譯, 『명산론』(비봉출판사, 2010), 64쪽.

(2) 정혈론

자연의 좋은 기운인 생기(生氣)가 뭉쳐져 있는 곳을 혈처(穴處) 또는 혈장(穴場)이라고 한다. 음택(陰宅)의 경우 시신을 매장하여 그 생기를 얻을 수 있는 곳을 말하며, 양택(陽宅)의 경우 거주자가 삶을 살아가는 주택 중 핵심적인 건물이 들어설 자리를 말한다. 우리가 주택을 건축할 경우 구입한 양택지가 생기가 있는 곳인지 확인을 해야 되는데, 이러한 증거를 찾는 방법으로 결인속기법, 태식잉육법, 좌우선용법 등이 있다. 결인속기법은 주룡이 결혈하기 위해 악한 기운을 모두 정제하고 순수한 생기를 혈장에 보내기 위해 용의 목을 묶어 기를 모으는 방법이고, 태식잉육법은 현무봉에서 출발한 용맥이 혈에 이르기까지의 과정을 말하는데, 현무봉에서 처음 출발하는 곳을 태(胎)라하고, 중간에 잘록하게 과협하거나 결인하는 지점을 식(息)이라 하며, 기가 정축되어 볼록하게 생긴 도두를 잉(孕)이라 하고, 혈을 육(育)이라 한다. 좌우선용법은 현무봉에서 출발한 용이 혈장에 이르러 그 끝을 좌측 또는 우측으로 돌아 멈추게 되는데 이때 용맥을 따라온 생기는 더 이상 앞으로 나가지 못하고 혈에 모이게 되는데 이처럼 용맥의 끝이 좌측이나 우측으로 돌고 물이 우측에서 좌측으로 돌아 내룡의 생기가 혈에 응축되도록 하는 것을 말한다.[100]

(3) 사격론

사격(砂格)이란 혈장(穴場)의 전후와 좌우에 있는 모든 산을 말하며, 이는 옛날에 풍수지리를 연구할 때 모래로 산 모양을 만들어 설명한데서 유래되었다고 한다.[101]

고서(古書)에서 장사(葬事)는 생기를 타고 생기(生氣)는 바람을 타면 흩어진다고 하였으니 생기가 흩어지지 않게 막아주는 역할을

---

100) 정경연, 『정통 풍수지리』, 평단, 2012, 230-233쪽.
101) 윤갑원, 『도선통맥풍수』, 미래, 2008, 79쪽.

하는 것이 사신사(四神砂)이다. 사신사는 혈의 좌측에 있는 것을 청룡(靑龍), 우측에 있는 것을 백호(白虎), 앞에 있는 것을 주작(朱雀), 뒤에 있는 것을 현무(玄武)라 한다. 이들은 혈을 둘러싸고 보호하여야 진정한 역할을 하는 길격으로 여기고, 혈을 감싸주지 못하거나 깨지고 기울고 험하면 흉격으로 본다. 이러한 사신사는 혈처에서 보여야 하며, 혈에서 가까운 것이 우선이고 먼 것은 다음이라고 하면서 가까운 사신사를 중요시하였다.

  (4) 수세론
  풍수는 장풍득수(藏風得水)의 줄임말이라고 하는데 이 중 득수(得水)는 물을 얻어야 된다는 뜻이다. 풍수용어에 계수즉지(界水則止)라는 말이 있는데 용맥이 물을 만나면 더 이상 나아가지 못하고 멈춘다는 의미이다. 물은 용맥을 따라 흐르던 기를 멈추게 하여 생기를 보호하므로 용맥이 멈추는 이곳에 혈이 만들어 진다는 뜻이므로 『택리지』를 저술한 이중환은 '먼저 수구(水口)를 보고 그 다음으로 들의 형세를 본다'고 하면서 물의 중요성을 강조하였다.[102]
  물도 사신사처럼 내 몸에 가까운 것을 중요하게 여겼고, 물에도 길수와 흉수가 있으니 물이 길게 감싸 안으며 환포하는 곳의 안쪽이 부귀의 땅이고 수구가 잘 관쇄되어 있으면 좋은 물이라고 한다. 그리고, 물의 발원지는 깊고 멀어야 용의 기운이 왕성하여 발복이 오래 갈 것이나 수원이 가깝고 짧으면 용도 짧고 작은 것이니 발복도 짧다고 한다.[103]

---

102) 이익환, 『택리지』, 을유문화사, 2008, 136쪽.
103) 윤갑원, 『도선통맥풍수』, 미래, 2008, 100쪽.

3. 집터 선정의 실제적인 사례

경북 안동시 와룡면에 있는 안동 주하동 경류정종택 (安東 周下洞 慶流亭宗宅)은 퇴계 이황(진성이씨)의 큰 종가집으로 조선전기의 사대부가의 면모를 두루 갖추고 있는 고택이다.

안동 주하동 경류정종택(출처: 필자 촬영)

진성이씨의 시조는 이석(李碩)이고 이석의 아들이 진성이씨 안동 입향조인 송안군(松安君) 이자수(李子脩)이다. 이자수는 운구(云具)와 운후(云侯)라는 두 아들을 두었으며, 운후의 아들이 이정(李禎)이다. 이정은 우양(遇陽), 흥양(興陽), 계양(繼陽)이라는 세 아들을 두었는데 첫째인 우양은 주촌에, 둘째인 우양은 풍산 마애, 셋째이자 이황의 조부인 계양은 온혜리에 거주하게 된다.[104] 그러므로 이 건물은 진성이씨 주촌파 대종택의 위상을 갖게 된다.

___
104) 『眞城李氏安東派世譜 券之一』, 1쪽.

이 마을은 진성이씨가 600여년을 세거한 곳이며, 오랜 세월동안 마을이 두루 편안하다고 하여 두루마을이라고도 한다. 그래서 경류정종택을 두루종택이라고도 한다. 경류정종택은 송안군 이자수가 건축한 것으로 전해오지만, 아쉽게도 정확한 건축년도는 알 수 없고, 별당인 경류정은 조선 성종 23년(1492)에 이연이 지었다고 하며, '경류정'이라는 이름은 후손인 퇴계 이황이 지었다고 한다.[105]

경류정종택은 금학산록(琴鶴山麓)에 낮게 깃들인 남향집으로 행랑채·정침·경류정·사당·방아간채의 다섯 부분으로 구성되어 있다. 앞쪽에 일자형 행랑채가 있고, 뒤쪽에 ㅁ자형 본채가 있다. 자연석을 높게 쌓은 기단 위에 앉은 본채는 지자(只字) 집으로 9칸이다. 이 9칸 정면에 중문을 내고 서쪽 4칸에 전후퇴를 두어 사랑을 꾸몄고, 사랑방 뒤쪽에는 안채로 통하는 통로를 내었다. 중문간 왼쪽으로는 마구간·고방·못방·마루방이 1칸씩 놓여 동익을 구성하였고, 고방에 직교한 뒤쪽으로 중방과 고방에 이어 안채의 큰 부엌이 2칸 반을 차지하고 있다. 보통 안대청이 안채의 중심부에 놓이는데 이 주택에서는 서쪽에 위치하고 있고, 대청과 부엌 사이에 안방이 2칸으로 자리를 잡고 있고 안방의 앞에 툇마루가 있으며 안대청 앞에 상방이 있다.[106] 본채 왼쪽에는 이연이 건축하고 이황이 이름을 지었다고 전하는 별당인 경류정(慶流亭)이 자리하고, 오른쪽에는 방앗간으로 쓰이는 건물이 있다. 또 본채 뒤쪽에는 이황의 조언을 받아 1560년께 건립한 사당이 있다. 경류정 앞에는 천연기념물 제314호로 지정된 뚝향나무(비스듬히 자라는 향나무)도 있다. 수령은 약 550년으로 추정되며, 높이가 3.5m에 이른다.[107]

---

105) 경북문화유산보존회(http://www.jongga.kr).
106) 한국민족문화대백과사전(http://encykorea.aks.ac.kr).
107) 안동시청 제작 안내입간판 참조.

이 주택에 대해서 풍수지리를 기준으로 분석을 해보자.

1) 안동 주하리 경류정 종택의 내룡맥

백두대간의 옥돌봉(1242m)에서 분맥한 문수지맥이 문수산 (1206m), 갈방산(700m), 만리산(792m), 봉수산(570m), 나부산 (334m) 등을 기봉하며 총 115km를 달려 내성천과 낙동강 본류가 만나는 지점에서 맥을 다한다. 봉수산에서 분맥한 용암지맥은 남 쪽으로 행룡하며 용암산(530m), 금학봉(364m), 오로봉(343m), 옥달 봉(264m), 목성산(240m) 등을 성봉하고 총 30km를 행룡하고 안동 에서 맥을 다한다.

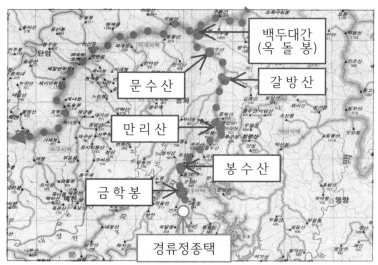

경류정종택의 내룡맥
(배경그림 출처 : 월간산, 『신산경표』)

금학봉에서 남하하던 용암지맥이 312m봉에서 동쪽으로 전환하면 서 오로봉을 향해 달려가는데 내룡맥은 이곳 312m봉에서 계속 남 하하다가 237m봉에서 진방(震方:동쪽)으로 몸체를 틀고 현무에서 남쪽으로 좌선(左旋)을 하면서 입수한다.

2) 안동 주하리 경류정 종택의 사신사

경류정종택의 현무봉은 토성체로 보이지만 올라가보면 금성체로 되어 있으며 세 줄기의 미맥이 아래로 내려온다. 좌측의 미맥은 종택의 내청룡 역할은 하고 있고, 가운데 미맥에 종택이 위치하고 있으며, 우측의 미맥이 내백호 역할을 하는데 좌측보다 상대적으로 낮아 이를 보완하기 위해 담장을 설치하였다.

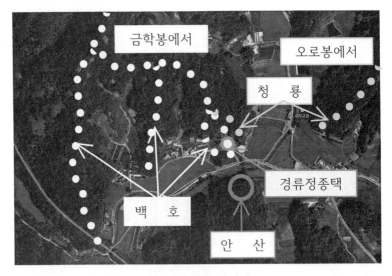

경류정종택의 사신사
(배경그림 출처 : NAVER 위성지도)

외청룡은 오로봉에서 한줄기가 서남쪽으로 행룡하는 줄기이며, 내룡맥이 금학봉에서 남하하다가 동쪽으로 전환하는 지점인 237m봉에서 남쪽으로 내려오는 산줄기와 진방으로 전환한 후 228m봉에서 남쪽으로 분맥한 산줄기가 외백호 역할을 하고 있다. 안산은 지리산에서 서북쪽, 북쪽으로 행룡하여 성봉한 금성체의 봉우리이다.

3) 안동 주하리 경류정종택의 수세

경류정종택의 주변은 사신사가 둘러싸고 있어 물이 빠져나가는 수구가 보이지 않아 아주 좋은 형국이다. 그러나 이 곳의 수세는 내수와 외수로 아주 세심하게 살펴야 한다.

먼저, 내수를 살펴보자. 현무에서 내려오는 가장 우측의 미맥이 내백호 역할을 하는데 이 작은 맥이 종택의 앞을 감싸고 있다. 내백호 역할을 하는 미맥과 종택으로 입수하는 미맥과의 사이의 아주 작은 골이 생기는데 이 골을 따라 흐르는 물이 종택의 행랑채 앞을 우측에서 좌측으로 지나 내청룡쪽으로 흘렀다가 내청룡과 종택사이의 작은 물줄기를 합수하여 외수에 합류된다.

경류정종택의 물줄기
(배경그림 출처 : NAVER 위성지도)

외수는 크게 두 개의 물줄기가 있는데 하나는 오로봉 쪽에서 내려오는 물줄기이고 다른 하나는 말바위못 쪽에서 내려오는 물줄기이다. 이 두 물줄기는 경류정종택의 청룡측 130m앞에 있는 주하교에서 합수하여 종택의 앞들을 적시고 중앙선이 지나는 지점 즉 외백호가 끝나는 지점인 관쇄지역을 거쳐 송야천, 낙동강으로 흘러간다.

4) 안동 주하리 경류정종택의 혈증

풍수지리에서 가장 중요한 것은 정확한 혈장을 찾는 것이다. 그 증거를 찾는 방법으로 결인속기법, 태식잉육법, 좌우선용법 등이 있다고 앞에서 이야기 하였다. 결인속기법과 태식잉육법은 결인지점과 현무봉으로 보는 지점이 보는 사람마다 다를 수 있기 때문에 논쟁이 일어날 수 있으므로 가장 객관적이라고 할 수 있는 좌우선용법에 따라 경류정종택의 혈증을 확인해보자.

경류정종택의 혈증
(배경그림 출처 : NAVER 위성지도)

좌우선용법은 내룡맥이 마지막에 입수할 때 좌측에서 우측으로 선회하면서 입수하면 물이 우측에서 좌측으로 감싸야 하고, 내룡맥이 우측에서 좌측으로 선회하면서 입수하면 물은 좌측에서 우측으로 감싸야 한다. 경류정종택에서는 현무에서 내려오는 내룡맥이 좌측에서 우측으로 전환을 하면서 입수(入首)하고, 물줄기는 내백호와 입수맥 사이의 골에서 내려와 경류정종택의 앞을 우측에서 좌측으로 흐른다. 따라서 경류정종택은 좌선입수(左旋入首)와 우선수(右旋水)의 조합으로 용수배합(龍水配合)의 법칙에 부합된다.

사신사(출처: 박상구, 『풍수비보론』)

4. 나가는 글

우리가 삶을 영위하는데 있어서 중요한 것 하나가 주택이다. 잠을 자고 휴식을 취하기 위해서는 주택이 있어야 하며, 주택을 건축하면서 가장 먼저 하는 일은 좋은 곳에 택지((宅地 : 집터)를 선정하는 것이므로 우리의 조상들은 택지선정에 특별한 관심을 가졌다. 필자는 앞에서 주택의 개념과 역사 및 시대별 특징, 그리고 택지를 선정하는 방법으로 활용한 풍수지리를 설명하고 실제로 예를 들어 설명하였다.

풍수지리의 적용원리는 자연환경과 인간의 조화를 목표로 하고 있다. 산줄기, 물줄기, 주변산세 등에 관한 풍수지리의 기본이론을 알고 과거의 사례를 참고하여 현대사회에서도 풍수지리를 적용하면 자연환경을 보전하면서 쾌적한 양택지를 선정할 수 있고 인간과 자연이 조화를 이루는 생태학적인 환경을 만들어 갈 수 있다고 생각한다.

Ⅴ. 포항(浦項) 비학산(飛鶴山)과
법광사(法光寺) 터 이야기[108]

지산(知山)
김 상 수(金詳洙)
Kim, Sang-soo

tkdtn2767@naver.com

저자 소개
- 대구한의대학교 대학원 동양사상학과 철학박사 수료
- 대구한의대학교 대학원 동양사상학과 문학석사 졸업

---

108) 본 글은 필자의 석사논문 「포항 비학산(飛鶴山) 법광사지(法光寺址)의 입지에 관한 연구」를 토대로 작성하였습니다.

1. 들어가는 글

　풍수지리설(風水地理說)은 땅의 형상(形狀)을 인간의 길흉화복(吉凶禍福)에 연결시켜 설명하는 학설로 일종의 동양적(東洋的) 자연관(自然觀)을 이루고 있다. 즉 모든 자연을 살아 있는 생명체로 보는 동양적 자연관 또는 생명관(生命觀)에 근거하여 풍수지리사상이 확립된 것이다. 풍수지리설은 자연과 인간이 하나가 되고자 하는 합일사상(合一思想)이라 할 수 있다. 이같이 풍수지리설은 자연과 자연 속에서 살아가는 인간을 이해하는 우리민족의 전통적(傳統的)인 문화체계(文化體系) 가운데 하나였으며, 그것은 오늘날까지도 우리 민중의 정신사(精神史)에 상당한 영향을 미치고 있다.

　최근 여러 분야에서 풍수지리와 결부(結付)된 연구들이 활발하게 진행되고 있으나, 우리조상들의 숨결과 얼이 담긴 문화유산(文化遺産)과 결부된 연구 실적은 아직도 미미한 실정이다. 따라서 본 글은 포항 법광사(法光寺)의 주산(主山)인 비학산(飛鶴山)에 얽힌 문화적 특성을 주변학교 교가와 비학산(飛鶴山)에 얽힌 문화적 요소를 통해서 알아보기로 한다.

2. 비학산(飛鶴山)

1) 비학산의 유래 및 설화

비학산 전경

경북 포항시 북구 신광·기계·기북면에 걸쳐 있는 비학산(762m)은 비학지맥(성법령-비학산-도음산-소태재-우목리)에 솟은 최고봉이다. 이 산은 이름 그대로 학이 날아오르는 형국의 산으로서 중생대 때 포항지역에서 마지막으로 화산이 터져 우뚝 솟아난 지역인데, 산세가 마치 학이 날아가는 형태와 같다고 해서 붙여졌다. 알을 품던 학이 날개를 펴고 신광면(神光面) 일대의 넓은 벌판 위로 날아오르는 형상이다. 더구나 산자락에는 예부터 학이 찾아들어 둥지를 틀고 보금자리를 마련했으며, 지금도 이런 모습은 낯설지 않다. 특히 비학산이 병풍처럼 둘러싸고 있는 학마을 입구의 울창한 노송림에는 왜가리와 백로가 집단으로 서식하고 있는 것을 볼 수 있다.

비학산은 신라시대 국가가 제사를 지낸 산의 하나였고, 여름철 한발이 극심할 때면 관민이 뜻을 모아 기우제를 지낸 터가 있다. 오늘날도 가뭄이 심할 때면 무제등에서 기우제를 지내는 신성한 산이며, 산록의 신라 고찰 법광사 터도 풍수지리가 매우 뛰어난 곳으로 전해진다. 1950년 한국전쟁 당시에는 비학산전투(8.18~26)가 벌어졌던 격전지로도 유명하다.

비학산은 법광사가 있어 법광산(法光山)으로도 불리었다. 옛날부터 영봉시(靈峰視)되어 왔으며, 임진왜란 후 사명대사가 일본으로 갈 때 이 산에서 제사를 지냈다는 이야기가 전하기도 한다.

비학산 기우제는 6부 능선에 있는 무제등(무우제등-舞雩祭嶝이 변한 말)에서 지내며, 이 곳에서의 기우제는 1982년 8월에 지낸 것이 가장 최근의 일인데, 이 행사에는 보통 신광면장을 비롯한 각 마을 대표가 참석한다. 1994년에는 산 정상에서 지냈으며, 군수와 군의회의장이 제관으로 참석했다.

제사를 지내기 전에 주민들의 정성을 모으는 뜻에서 몇 가지 기우(祈雨)를 행한다. 각 가정에서는 집 안 밖의 청소를 깨끗이 하고 집 앞 골목 양쪽에 황토를 깔며, 대문에 금줄을 치기도 한다. 3일 전에는 닷새마다 열리는 장을 개박천 하천 바닥으로 옮기는데, 가장 최근에 장을 옮긴 것은 1994년과 1995년이다. 시장을 하천 바닥으로 옮기는 것은, 물이 흘러야 하는 하천에 장이 서게 함으로써 결국 신의 노여움을 사게 되어 신으로 하여금 비를 뿌리게 한다는 사고, 즉 득죄함우(得罪含雨)에 바탕을 두고 있다. 하천 바닥으로 옮긴 장에서는 여자 속옷이나 조리를 사면 좋다는 속설이 있어, 이날 장에 온 사람들은 여자 속옷이나 조리를 사는 풍속이 있다. 음양(陰陽)의 이치로 보면 가뭄이 드는 것은 양기(陽氣)가 지나치게 센 결과인데, 음기(陰氣)를 상징하는 여자 속옷을 많이 삼으로써 음기를 북돋운다는 의식에서 여자의 속옷을 사는 풍속이 생겼으며,

조리를 사는 풍속은 조리를 사서 밥을 지을 때 쌀이나 보리쌀을 일어 물이 떨어지게 함으로써 비를 기원하는 유감주술(類感呪術)에 근거한다고 볼 수 있다.

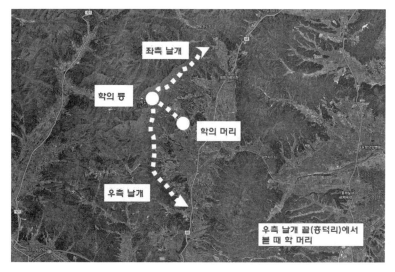

비학산 산형

기우제는 자정에 지내는데, 그 날 저녁 제관은 비학산 계곡에서 목욕재계하고, 손발톱을 깎아 몸을 정결히 한다. 재물로는 대추, 밤, 곶감의 삼실과(三實果)와 흰떡, 생닭을 쓴다. 특히 닭은 반드시 흰 닭을 산 채로 쓰는데 제사 후에는 목을 잘라 그 피를 주위에 뿌린다.

기우제의 순서는 일반제사와 비슷하며, 축문은 신령에게 가뭄이 혹심함을 알리고 빠른 시일 안에 많은 비를 내려주기를 호소하는 내용으로 되어 있다.

제사가 끝나면 음복을 하고, 동이 트기를 기다렸다가 다시 비학산 정상으로 올라간다. 해가 떠오르면 봉화를 하면서 '물이야!'하고 몇 번 반복해서 함성을 지른다. 비학산 정상에서 연기가 피어오르면 신광면 내의 각 마을에서도 가까운 산봉우리에 일제히 봉화를 한다.

지난 1994년 8월 25일에는 새벽 3시에 흥해읍, 신광면, 청하면 등 3개 읍면 44개 마을에서도 일제히 봉화를 올리며 비를 기원했다. 이렇게 함으로써 주민 전체가 합심하여 기우제 행사에 참여하게 되는 것이다. 이때 제물로 썼던 닭을 구워 먹기도 한다. 봉화가 끝나면 기우제의 모든 의식이 막을 내리고, 사람들은 비가 내릴 것으로 믿게 된다. 또 실제로 기우제를 지낸 후 며칠 안에는 꼭 비가 내렸다고 한다.

2) 비학산 주변과 주변학교 교가
산의 형상이 학이 알을 품고 있다가 하늘로 날아오르는 형상이라 비학산이라 명명하였다고 하는데, 동해안 7번 국도를 따라 가다가 쳐다보면 영락없이 학이 날개를 활짝 펴고 날아오는 모습으로 보인다.

앞(동쪽)에서 보면 비학산은 정상부(762m·학의 등 부분)의 큰 봉과 오른쪽 날개에 해당하는 봉우리(627m·두륙봉 또는 작은 비학산이라고도 함)와 왼쪽 날개에 해당하는 봉우리(635m 오봉) 등으로 이뤄져 있으며 일명 형제봉(兄弟峰)이라고도 부른다.

비학산 아래에는 보경사를 말사로 거느리던 525칸의 대가람 법광사가 있었으나 철종때 화재로 소실되어 터만 남았고, 그 후 1952년에 서편 개울가에 지금의 법광사를 지었다. 법광사는 1980년대 초반까지 그 유명한 신라의 충신 박재상의 혼백을 모셨으나 박재상의 고향인 울산광역시 울주군 언양읍(彦陽邑) 치술령 아래에 치산서원을 지어 옮겨가고, 지금은 허물어져버린 금당 터(밭 가운데)와 당간지주(논 가운데)만이 무심하게 방치되어 세월의 무상함을 말해 주는 듯하니 복원을 서둘러야 함을 암시한다.

절의 뒤편에 3층 석탑(5층이라는 설도 있음)이 대충 복원되어 있는데, 탑 앞에 둥근 돌이 하나 석반위에 놓여 져 있어 경건한 마음으로 소원을 빌면서 밀어보면, 소원이 이루어진다면 돌이 석반에 붙어서 움직이지 않는다고 하니 한번쯤 체험을 해 봄직하다.

무제등(약 400m)에만 올라서도 비학산의 전체전경과 산 아래 마을인 토성리가 한눈에 보이는데 토성은 신광못을 중심으로 양쪽으로 산의 능선이 성같이 길게 뻗어 있어 부쳐진 이름으로 실제로 신라 때 왜구가 동해안에 출몰하면 왕이 직접 법광사에 본부를 차리고 지휘를 하였다고 하니 천혜의 요새로 활용된 지형이 마을이름이 되었다.

정상에 오르면 주변에 시야를 가리는 높은 산이 없는 관계로 고도감이 좋으며 푸른 동해와 수평선이 손

기계초등학교 전경

에 잡힐 듯 가깝고, 팔공산(1,192m) 주능선이 파도처럼 유유히 흐르는 모습과 포항에서 최고높이를 자랑하는 면봉산(1,004m)이 마주앉은 영천의 보현산(1,124m)과 담소를 나누는 듯 선명한데 북으로 향로봉(930m)의 연봉들이 듬직하니 버티고 있는 모습들을 감상하다 호흡을 가다듬고 발아래를 보노라면 신광면 시가지와 토성리의 들판들 그리고 크고 작은 연못들이 즐비하여 마치 물가에서 노닐다가 하늘위로 날아오르는 학이 된 듯한 느낌을 준다.

　이러한 비학산 주변의 흥해읍, 신광면, 기계면, 기북면 등에 분포한 초등학교는 이 비학산에 관한 내용을 포함하고 있다.

비학산 주변 학교의 교가 조사

학교	개교	교목	교화	교가에 나타나는 키워드	비고
흥해 초등학교	1908	플라타너스	장미	비학산, 미질불, 곡강, 샛별	261-1112
신광 초등학교	1929	향나무	장미	비학산, 신광벌, 바람, 용학	243-0008
기계 초등학교	1921	히말라야시다	장미	비학산, 운주봉, 신라, 화랑	
기북 초등학교	1943	느티	장미	비학산, 화랑, 손얼벌, 샛별	용기리

3) 비학산과 관련된 여러 이야기

　산의 형상이 알을 품던 학이 넓은 신광 들판 위의 하늘로 날아오르는 형상이라서 비학산이라 명명된 것과 같이, 옛 부터 학이 많이 둥지를 틀었고 지금도 학이 보금자리를 틀고 있는 모습을 종종 목격한다.

　해발 762.3m인 형제봉이 주봉이며 정상 봉우리 외에 동편 중턱에 작은 산 모양의 불룩한 봉우리가 있는데 이를 등잔혈이라 한다. 이 곳에 묘를 쓰면 자손이 잘 된다는 속설이 이 지방에 전해져온다. 특히 등잔혈에 묘를 쓴 다음 가까이 있으면 망하고, 멀리 떠나야 잘 된다는 전설과 비학산에 묘를 쓰면 '가뭄이 든다'는 전설이 전해져 내려오고 있어 여름철 한발이 극심할 때면 관민이 뜻을 모아 기우제를 지내거나 인근 주민들이 묘를 파헤치기도 하여 종종 송사가 벌어졌었다.

요즈음은 법광사에서 비학산 정상까지 우거진 수목과 아름다운 경관, 맑은 물의 정취에 매혹되어 많은 등산객의 발길이 이어지고 있다. 이 밖에도 비학산 주변은 다양한 문화적 특성을 가지고 있다.

포항시 신광면 상읍리 비학산은 법광사의 터이다. 신라 진평왕때에 원효가 왕명에 의해서 창건하였다고 전한다. 창건 당시에는 대웅전과 2층 금당향화전, 5층 석탑 등 525칸이 있었다고 한다. 828년(흥덕왕 3) 7월에 향조와 원적이 재산을 희사하여 석가모니불사리탑을 세우고 사리 22과를 봉안하였다고 한다. 1746년(영조 22)에 명옥 등의 비구니들이 5층탑을 중수하려고 헐었을 때 맨 아래층에 옥으로 만든 함 속에 22과의 석가모니 진신사리가 들어있음을 발견하고 다시 동함을 만들어 사리를 탑 2층에 봉안하고, 그 해 가을에 탑 앞에다 법당을 짓고 금강계단이라 하였다. 그러나 얼마 못되어 전소되었으며, 1871년(고종 8)에 규민이 폐허된 절을 중흥시키고자 하여 1876년부터 1886년까지 원통전을 비롯하여 득수당, 상운각, 독성각 등을 차례로 중건하였다.

1887년에는 5층 가운데 3층만 남아 있던 사리탑을 중수하였는데,

보수 후 꿈속에서 탑의 후면에 서 있는 부처를 보고 다음날 그곳을 파보니 1750년에 건립한 '사리탑중수기'가 발견되었다. 그 뒤 다시 화재로 소실되어 중건을 이루지 못한 채 오늘에 이르고 있다. 현존하는 유물로는 석탑과 연화불상대좌, 쌍귀부 등이 있다. 현재 4층까지만 남아 있는 사리석탑은 1968년에 도굴되었으며, 도굴당한 후에 탑 속에서는 탑지석 두 개가 발견되었다. 이는 신라 후기에 제작된 것으로 석회석으로 만들어졌으며, 대좌와 옥개까지 갖춘 돌비석이다. 법광사의 자세한 내력을 밝히고 있는데, 동국대학교 박물관에 보관되어 있다. 연화불상대좌는 지름 2.2m, 둘레 7.3m이며, 이 대좌 위에는 거대한 불상이 봉안되었음을 추정하게 한다.

전하는 말에 의하면, 1863년(철종 14년)에 웅장하던 옛 법광사가 토호의 부탁을 받은 촌부가 방화를 하여 소실되었다 하는데, 이곳의 관련 설화를 살펴보면, 법광사가 소실되기 3개월 전, 신광면 죽성동(대골)에 거주하던 소년 박기래가 어느 날 밤 마당에 나갔다가 이상한 일을 목격하였다. 법광사 쪽에서 큰 불덩이가 비학산 꼭대기까지 치솟아 그 일대를 대낮같이 밝히더니 남쪽으로 날아가 버렸다. 소년은 이튿날 풍수인 서씨 노인에게 이 광경을 얘기 하였다. 소년의 이야기를 들은 노인은 크게 탄식하며 말했다. '이제 법광사 기운이 다한 모양이구나. 법광사는 곧 폐사가 될 것이고 양산 통도사가 융창하게 될 것이다' 하였다. 노인은 이어서 앞일을 예측하기를, 예부터 비학산을 중심으로 한 신광지형을 학포안호지 지형국, 즉 학이 호숫가에 알을 품고 있는 형국이라 하였다. 그런데 호리등 계곡의 호수를 메워 분지를 조성한지 천여 년이 지났으니 호수 변에 서식하는 새인 학이 호수가 없어진 곳에서 머물지 않는다는 얘기였다. 즉 비학산의 지운(地運)과 지정(地釘)이 바로 불덩이 현상으로 보였다는 것이었다. 그 지정이 남으로 날아가 버렸다는 것은 산강수다(山江水多)한 통도사로 옮겨갔다고 하였다. 그러므로 법광사는 물론이고 같은 비학산 지맥사에 놓인 천곡사도 폐사될 게 틀림없다고 하였다. 이런 일이 있은 지 3개월 후에 법광사가 불에 타서 폐사되었으며, 신기하게 천곡사 역시 6.25사변 때 방화로 소실되었다.

 냉수리 고분은 신라시대(6세기 전반경) 고분으로 한강이남에서 발굴 조사된 횡혈식 석실고분으로는 최대 규모이고, 부실 등의 독특한 내부구조를 갖추고 있으며, 관장식, 영락, 금반지 등 많은 유물이 출토된 것으로 미루어 볼 때 이 지역 수장층의 무덤으로 추정된다. 이 냉수리 석실분(冷水里 石室墳)이 위치한 곳은 현재의 행정구역상 경상북도 포항시 북구 신광면 냉수리 산 78-4번지이며, 경위도상(經緯度上)으로는 북위 36°05 ' 01 " 동경 129°15 ' 11 " 이다.
 냉수리고분이 위치한 곳은 기계면과 신광면의 경계로 북쪽과 남쪽으로 넓은 들이 펼쳐지고 특히 안강과 기계 등의 내륙지역에서 동해안으로 통하는 길목으로서, 조선시대까지도 경주에서 흥해읍(興海邑)과 청하면(淸河面)으로 나가는 중요한 교통로였다고 한다. 따라서 주위에 펼쳐진 자연 지리적 환경으로 인해 이 지역 일대에는 많은 선사 및 역사시대의 유적이 존재하고 있다.

『삼국사기(三國史記)』 지리지(地理誌)에 따르면, 고분이 위치한 신광면은 삼국시대 신라의 퇴화군(退火郡)에 속한 동잉음현(東仍音縣)이었다. 757년 신라 경덕왕(景德王) 16년에 이르러 주· 군·현(州·郡·縣)의 정비에 따라 퇴화군이 의창군(義昌郡)으로 되면서 동잉음현도 신광현(神光縣)으로 이름이 바뀌었다.
 이 '신광(神光)'이란 명칭은 신라 법흥왕(法興王)이 이곳에 머무를

때 비학산에서 야광(夜光)이 비침에 왕이 이를 신(神)이 보낸 빛이
라 하여 '신광(神光)'이라고 하였다는 전설이 있다.

　1018년 현종(顯宗) 9년에는 경주부의 임내(任內)로 삼았는데 조선
말까지 별다른 변화 없이 남아 있었다. 그 뒤 1914년 영일군(迎日
郡)에 편입되었다가 1995년 행정구역 개편과정에서 포항시와 영일
군이 통합됨에 따라 현재는 포항시에 속해 있다. 이 신광면의 동
쪽으로는 흥해읍·청하면이 접해 있으며, 서쪽은 기계면(杞溪面)과
경계를 이룬다. 남쪽과 북쪽에는 경주시 강동면(江東面)과 포항시 죽
장면(竹長面)이 각각 접해 있다.

　신라 제26대 진평왕의 위패를 봉안한 사당도 있다. 진평왕은 아
들이 없었는데 딸 선덕여왕이 부왕의 유언으로 왕의 위패를 법광
사에 봉안하고 승려로 하여금 매년 중양절(음력9월9일)에 봉기토
록 하였다. 지금도 매년 중양절이 되면 전국 유림대표가 참석하여
봉기를 지내고 있다.

3. 법광사(法光寺) 터

1) 법광사 터 소개

법광사 터는 행정구역상으로 경북 포항시 북구 신광면 상읍리

법광사 큰 법당 터 안내도

967번지 외 20필지 일대에 위치하고 있으며, 지난 1975년 12월 30일부터 경상북도기념물 제20호로 지정하여 보호하고 있는 곳으로 경주에서 동북쪽으로 약 40km떨어져 있다. 신광면 소재지까지는 안강을 지나 기계방면으로 가다가 단구(달성)사거리에서 신광면 냉수리를 지나는 길과, 포항에서 흥해를 거쳐서 들어가는 두 갈래의 길이 있다. 신광면 소재지에서 서북쪽으로 3km 정도 올라가면 신광면 상읍리 자연부락에 10여 호의 민가가 있고, 이 마을 뒤에는 해발 763.3m의 비학산이 남북으로 펼쳐져 웅장한 모습을 드러내고 있다. 법광사 터는 비학산 동편기슭에 자리 잡고 있다.

면소재지에서 비학산 쪽으로 올라가다 법광사 터에 이르러 맨 먼저 볼 수 있는 유적은 길 왼쪽의 논 가운데에 있는 당간지주이며, 여기에 조금 더 올라가면 넓은 밭 한 가운데에 위치한 약 1.5m 높이의 흙단 위에 큰 불상좌대가 남아있어 큰 법당 터임을 쉽게

알 수 있다.

큰 법당 터에는 불상좌대 외에도 주춧돌, 고막이돌, 신방돌 등이
잘 남아있고 남면과 북면의 계단지대석 일부도 땅위에 드러나 있다. 이 큰 법당 터 동쪽 앞에 약간의 거리를 두고 남북 1열로 놓

큰 법당 발굴조사 전경

인 6개의 주춧돌이 남아 있고, 이 주춧돌 북쪽 끝에서 서쪽으로
꺾여 또 2열의 주춧돌이 놓여 있으며, 주위의 밭둑에는 주춧돌을
비롯한 많은 석물이 흩어져 있다.

그리고 큰 법당 터 서쪽의 자두나무 밭 안에도 남북1열의 주춧돌이
드러나 있고, 이 주춧돌 열 남쪽에 위치한 약 2m 높이의 언덕 위에
둘러진 흙담 속에 석탑과 비석이 각각 1기씩 자리 잡고 있으며, 흙담
밖 동쪽에는 2열의 주춧돌이 놓여있는데 이것은 엄격한 가람배치
가 흐트러진 다음에 있었던 건물터로 보인다. 흙담 밖 남쪽에는
1990년대에 세운비석과 사리탑이 있는데, 현재 법광사를 일으킨
이벽허(李碧虛) 스님의 공덕비와 보봉(寶峯) 스님 사리탑이다.

큰 법당 터 서북쪽의 산기슭에는 신라 제26대 진평왕신위(眞平王
神位)를 모신 숭안전(崇安殿)이 자리 잡고 있다. 이 숭안전 남쪽의
담장밖에는 쌍귀부(雙龜趺)의 비석좌대가 심하게 깨어진 상태로 남
아있다.

절터 북쪽의 산기슭(속칭 부처 너들)에는 2~3기의 부도가 일부

는 교란된 채 남아있다. 큰 법당 터가 자리한 밭의 남쪽 끝에서 한단 낮은 대지에 기존의 법광사 터와는 별개로 원통전(圓通殿)이란 법당과 산령각(山靈閣), 독성각(獨聖閣) 등을 두고 '법광사(法光寺)'라고 하는 조그마한 절이 있는데, 이 절은 지난 1936년에 이벽허 스님이 불법을 일으킨 뒤로 지금은 3대째 기정(寄正) 스님이 법등을 이어가고 있다.

지난 2008년 법광사 터는 국가지정문화재 사적 제493호(24,490 m²)로 지정됐다. 법광사는 9세기 전반인 신라 제42대 흥덕왕 3년(828년)에 김균정이 창건한 왕실사원으로 제46대 문성왕대에 번창했다. 『신증동국여지승람(新增東國輿地勝覽)』과 『동경잡기(東京雜記)』 등의 조선시대 문헌에도 사찰의 이름과 위치 등이 정확히 기재돼 있다.

창건 당시에는 갖가지 보배로 화려하게 장식해 왕궁보다도 사치스러웠다. 건물의 칸수를 모두 합하면 525칸이나 돼 불국사와 맞먹는 규모와 수준을 자랑했다 한다. 원효와 의상이 주지를 지낸 절이라고도 전하며 금당 등 건물의 주초석과 연화불상대좌, 삼층석탑, 쌍두귀부, 당간지주, 사적비 등 석조 유물도 남아 있어 창건 당시의 모습을 엿볼 수 있다. 특히 금당 터에 남아있는 연화불상대좌의 경우 지름 2.42m, 높이 약 2m로 9세기 전반에 창건된 사원의 불상 가운데 최대 규모를 자랑하고 있다. 법광사지(法光寺址)는 신라 왕실사원으로서의 성격과 출토 유물들의 우수성 등을 감안할 때 여주 고달사지, 원주 법천사지 등에 견줄만한 학술적 가치가 있는 것으로 평가된다.

삼층석탑 내에 봉안된 탑지석에 의하면 법광사는 828년(흥덕왕 3년)에 창건한 사원임을 알 수 있다. 창건주로 등장하는 성덕대왕은 김균정의 시호인데, 그의 사후 3년 뒤인 제45대 신무왕(~839) 즉위 원년인 839년 4월에 추봉됐다.

1669년 편찬된 『동경잡기』의 「불우조」에도 "법광사는 신광현 비학산 아래에 있다. 세상에 전하길, 신라 진평왕이 원효로 하여금 시주를 모아 2층의 불전을 창건케 했는데 세속에서 금당이라 부르는 건물은 지금도 남아 있다"라고 기록돼 있다. 1799년에 간행된 전국사찰지인 '범우고'의 '경주조'에도 법광사는 비학산에 있다고 기록했다. 따라서 법광사는 18세기말내지 19세기 초까지는 법등이 이어졌으며 그 후 폐사된 것이다. 현지 주민들이 전하는 바에 의하면, 법광사의 폐사 시기는 19세기 후반이며 2층의 금당도 그때 소실되었다고 한다.

2) 법광사 터 입지에 대하여

비학산 산줄기 체계
출처: 신산경표 1:500,000

법광사 터 입지에는 한반도에서 전통적인 풍수이론의 가장 대표적인 정혈(定穴) 방법을 활용한 것으로 추측된다. 법광사 터는 비학산(762m)의 최고봉에서 큰 법당 터를 중심으로 좌청룡(작은봉)과 우백호(문필봉), 멀리 안산으로 하여금 열십자를 그어 정혈하는 천심십도 정혈법(天心十道 定穴法)을 적용하여 좌향을 잡았다. 좌향은 술좌(戌座) 진향(辰向)이다. 외부에서 보면 법광사 큰 법당의 지붕에 비학산 최고봉이 중앙에 걸쳐져 있도록 좌향을 매김질 했다. 이는 마치 비학산 정상에서 직접 내려온 산줄기(내룡)가 큰 법당 터를 만든 것 같은 착각을 불러일으키게 된다.

이렇게 천심십도 정혈법(天心十道 定穴法)으로 정혈한 현장은 또 있다. 청룡인 동국대학교 뒷산 봉우리, 백호인 서라벌대학교 뒤 동쪽 산봉우리, 주산인 옥녀봉, 안산인 남산 입구 산봉우리를 열십자로 그으면 정확히 김유신장군의 묘가 그 중심에 있어 이곳이 혈지(穴地)임을 알려준다. 이 지역에서 멀리 떨어진 충주시에도 그러한 현장이 있는데, 신

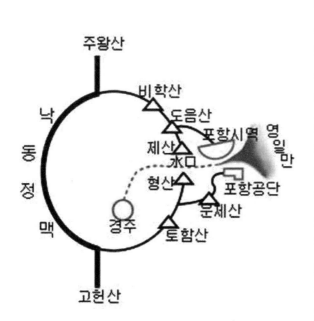

포항 북쪽 비학지맥과 남쪽 호미지맥
출처: 장영훈의 풍수서원

라 경순왕(敬順王)의 아들 마의태자(麻衣太子)가 세운 미륵사지 미륵
불(彌勒寺址 彌勒佛)의 입지도 이와 동일한 정혈법을 채택했다.

　법광사 터의 체(體)인 주봉은 비학산에서 좌선으로 행룡하다가 다
시 우선으로 힘차게 고개를 돌려 돌진하다가 또다시 한번 우선으
로 행룡하여 내려와 성봉한 것이다. 따라서 법광사 터의 용맥은
아주 강하다. 법광사 주맥의 산줄기는 평지를 만난 후, 우측으로
방향을 전환해 약 50여m 뻗어가자 다시 좌측으로 방향을 전환한
다. 그리고 힘차게 뻗어 내려온 주맥은 절터 뒤쪽으로 크게 낙맥
하여 주내룡맥이 생룡으로 큰법당 자리에서 혈처를 만들었으며,
비학산 정상에서 좌측날개를 타고 내려가는 산줄기에서 청룡맥이
분기하여 내려오다가 혈처를 감싸 안았으며, 좌측날개를 타고 내
려가는 산줄기에서 백호맥이 분기하여 수구를 거두어 교쇄하여 강
한 수세를 약하게 순화 시켜주는 역할을 하고 있다.

4. 나가는 글

풍수지리는 지기(地氣)로 이루어진 살아 있는 땅에 인간이 어떻게 잘 어울려 살 것인가 하는 문제의식에서 출발한다. 인간이 땅의 기를 느껴서 자신과 잘 맞는 장소를 선택하는 것과 땅의 모양(模樣)과 물의 흐름 등 여러 가지 단서(端緒)를 가지고 지기를 파악하려는 모든 노력이 풍수지리이론을 형성하고 있다.

비학산은 산세가 깊고, 그 지맥(地脈)이 정중하고 곧게 뻗어내려 산진처에 명당지를 형성하며 법광사 터는 비학산의 주능선에서 동쪽으로 뻗어 내린 줄기가 여러 차례 변화를 거듭하다가 다시 남쪽으로 뻗어 낙맥하여 경사가 완만해지는 평지에 입지하고 있다. 그래서 산과 물이 만나는 곳, 즉 사찰(寺刹) 양택(陽宅)의 입지에 적합하고 지기가 가장 힘차게 잘 모이는 평평한 곳에 자리를 잡았다. 풍수지리적인 국면은 기본적으로 산과 물이 이를 받아 음양이 조화되고 결합되어야 생기가 가득한 장소가 되고 이런 국면에 있는 사찰이 풍수적인 조건을 갖추었다고 말할 수 있다.

법광사 터는 계곡물이 원만하게 감싸는 곳이며, 물을 얻기 용이하면서도 아늑한 곳, 즉 풍수지리적 정체성이 잘 드러난다. 따라서 경사와 사찰 배치의 경우, 배수로가 잘 갖춰질 수 있고, 차가운 바람을 막을 수 있으며, 외부의 좋지 않은 기운으로부터 보호받을 수 있는 장소가 되고, 종교적인 수행을 효과적으로 할 수 있는 장소로 적합하다. 또한 법광사 터는 풍수지리학적으로 완전에 가깝게 입지가 만들어 졌으며, 좀 모자라는 부분은 비보(裨補)를 함으로써 명당의 조건을 더욱 완벽하게 만들고 있어서 사찰 양택의 조건에 맞는 명당이라 하겠다.

VI. 풍수지리[형국]와 마을지명[109]

문강(文崗)
노 인 영(盧仁永)
Roh, In-young

riy2577@daum.net

저자 소개	- 금오공업대학교 평생교육원 외래교수
	- 경북대학교 평생교육원 외래교수
	- 대구한의대학교 대학원 동양사상학과 철학박사 수료
	- 경북대학교 경영대학원 경영학석사 졸업
	- 대구대학교 경영학과 졸업

---

109) 본 글은 필자의 「풍수형국과 지명의 연관성 연구」, 『디지털 문화콘텐츠』 제25권의 내용이 들어가 있습니다.

1. 들어가는 글

  지명은 어떻게 지어졌을까? 한 집안에 아이가 태어나 이름을 짓기 위해서는 일반적으로 그 집안의 항렬, 한글·한자의 의미, 그 시대의 유행과 부모들의 취향 등을 감안하여 작명을 하듯이, 집단취락을 이루고 있는 마을의 지명은 더욱 중요하게 여겨져 왔다.

  지명이란 그 지역의 땅 이름을 가리키지만, 그 땅에 삶을 살고 간 선조들의 자연에 대한 정서, 지역문화, 지리 등 그 지역민이 이해할 수 있는 모든 것이 융해되어 있고, 오랜 역사 속에 면면히 이어져 온 우리 문화의 대표적 상징 중 하나이다. "지명은 사회집단의 약속이기 때문에 일단 이름이 명명되면 시대가 변해도 그대로 답습하여 사용되는 고착성과 보수성이 있고, 인간의 생활 공동체 속에서 특정한 장소를 다른 지역과 명확히 구분해 주는 지역성을 갖고 있다."[110] 또한 우리가 살고 있는 터의 이름이고, 우리 삶의 역사와 문화의 이름이며, 오랜 예전부터 지금까지 그 지역민의 사고와 삶이 녹아 있는 문화유산이다.

  그렇다면 지명은 어떠한 소재와 요인에 의하여 명명되어졌는지를 살펴보자. "지명의 분류에는 정설이 없으나 행정의 필요에서 생긴 법제지명을 제외하면 일반적으로 자연지명과 풍수지명, 인문지명으로 구분할 수 있다. 자연지명은 자연물인 해·달·별 등의 천체나, 산수, 지형·지세의 형상, 상하 고저, 동서남북의 방위, 동물이나 돌등의 생물·무생물, 그 지역 특산물 등과 관련된 지칭이 있다. 풍수지명은 자연의 형상과 풍수지리사상이 결합한 형태의 지칭으로,

---

110) 이돈주, 「땅이름의 자료와 우리말 연구」, 『지명학』 1권, 한국 지명학회, 1998. 163쪽.

용이나 봉황, 옥녀 등이 그 예이다. 인문지명은 그 지역민의 인문적 사고에 의한 것으로 음양오행설, 삶의 길흉화복, 불교나 유교 등 종교나 종교적 시설물, 토착신앙이나 그 시설물, 성씨나 인물, 역사적 사건 등에 의하여 명명되는 지명을 말한다."[111] 이 중 자연지명이 상당 부분을 차지하고 있고, 자연형상과 풍수지리사상이 연계된 풍수지명도 크게 한 축을 차지하고 있다.

풍수지명은 우리 고유의 문화와 역사의 산물로서 지명형성에 영향을 끼쳤으며,[112] 지명의 형성과 변천 역시 풍수와 함께 해왔다고 할 수 있고, 풍수지리 사상 중 산천의 모양을 사람, 동물, 식물, 문자, 사물 등에 빗대어 설명하는 형국론과 밀접한 관계가 있다. 이에 대해 최창조는 "마을 이름 중 상당수가 풍수에 관계되는 지명들이고, 그것들은 크게 인물, 동물, 식물, 사물, 문자형 등 다섯 가지로 분류할 수 있으며, 풍수 지명을 보유하고 있는 마을의 입지는 매우 합리적이고 타당하다"[113]고 하였다.

본 글은 경상북도 내에 자연원형이 잘 보존되어 있고, 풍수형국과 마을지명에 있어 연관성이 있는 지역을 대상으로, 풍수형국과 지명의 연관성을 고찰하였다.

111) 백남대,「영천의 지명에 함의된 풍수사상」,『골벌』18집, 영천 향토사연구회, 2016. 70쪽 참조.
112) 천인호, 「지명 형성의 풍수담론-봉황형국을 중심으로」,『지명학』17권, 한국 지명학회, 2011, 212쪽.
113) 최창조,「풍수지명의 유형분류와 그 해석」,『國家發展과 公共行政』古州 盧隆熙博士 華甲紀念論文集, 박영사 , 1987, 346~359쪽.

2. 기(氣)와 상(象), 형국(形局)

풍수에서 땅은 생명력 있는 유기체라고 전제한다. "생명력의 근원
은 기(氣)로서, 땅은 지역마다 각기 다른 지형에 따른 고유한 기
(氣)를 가지고 있다."[114] 이러한 생기가 많이 모이는 곳에서는 그
자연에 걸맞은 신비롭고 주술적인 힘을 가지고 있다고 할 수 있
다. 만물은 각각 독특한 기(氣)를 갖고 있고, 이러한 기(氣)는 주로
산세의 형상으로 나타나는데 그 형상을 물형 혹은 형국이라고 한
다.

『주역』「계사전」에는 "성인이 천하의 잡란(雜亂)함을 보고서 그
사물에 알맞은 것을 본떴다. 이것을 상(象)이라 하였다."[115] 성인이
사물의 모양을 본떠서 만든 상(象)에는 사물이 지닌 속성이 드러난
다. 사물들 간에 공통적으로 드러나는 속성을 파악하게 되면 전혀
다른 사물도 하나의 상(象)으로 귀결시킬 수 있다. 이러한 취상법
(取象法)은 사물의 본질을 상(象)의 개념으로 파악하려는 동양철학
의 대표적인 사유 방법이었고 이러한 방법을 사용하여 만물을 오
행으로 구분하며, 풍수형국의 기본 사상으로 사용하였다.

형국론이란 자연 속에서 지기가 응집한 혈을 찾는 풍수론의 한
방법으로, 산천의 겉모양과 그 속에 내재된 정기는 서로 통한다는
가설에 전제를 둔다. 산세가 웅장하고 변화가 많으면 땅속의 기운
도 왕성하고, 산세가 변화 없이 뻗었다면 그 속의 기운도 쇠약하
다고 한다.

---

114) 김연호, 「한국 전통지리 사상 연구」, 영남대 박사청구논문, 2008, 43
쪽.
115) 『周易』「繫辭傳」: "聖人有以, 天下之賾, 擬諸其形, 容象其物宜, 故謂
之象."

그리고 제대로 된 형국은 성국이 되기 위해서는 상생하는 짝이 있어야 한다. 『의룡경』에는 "산세의 형상에 따라 그에 상응하는 혈을 맺게 하며, 주된 물형의 형상에 따라 안산의 모양도 정해진다.

뱀의 형상은 쥐나 개구리 모양의 안산이 있어야 하고, 호랑이 형국은 먹잇감인 도망가는 개[走狗]가 있어야 한다.

지네 형국이라면 지렁이[蚯蚓] 모습의 안산이 있어야 하며, 들짐승 모양의 혈은 안산이 그 들짐승과 상생되는 물형 즉 먹잇감이나 사물이 혈 앞에 유정하게 있어야 하고, 날짐승 모양의 혈은 안산이 서로 연관이 있는 둥우리나 먹이가 있어야 하며, 용 형상의 혈은 구름이나 용이 가지고 노는 여의주 같은 모양의 안산과 물이 있어야 한다"[116] 하였다.

산의 형세를 크게 분류하면 먼저 산을 오성에 의하여 분류한 다음 안산과의 상생 여부, 주위 사격과의 조화 등을 연계하여 보면 수많은 종류의 물형을 만들게 된다. 산의 오성별 형상[117]은 다음과 같다.

목성의 산

1) 목성

목형의 산은 산봉우리가 곧게 삼각형 모양으로 솟아올라 붓끝과 같이 뾰족하거나 꽃봉오리같이 곱고

116) 楊筠松, 『疑龍經』: "是故流形去結實, 連生種類偶匹, 蛇形必定有雌雄, 虎形相配無單隻, 大山峽裏莫尋蛇, 恐是高山脚溜斜, 若是眞蛇有鼠蛤, 如無鼠蛤是虛花, 或是蜈蚣出面來, 亦有蚰蜒爲案砂, 獸形降伏如貪噬, 禽形必有條爲繫, 龍形雲雷象近水, 月形星案前陳起."
117) 노인영, 「풍수형국과 지명의 연관성 연구」, 『디지털 문화콘텐츠』 제25권, 정문기획, 2016, 24~25쪽.

둥근 모양을 이룬 산형을 말하는데, 곧고 수려하면 문성이라 하며, 문필, 총명, 학문, 관직 등 귀를 관장한다.

화성의 산

2) 화성
화형의 산은 뾰족한 산봉우리가 연속되는 산을 말하는데, 산이 활활 타오르고 급하며, 정하지 못하다. 주로 화해, 형살, 반역, 패망을 관장한다.

토성의 산

3) 토성
토형의 산은 산봉우리가 평평하게 수평으로 펼쳐지고 모서리가 각진 사다리꼴 형태를 이루고 있고, 일(一)자 모양과 유사해서 일자문성이라 부른다. 성품은 정하고 느리며, 주로 부, 귀, 수명을 관장한다.

4) 금성
금형의 산은 종 또는 가마솥을 엎어 놓은 것처럼 둥근 모양을 하고 있고, 노적가리[118]를 쌓아 놓은 형세와도 유사하다. 성품은 고요하며 동요하지 않는다. 주로 부와 무장, 여성의 귀(貴)를 관장한

---

118) 추수한 곡식더미를 쌓아 둔 무더기를 말한다.

다.

5) 수성

수형의 산은 작은 산봉우리들이 연속적으로 물결이 일 듯 연결된 형세를 말한다. 마치 바다의 파도 모습과 비슷하고, 총명, 지혜의 상징으로 문인과 처복을 관장한다.

수성의 산

오성을 형국과 같이 분류하면 인(人), 화(花), 금수(禽獸), 물(物), 문자(文字)로 크게 나눌 수 있고, 『설심부』에는 "목성과 화성은 주로 사람의 모양에, 금성은 날짐승 모양에, 토성은 길짐승 모양에, 그리고 수성은 용과 뱀 무리의 모양에 많이 대비시킨다. 혈을 취함에 있어서는 사람은 심장과 배꼽, 음부에, 날짐승은 몸통과 날개 사이, 둥우리와 볏에, 길짐승은 여러 짐승의 모양에, 용사류(龍蛇類)는 코와 이마, 귀와 배, 머리와 꼬리에 빗대어 행하게 된다"[119]고 하였다.

---

119) 『雪心賦』, 卷四: "論穴形異同及沙水凶形應驗, 金星多結禽形, 其穴取翼窩冠星, 土星多結獸形, 水星多結龍蛇形, 其穴取鼻顙耳腹頭尾之類."

3. 지명 속에 함의된 풍수형국

1) 나이 많은 할머니가 베틀에 앉아 베를 짜고 있는 형국-
노구직금형(老軀織錦形)과 금암리(錦岩里), 북실, 골북실 마을[120]

마을 안내 표지석

경북 칠곡군 동명면에는 금암리(錦岩里), 북실마을, 골 북실마을이 있다. 이곳 금암리(錦岩里)의 '錦'자와 북실, 골북실이란 지명은 나이 많은 할머니가 베틀에 앉아 베를 짜고 있는 형국인 노구(옥녀)직금형(老軀(玉女)織錦形)에서 유래된 것으로 전해온다.[121]

금암리(錦岩里)란 지명의 '錦'은 베틀에서 짠 비단[錦]과 연관이 있으며, 북실과 골북실은 비단을 짤 때 필요한 물건이다. 베틀 형상 자리의 현무를 기준으로 우측과 같이 북실 마을이고, 좌측은 골북실 마을이다.

이곳은 현무의 형태는 그림(노구직금형 현무)과 같이 일반적인 직금형 보다 아주 나지막한 모습인데 이는 젊은 옥녀가 아니고 '노구(老軀)'[122]이기 때문이다. 안산은 그림(노구직금형 안산)과 같이

---

120) 노인영, 「풍수형국과 지명의 연관성 연구」, 『디지털 문화콘텐츠』 제 25권, 정문기획, 2016, 27~28쪽.
121) 慶北鄕土史研究協義會, 『慶北 마을 誌』中2券, 1990, 516쪽.
122) 사람도 나이가 들면 힘이 떨어지고, 허리가 꼬부라지며, 체격도 줄어 드는 것과 같이 산형의 이치도 이와 같다.

노구직금형 현무

노구직금형 안산

직금과 상생되는 도투마리이며, 이곳은 음택 혈로 모 문중의 선영이 있다.

노구(옥녀)직금형은 비단을 짜듯이 연이어 귀한 자손과 거부가 나온다고 알려져 있다. 직금형은 금(錦), 라(羅), 기(機), 직(織) 등의 지명과 관련이 있다.

2) 아름다운 여인이 벌거벗은 채로 양다리를 벌려 음부를 내어놓은 상태로 비스듬히 누워있는 형국
- 옥녀측와형(玉女側臥形)과 지보면(知保面), 지보리(知保里)[123]

경북 예천군에는 지보면(知保面)과 지보리(知保里)란 지명이 있다. 이 '지보'란 지명은 여성의 성기[보지]를 거꾸로 쓴 지명으로 옥녀측와형(玉女側臥形)에서 유래된 것으로 추정된다. 여성의 자궁이란 새로운 생명을 잉태하고 탄생시키는 신성한 인체기관이다.

일반적으로 볼 수 없는 희귀한 명당 길지로, 이곳 주 혈자리에 모 문중의 선영(옥녀측와형 주산과 묘소 참조)이 있다. 안산은 그림(안산 손거울)과 같이 여성이 화장할 때 필요한 손거울이다.

옥녀측와형 주산과 묘소

이 묘소를 쓴 이후 그의 아들, 손자와 후손에서 13명의 정승(政丞)이 배출되었다. 정승 한 명만 배출되어도 좋은 가문으로 볼 수 있는데, <왕실의 외척도 아니면서> 대대손손 정승이 나온 것은 이 묘소의 영향이라고 아니할 수 없을 것이다.

123) 노인영, 「풍수형국과 지명의 연관성 연구」, 『디지털 문화콘텐츠』 제 25권, 대구한의대 디지털 문화콘텐츠 개발 연구소, 2016, 28쪽~29쪽.

안산:손거울

장군

옥녀측와형 안산 : 손거울

이 지명은 호칭하기가 다소 저속해 보이고 난감하기는 해도, 고려시대부터 지금까지 지명을 변경하지 않고 유지해 오는 것은 좋은 터임은 물론, 훌륭한 인물이 배출되기를 기원하는 뜻이 담겨 있다고 할 수 있다.

3) 정숙한 여인이 거문고를 켜고 있는 형국
- 옥녀탄금형(玉女彈琴形)과 금촌리(琴村里)

경북 청도군 이서면에는 금촌(琴村) 마을이 있다. "금촌(琴村)이란 지명의 '琴' 자는 정숙한 여인이 거문고를 켜고 있는 형국인 옥녀탄금형(玉女彈琴形)의 거문고[琴]에서 유래된 것으로 추정된다."124)

옥녀형국은 현무의 형체가 목성체(일명: 옥녀봉)로 아름다워야 하고, 안산은 거문고 형상이 되어야 한다. 이 마을도 현무(옥녀탄금형 주산 참조)는 옥녀봉125) 형상이고, 안산(옥녀탄금형 안산 참조)

---

124) 慶北鄕土史硏究協義會, 『慶北 마을 誌』 上2券, 1990, 794쪽.
125) 풍수지리에서 옥녀란 몸과 마음이 옥같이 정결한 여자를 지칭한다.

은 거문고이다.

혈은 거문고를 켜는 오른쪽 손에 맺혀있는데 이곳 음택 혈에는 모 문중 선영이 있고, 그 아래에 금촌리 마을이 있다. "옥녀탄금형은 여자 자손 중에

옥녀탄금형 주산

예술과 문장에 뛰어난 인재가 나온다"[126]고 하였다.

옥녀탄금형 안산: 거문고

---

126) 정경연, 『정통 풍수지리』, 평단문화사, 2003, 713쪽.

4) 닭이 둥우리에서 알을 품고 있는 형국
- 금계포란형(金鷄抱卵形)과 유곡리(酉谷里-닭실 마을)[127]

경북 봉화군에는 유곡리(酉谷里-닭실 마을)가 있다. "유곡(酉谷)이란 지명은 닭이 둥우리에서 알을 품고 있는 형국인 금계포란형에서 유래된 것으로 전해온다."[128]

금계포란형 주산

또한 금계포란형은 후손이 번창하고 부귀를 겸하는 형국으로 알려져 있다.

"이 마을은 일반적인 금계포란형과는 모양이 사뭇 다른데, 일반적 포란형국은 마을의 중앙에 주산 현무가 만들어지고 양쪽 날개의 형상인 청백이 좌우로 둥우리를 감싸는 형태로 만들어지나, 이곳 닭실마을의 경우에는 진산인 백설령이 남으로 내려오다가 남서쪽으로 틀면서 급하게 멈추게 되어 그 여맥에 의해 동으로 두 개의 봉우리를 연쇄적으로 분화시켜 그림(금계포란형 주산)과 같이 기형적인 포란의 형태를 보여준다."[129]

---

127) 노인영, 「풍수형국과 지명의 연관성 연구」, 『디지털 문화콘텐츠』 제25권, 정문기획, 2016, 31~33쪽.
128) 慶北鄕土史研究協義會, 『慶北 마을 誌』 下3券, 1992, 824쪽.

마을 중앙에 보이는 형상은 닭의 앞면이 아니고 옆면의 모습으로, 백설령 아래 충제(沖齋)종택130) 자리가 닭이 알을 낳는 자리인데, 종택이 마을중앙에 있지 않고 백호 쪽으로 치우쳐 있는 이유가 여기에 있다.

청룡 쪽 중구봉은 또 다른 닭의 모습이며, 마을 입구의 크고 둥그런 사격(옥적봉)이 닭의 둥우리, 안산은 그림(금계포란형 안산 횟대)과 같이 횟대이다. 또한 멀리 매의 형상인 응봉산이 있고, 둥우리 옆에는 닭을 호시탐탐 노리는 여우가 있으니, 닭이 긴장할 수밖에 없는 '삼수 부동격(三獸 不動格)'131)의 형

금계포란형 안산: 횟대

국이다. 이와 같이 상생과 상극이 모두 다 존재하여야 명혈이라 할 수 있다. "캄캄한 어둠 속에서 여명을 알리는 닭은 상서(祥瑞)롭고 신통력을 지닌 서조(瑞鳥)로 여겨져 왔다. 새벽을 알리는 우렁찬 닭의 울음소리! 그것은 한 시대의 시작을 상징하는 서곡(序曲)으로 받아들여졌다.

---

129) 朴祥九, 『한국 전통마을의 비보경관(裨補景觀)에 관한 연구』, 嶺南大 博士請求論文, 2014. 154쪽.
130) 권벌(權橃)의 호(號)이다.
131) 삼수 부동격은 닭과 여우, 매 3종류의 동물이 서로 경계하고 있는 형상을 말한다.

닭이 주력(呪力)을 갖는다는 전통적 신앙도 그 여명(黎明)을 하는 주력(呪力) 때문일 것이다."[132] 금계포란형과 관련한 지명은 금(金), 계(鷄), 란(卵), 유(酉) 등의 지명과 관련이 있다.

5) 봉황이 큰 날개를 펴고 물을 마시러 우물로 내려오는 형국- 봉황하전형(鳳凰下田形)과 봉정리(鳳井里)[133]

경북 의성군 다인면에는 봉정리(鳳井里)란 마을이 있다. 이 지명은 봉황이 큰 날개를 펴고 물을 마시러 우물로 날아 들어오는 형국 즉, 봉황하전형에서 유래된 것으로 추정된다.

안산은 그림(봉황하전형 우물(井) 참조)과 같다. 봉정리(鳳井里)란 지명은 서쪽에 보이는 비봉산이 봉황이 날고 있는 형상인데, 상서(祥瑞)롭고 길조인 봉황을 머무르게 하기 위하여 마을 입구에 마실 우물을 파고, 마을을 봉정(鳳井)이라고 하였다.

마을회관 앞 논 한가운데 조그마한 흙더미 같은 곳이 우물이 있는 자리이다. 그림(봉황하전형 주산, 둥우리, 우물)을 보면, 봉황이 우물을 잘 볼 수 있도록 봉황 머리와 둥우리, 샘이 일직선상에 놓여 있음을 알 수 있다.

"봉황은 상서롭고 고귀한 뜻을 지닌 상상의 새이다. 고대 중국에서 신성시 했던 용. 기린. 거북과 함께 사령(四靈)의 하나로 여겼

---

132) 천진기, 「한국 띠 동물의 상징체계 연구」, 중앙대 박사청구논문, 2001, 214쪽.
133) 노인영, 「풍수형국과 지명의 연관성 연구」, 『디지털 문화콘텐츠』 제25권, 정문기획, 2016, 33~35쪽.

봉황하전형 주산, 둥우리, 우물

봉황하전형: 우물(井)

으며, 수컷을 봉(鳳), 암컷을 황(凰)이라고 하는데 봉(鳳)의 앞부분은 기러기, 뒤는 기린, 제비의 턱, 닭의 부리, 황새의 이마, 뱀의 목, 물고기의 꼬리, 원앙새의 깃, 용의 무늬, 호랑이의 등을 가졌으며, 오색을 갖추고 있다고 한다. 이 새가 세상에 나타나면 천하가 태평하다고 하며, 성천자(聖天子)의 상징으로 인식되었다."[134]

봉황은 대나

---

134) 한국학중앙연구원.

무 열매를 먹고 오동나무숲에서 잠을 자는 상상의 새이다. 봉황의 상서로운 기운이 마을에 머물 수 있도록 땅 이름에 오동나무 '동(桐)'과 대나무 '죽(竹)'를 넣기도 한다. 봉황형은 봉(鳳), 죽(竹), 동(桐)의 지명과 관련이 있다.

6) 서기(瑞氣)어린 용이 여의주를 가지고 노는 형국
- 반룡농주형(蟠龍弄珠形)과 용곡리(龍谷里)[135]

경북 의성군 다인면에는 용곡리(龍谷里)란 마을이 있다. "이 지명은 서기(瑞氣)어린 용(반룡농주형 주산 참조)이 여의주를 가지고 노는 형국인 반룡농주형에서 유래된 것으로 추정된다."[136]
안산은 그림(반룡농주형 안산 여의주)과 같이 여의주이다. 용형은 '용(龍), 운(雲), 회(會), 구(九), 흥(興), 거(擧)' 등의 지명과 관련이 있으며, 특징은 용의 비늘을 상징하는 바위가 혈장 주변에 많이 있다.

반룡농주형 주산

반룡농주형 주산

---

135) 노인영, 「풍수형국과 지명의 연관성 연구」, 『디지털 문화콘텐츠』 제25권, 정문기획, 2016, 35~36쪽.
136) 慶北鄉土史研究協義會, 『慶北 마을 誌』 下1券, 1992, 204쪽.

이곳 음택 혈에는 모 문중 선영이 있다. 『경북 마을 지』에 수록 된 내용을 보면 다음과 같다.

안산:여의주

반룡농주형 안산: 여의주

약 3백 년 전 조선 광해군때 김진수가 정변 으로 충청도 제 천에서 피난처 를 찾아 낙동강 을 따라 내려오 다가 풍양면 경 계인 섬바산(蓮 潭山) 밑에 용이 서려 있는 것 같아서 피난처 로 삼았다고 한 다. 그리하여 마 을 이름은 반룡이라 했고 오랜 세월에 '배룡' 이라 속 음화 했다.[137]

7) 하늘로 올라가는 천마(天馬)가 휘날리는 바람을 맞으면서 울부짖는 형국 - 천마시풍형(天馬嘶風形)과 마시리(馬嘶里)

"경북 군위군 효령면에 마시리(馬嘶里) 마을이 있다. 이는 하늘을 올라가는 천마가 휘날리는 바람을 맞으면서 울부짖는 형국인 천마 시풍형국(천마시풍형 주산 참조)에서 유래된 것으로 전해진다."[138]

즉 천마(天馬)의 '마(馬)'자와 시풍(嘶風)의 '시(嘶)'자를 딴 것이다.

137) 慶北鄕土史硏究協義會, 『慶北 마을 誌』 下1券, 1992, 204쪽.
138) 慶北鄕土史硏究協義會, 『慶北 마을 誌』 中1卷, 1990, 238쪽.

천마시풍형 주산

울부짖는 말은 입이나 코 주변 또는 혓바닥에 혈이 있다. 이 자리는 형국의 이름처럼 상당히 높은 자리에 있는 음택 혈로서, 안산은 그림(천마시풍형 안산: 마안)과 같이 말안장[馬鞍]이다. 이 인근에도 명당이란 소문이 났는지 수기의 분묘가 산재하여 있다.

천마시풍형 안산: 말안장

말 명당으로 널리 알려져 있으며, 조선 8대 명당에 든다는 전북 순창 김극뉴(광산김씨)의 묘소도 이곳과 같은 천마시풍형인데, 이 묘소가 광산김씨 문중이 조선시대 수많은 인재를 배출하여 명문가 집안이 되는 데 밑바탕 된 자리로 알려져 있다. 이렇듯 순창의 말 명당은 명혈로서 이름이 나오고, 수많은 풍수학인이 간산을 가는 곳이지만, 이곳은 그러한 명성이 없는 것으로 보아 정혈처는 아직까지 주인을 기다리고 있는 듯 보인다.

8) 코뿔소가 고향을 그리워하며 달을 쳐다보는 형국-서우망월형(犀牛望月形)과 우망리(牛望里)[139]

경북 예천군 풍양면에는 우망(牛望, 현재는 憂忘으로 사용)리 마을이 있는데 이 지명은 서방(西方)에서 온 코뿔소가 고향을 그리워하며 달을 쳐다보는 형국인 서우망월형('犀牛'[140]望月形)에서 유래된 것으로 전해온다.[141] 즉 서우(犀牛)의 '우(牛)'자와 망월(望月)의 '망(望)'자를 따서 우망(牛望)이란 마을이 된 것이다.

마을의 주산이 그림(서우망월형 주산)과 같이 코뿔소 형국이며, 안산은 그림(서우망월형

서우망월형 주산

139) 노인영, 「풍수형국과 지명의 연관성 연구」, 『디지털 문화콘텐츠』 제25권, 정문기획, 2016, 38~39쪽.
140) 서우(犀牛)는 코뿔소, 포유동물(哺乳動物)의 수마트라코뿔소, 인도코뿔소, 흰코뿔소, 검은코뿔소 따위를 통틀어 이르는 말
141) 慶北鄕土史硏究協義會, 『慶北 마을 誌』 中2券, 1992, 748쪽.

안산 달)과 같이 달[月]이다.

일반적으로 서우망월형은 서향(西向)을 하고 있으나 이곳에서는

동향(東向)을 하는 점이 특이하다. 안산에서의 달의 위치는 낙동강 건너 묘(卯=토끼) 방에 있고, "토끼는 상징적으로 여러 의미를 지니고 있는 동물이지만, 특히 달과

서우망월형 안산: 달

연관되어 달에 살고 있다고 얘기하거나 달 자체와 동일 시 하기도 한다."142) 이러한 연유로 주산과 달의 형상, 방위를 보면, 코뿔소가 고향이 그리워 달을 쳐다보는 형국이 그려진다.

9) 소가 누워있는 형국- 와우형(臥牛形)과 우천리(牛川里)

경북 영천시 청통면에 있는 "우천리(牛川里)란 마을은 옛날에 이곳에 담양 전씨들의 선계사즉계자(蘇溪詞卽溪字)는 '천(川)'을 가운데 넣고 앞산의 모습이 소가 누워있는 형상(臥牛)이라 '우(牛)'자를 합해서 우천(牛川)이라 했다 한다. 우리말로는 '소내'이다.

---

142) 한국콘텐츠진흥원.

와우형은 산세가 풍후하고 유순한 것이 특징이며 평온함의 상징이다."[143] 마을 앞산은 그림(와우형 안산: 와우)과 같이 소가 누워

와우형 주산

있는 형상이고 마을 뒷산도 또한 그림(와우형 주산)과 같이 주변 산세가 와우형에 걸맞게 나지막하고 아늑하다. 와우형의 안산은 와우나멍에, 망에, 써레, 적초 등이 있어야 한다.

이 형국은 큰 부자가 되는 인물이 난다고 알려져 있으며, 혈은 통상적으로 배꼽이나, 젖퉁에 맺는데 자우현모형(子牛縣母形)일 경우에는 가슴에 결혈될 수 있고, 황소일 경우에는 뿔이나 코, 입, 무릎 등에 혈이 맺을 수 있다. 이 형국과 관련하여 하우(下牛), 소네골 못, 제부골 등의 지명이 남아 있다.

10) 호랑이가 먹잇감을 사냥하기 위하여 엎드려 있는 형상
- 복호형(伏虎形)과 호당리(虎堂里)

경북 영천시 청통면에는 "호당리(虎堂里)란 마을이 있다. 이는 호

---

143) 慶北鄕土史硏究協義會, 『慶北 마을 誌』 上2卷, 1990, 539쪽 및 정경연, 『정통 풍수지리』, 평단문화사, 2003, 735쪽.

와우형 안산: 와우

복호형 꼬리 호당

랑이가 먹잇감을 사냥하기 위하여 엎드려 있는 형국인 복호형(伏虎形)에서 유래된 것으로 보인다."[144]

복호형은 "현무봉이 호랑이 머리로 작고 둥글며, 뒤에는 호랑이 등에 해당되는 산이 있고, 내청룡·내백호는 앞다리로 짧고 두텁다. 외청룡·외백호는 뒷다리 또는 꼬리에 해당된다. 혈은 호랑이 머리나 젖가슴에 있고, 안산은 호랑이

144) 慶北鄕土史硏究協義會,『慶北 마을 誌』上2券, 1990, 538쪽.

의 먹이인 개, 사슴, 노루, 돼지 같은 사격이 있어야 한다."[145]

　이곳은 호랑이 머리에 해당하는 부분은 높고 거친 바위로 형성되어 있고, 바로 앞에 냇물이 흐르고 있어 마을이 형성될 여건이 되지 못하며, 마을은 그림(복호형 꼬리 호당)과 같이 호랑이 꼬리 부분에 형성되어 있다.

　안산은 그림(복호형 안산 주구(走狗))과 같이 호랑이의 먹이인 도망가는 개[走狗]이다. 호랑이 형국은 용맹스럽고 강건한 인물을 배출하는데, 무인(武人)으로서 나라에 큰 공을 세워 부귀 쌍전 한다고 한다. 지명유래에는 "호령(虎嶺)[범재]은 마

복호형 안산: 주구(走狗)

을을 개척할 당시, 마을 뒷산의 모양이 범이 양발을 움츠리고 옆으로 누워있는 형상이라 하여 호령(虎嶺)이라 칭하다가 170여 년 전에 범 모양의 산 앞에 마을이 있다 하여 호당(虎堂)이라 개칭하였다."[146]

---

145) 정경연, 『정통 풍수지리』, 평단문화사, 2003, 740쪽.
146) 慶北鄕土史硏究協義會, 『慶北 마을 誌』上2券, 1990, 538쪽.

11) 매화꽃이 땅에 떨어진 형국
- 매화낙지형(梅花落地形)과 삼매리(三梅里)[147]

경북 영천시 임고면에는 "삼매리(三梅里) 마을이 있는데, 이 '매(梅)'자는 매화꽃이 땅에 떨어진 형국인 매화낙지형에서 유래된 것으로 보인다."[148]

매화낙지형 주산

매화낙지형 안산: 호접

이곳에는 매산(梅山)고택이 매화낙지 형국(매화낙지형 주산 참조) 자리에 위치하고 있다고 본다. 안산은 그림(매화낙지형 안산: 호접)과 같이 호랑나비 형상으로, 호랑나비가 매화꽃(매산고택)으로 날아오고 있는 모습을 하고 있다. 현무에서 내려오는 내청룡과 외청룡이 감싸주면서 물줄기가 쉽게 빠

147) 노인영, 「풍수형국과 지명의 연관성 연구」, 『디지털 문화콘텐츠』제25권, 정문기획, 39~40쪽.
148) 慶北鄕土史硏義協會, 『慶北 마을 誌』上2券, 1990, 601쪽.

져나가지 못하도록 관쇄를 하고 있어 명당길지 조건을 갖추고 있다.

매화형은 매화가 꽃이 많이 피니 자손이 번창하며, 매화꽃과 같이 고매한 인품과 수려한 용모를 가진 인물이 배출된다고 한다.

12) 등잔불을 등잔대에 올려놓은 형국
- 괘등형(掛燈形)과 등명(燈明) 마을

경북 포항시 남구 자명리에는 등명(燈明)마을이 있다. "'등명'이란 지명은 불[明]을 등잔대[燈]에 올려놓은 형국인 괘등형(掛燈形)에서 유래된 것으로 전해진다."[149] 등명(燈明, 등을 밝힌다)마을은 그림(괘등형 주산)과 같이 등잔의 바로 아래에 위치해 있다.

괘등형 주산

괘등형의 특징은 등잔을 올려놓는 위치가 높으니 고도가 약간 높은 곳에 맺히고, 자리를 형성하고 난 다음, 전순 아래에는 급격한 경사를 이루어

---

149) 慶北鄕土史硏究協義會, 『慶北 마을 誌』上1券, 1990, 286쪽.

져야 한다.

등잔은 바람이 불면 꺼지기 때문에 높더라도 바람을 타지 않아야 하고, 기름을 상징하는 물이 가까이 있어야 하며, 기름을 공급하는 형상인 심지가 있어야 성국(成局)된다.

이곳은 혈을 맺은 다음 전순을 바위로 이루고, 그 아래는 절벽과 같이 급경사이다. 혈처 앞에는 기름을 상징하는 물이 흐르고 있고, 안산이 그림(괘등형 안산: 심지)과 같이 심지 안이다.

괘등형 안산: 심지

이 형국은 불길처럼 속발하며, 혈처 앞에 물이 적으면 속패한다고 한다. 등잔은 어둠을 밝히는 불로서 잡귀를 몰아내고, 왕성한 생명력과 복을 상징하며, 세상을 이롭게 할 큰 인물이 배출된다고 한다.

13) 물자형국(勿字 形局)- 양동(良洞) 마을

경북 경주시 강동면에 있는 "양동(良洞)마을은 물자형국(勿字形局)에서 유래된 것으로 전해진다."[150]

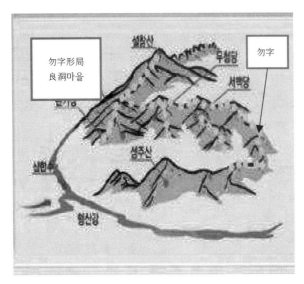

주산인 설창산(163m)의 주봉 문장봉의 산줄기가 4개의 지맥과 지맥 사이에 이룬 4개의 골짜기(두동골, 물봉골, 안골, 장태골)로 이루어진 모습이 마치 그림(물자형국도 참조)과 같이 '勿字형국'을 이루고 있다. 그 각각의 획[勿] 끝자락에 서백당(書百堂), 무첨당(無忝堂), 향단(香壇), 관가정(觀稼亭)이 있다.

물자형국도
출처: 디지털 문화콘텐츠

물자형에서 가장 핵심 혈은 마지막 획을 내려 긋는 부분으로, 이곳에 그림(양동마을 서백당)과 같이 서백당이 위치해 있으며, 서백당의 조안산은 그림(서백당 조안산: 삼공사)과 같이 '삼공사'(三公砂)[151]이다. 이 네 개[勿]의 능선에 자리한 곳이 이 마을이다. 유래는 "조선시대 어진 선비들이 많이 배출된 마을이라 하여 양좌동 또는 양동(良洞)이라 불렀다"[152]고 한다.

---

150) 慶北鄉土史研究協議會, 『慶北 마을 誌』 上1券, 1990, 509쪽.
151) 삼공사(三公砂)는 크고 작은 목형(木形)의 산봉우리 3개가 나란히 있는 사격 이름이다.
152) 경주시청에는 지명유래 강동면 편에 "물자(勿字)는 문자로 선비와 관련이 있으며, 양동지명 역시 선비와 연관된 지명이다"라고 하였다.

서백당

서백당 조안산 : 삼공사

성주봉:문필봉 형상

서백당 마당: 방형

서백당 마당에서 본 성주봉

   이와 더불어 물자형국은 선비와 관련이 많으며, '야(也)', '물(勿)', '천(天)', '지(地)', '인(人)', '파(巴)', '품(品)'字 등이 있다. 양동마을이란 지명 뿐 아니라 산 이름(문장봉, 문필봉), 문필봉의 사격(그림 서백당 마당에서 본 성주봉 참조)과 건물(書百堂) 등도 선비와 관련 있는 이름이다.

4. 나가는 글

지금까지 경상북도 내에 풍수형국과 관련 있는 마을 13곳을 고찰하였다. 이를 정리하면 인물형 3곳, 동물형 7곳, 식물형과 사물형, 문자형 각각 1곳이다.

구체적으로 도출하면 다음과 같다.

첫째 인물형 3곳은 나이 많은 할머니가 베틀에 앉아 베를 짜는 형국인 노구(옥녀)직금형과 연관이 있는 '금암', '북실 마을', '골북실 마을'과 아름다운 여인이 음부를 들어내어 놓고 옆으로 누워있는 형국인 옥녀측와형과 연관된 '지보마을', 정숙한 여인이 오른손으로 거문고를 켜고 있는 형국인 옥녀탄금형과 연관된 '금촌마을'이다.

둘째 동물형 7곳은 닭이 둥우리에서 알을 품고 있는 형국인 금계포란형과 연관된 '유곡(닭실)마을', 봉황이 큰 날개를 펴고 물을 마시러 우물로 내려오는 형국인 봉황하전형과 연관된 '봉정리', 서기 어린 용이 여의주를 가지고 노는 형국인 반룡농주형과 연관된 '용곡리', 하늘을 올라가는 천마가 휘날리는 바람을 맞으면서 울부짖는 형국인 천마시풍형과 연관된 '마시리', 서방에서 온 코뿔소가 고향을 그리워하며 달을 쳐다보는 형국인 서우망월형과 관련된 '우망리', 소가 누워있는 형국인 와우형과 연관된 '우천리', 호랑이가 먹잇감을 사냥하기 위하여 엎드려 있는 형상인 복호형과 연관된 '호당리'이다.

셋째 식물형 1곳은 매화꽃이 땅에 떨어진 형국인 매화낙지형과 연관된 '삼매리'가 있다.

넷째 사물형 1곳은 등잔불을 등잔대에 올려놓은 형국인 괘등형과 연관된 '등명마을'이다. 다섯째 문자형 1곳은 물자형국과 연관된 '양동마을'이 있다.

한편 형국과 관련된 안산이 꼭 있어야 하는데, 노구직금형은 도투마리, 옥녀측와형은 거울, 옥녀탄금형은 거문고, 금계포란형은 횃대, 봉황하전형은 우물(井), 반룡농주형은 여의주, 천마시풍형은 말안장, 서우망월형은 달, 와우형은 누워있는 소, 복호형은 도망가는 개, 매화낙지형은 호랑나비, 괘등형은 심지, 물자형은 선비와 관련된 삼공사 형상의 안산이 있음을 알 수 있다. 이처럼 상생하는 안산이 있음을 알 수 있고, 지명과 풍수형국은 깊은 연관이 있음을 알 수 있었으며, 우리 선조들이 지명에 많은 정성을 들인 것을 짐작할 수 있다.

풍수형국은 우리나라 전 국토의 70%가 산지를 차지하고 있는 특성에 의거한 것으로 보이고, 고대로부터 내려온 우리의 독특한 문화일 뿐만 아니라, 지명 형성에 많은 영향을 끼쳐왔음은 자명한 일이다. 이렇듯 지명은 소중하게 지켜야 할 우리 민족의 문화유산이지만, 일제 강점기 36년간 민족문화 말살정책을 거치고, 해방 이후 서구문화의 급격한 도입과 산업화에 따른 자연훼손, 행정 편의주의에 따라 지명의 가치를 제대로 인식하지 못한 채 우리에게서 점점 멀어지고 있는 실정이다. 이러한 일이 계속되면 우리의 소중한 문화자산인 지명이 사라지게 될지도 모른다. 우리는 이러한 현실을 직시하고 우리 선조들이 물려준 소중한 문화유산인 지명을 잘 보존 · 관리하여 우리의 후대에 물려주어야 할 것이다.

Ⅶ. 행복은 운명인가, 선택인가?

박 미 향(朴美香)
Park, Mi-hyang

linda5566@naver.com

저자 소개
- 대구한의대학교 대학원 동양사상학과 철학박사 수료
- 동국대학교 행정대학원 사회복지학석사 졸업
- 現 스마일 실버복지 센터장
- 前 영어학원장
- 前 음악학원장

1. 행복을 논하면서

바람과 물 그리고 삶이라는 큰 타이틀을 앞에 놓고 보니 행복이 곧 자연이라는 생각이 든다. 자연 속에 녹아 든 삶이 곧 행복이 아닐까 싶다. 이기적인 욕심에서 벗어나 자연 그대로 내 버려둔 삶, 외부의 간섭이나 방해요소가 없는 나만이 가지는 평안의 삶을 먼저 기원해본다.

개인이 행복할 때 우리 사회도 밝아진다. 행복은 우선적으로 자신의 마음이 함께 가는 방향이어야 한다. 그리고 자신에게 주어진 시간의 매 순간순간 최선을 다해 열심히 살아가는 자세가 필요하다. 그러한 가운데서 겪게 되는 많은 경험들 속에서 소소한 일상에의 평온함과 감사를 찾아 누릴 수 있어야 하며, 마음을 넉넉하게 하여 행복의 길로 자신을 가다듬고 가꾸어 가야 한다.

사람은 늘 행복할 수도 없고, 저절로 행복해 질 수도 없다. 목표를 향한 도약과 그 성취를 위한 수고와 노력의 과정이 곧 행복 속으로 향하고 있는 길이다.

2. 행복을 찾아가는 나의 이야기

나에게 행복이란 운명이었는지 선택이었는지에 대하여 생각해 보았다. 우리의 삶을 뒤돌아보면 아주 불행하다고 느낄 때도 있었을 것이고 아주 행복하다고 행복에 젖은 한 순간도 있었을 것이다. 그리고 운명처럼 다가온 행운도 느꼈을 것이며 힘든 과정을 극복하면서 얻은 선택의 결과도 맛보았을 것이다. 이처럼 우여곡절이 많은 보통사람들의 삶 속에서 나의 삶을 되돌아보면 다른 이들과 다를 바 없어 보이지만, 나에게 분명한 것은 부족한 나를 항상 도우는 힘이 나에게 동행한다는 확신이 있다. 그리고 감사의 조건을 찾아서 감사의 생활을 멈추지 말아야 행복한 사람이 될 것이라는 데에 생각을 모은다.

1) 내 인생의 행복

내 인생의 초반은 음악학원장으로 중반은 영어학원장으로서 보냈다. 나의 살아온 발자취를 되돌아보면서 나 자신에게 좋은 점수를 준다면, 좀 후하게 주고 싶다. 왜냐하면 늘 행복의 조건을 찾아서 움직이고 있기 때문이다. 사실 나는 나 자신의 스트레스를 풀 수 있는 어떤 취미활동을 지금까지도 거의 한 달도 빠트리지 않고 하고 있다. 그 결과로 얻은 다양한 재능과 학교에서 전공한 과목들이 나의 재산이다. 바쁘게 살아가는 일정 속에서도 내가 하고 싶은 것들을 함으로써 자신에게 정신적 보상을 주는 시간이 되니 지루할 때가 없이 행복했다. 나는 항상 앞날의 계획을 철저히 준비하고 실천했고 내가 좋아하는 것들을 전공했기에 지금까지 나의 전공을 직업으로 하고 있다. 누구에게 의존하지 않고 포기하지 않고 끝까지 목표를 향해 달린 나의 결과물이다. 열정과 함께한 인생에서 여러 경험들을 통해 목표를 성취했을 때는 그 성취감에서 얻은 기쁨의 맛 때문에 더 큰 꿈을 향해서 나아가는 나를 보고 있다. 문득 뒤돌아보면 나의 목표는 이미 성취되어 있고, 만족과 행복을 느끼며 살아가고 있다. 내 주변에는 열심히 사는 사람들이 늘 나의 좋은 친구가 되어 주었다. 그다지 고독을 느낀다거나 나하고 같은 생각과 느낌을 공유한 사람을 찾기 위해 특별히 애쓰지도 않았지만 항상 좋은 분들이 나의 주변에 많았고 소통도 잘 되어 온 것은 참으로 감사한 일들이다. 그리고 무엇보다도 큰 행복인 것은 나의 가족이 함께 하고 있는 것이다. 가족이 나에겐 큰 힘이요, 울타리 이다. 생각지 못한 오해가 생기거나 어려운 일이 있어서 나 혼자 해결하지 못할 때에는 남편에게 많이 의지한 것 같다. 남편의 진지한 관심과 애써 줌이 있었고, 그 옆에는 엄마에게 애잔한 눈빛으로 "이렇게 하면 어떨까요?" 하면서 나의 고민을 함께 들어주고 나눌 수 있는 아들이 있기 때문이다. 고독하고 외로움을 느낄 때나 힘들 때에 가족이 있음은 큰 축복이며 행복이다.

2) 또 하나의 행복

나의 하루 일과를 보면 학생이 학교수업 받듯이 시간이 꽉 짜여 있다. 빈 시간이 있으면 왠지 허전해서 무엇이든 할 일을 만들어서 빈 시간을 채우고 만다. 그래서 늘 바쁘지만 그 만족도는 높다. 목표를 향해 도전하는 길에서는 반드시 선택의 순간이 있다. 그리고 '뜻이 있는 곳에 길이 있다'는 말에도 공감이 간다. 뜻하는 바가 있는 곳에는 더 좋은 길이 있으므로, 항상 열정과 마음을 다했고, 나 자신이 원하는 것을 선택한 결과는 지금도 나를 잘 지탱해 주고 있다. 좋아하는 일을 하다 보니 더욱 열성적으로 할 수 있었다. 그리고 바쁜 가운데서도 자투리시간에 양재(洋裁)도 배웠다. 매주 다니는 길목에 있는 학원에서 시간을 메우려고 선택한 것이었으나 배워보니 너무 재미있었으며 지금도 나의 옷을 만족스럽게 만들어서 완성된 옷을 입고 성취감으로 행복을 느끼고 있다. 이처럼 나에겐 다양한 재능이 나를 행복하게 해주는 재산이다. 남이 볼 때 잘 하게 보이진 않더라도 나는 그것에 만족한다. 나는 이런 소소한 것에서 행복을 느낀다. 내가 좋아서 몰입한 것들이 내 인생의 방향성으로 확립되어 행복하게 나의 삶을 지켜주었다. 주변의 지인들도 대다수 음악을 좋아하는 사람들이었고 마음이 밝으신 분들과의 교류가 또한 행복이었다.

여기에서 내가 하고 싶은 말은 어떤 일에 몰입을 하면 행복감도 함께 느끼게 되며, 하는 일도 더 잘할 수 있게 된다는 것이다. 행복 문제에 대한 해결의 출발점은 나의 목표를 잘 세우고 실천하면서 내 주변 사람과 대화하고 소통하다보면 그것이 변화의 시작이 되고 자신의 삶을 행복하게 바꿀 수 있게 된다는 것이다.

3. 내가 체험해본 유대인의 하브루타 태교

하브루타(havruta 또는 하브루타교육)에 대해서 먼저 이해하고자 한다. 이는 나이나 계급, 성별 등에 상관없이 2명씩 짝을 지어 서로 논쟁을 통해 진리를 찾아가는 유대인들만의 독특한 교육방식이다. 이는 주로 탈무드를 교육할 때 사용하는 방법이지만 오늘날 이스라엘의 모든 교육과정에 적용하고 있다. 여기서 중요한 것은 답을 바로 가르쳐 주지 않고 스스로 찾아가도록 유도할 뿐이다. 이러한 토론의 과정 속에서 새로운 지식을 완벽하게 체득하게 되는 것이다. 이 교육의 장점은 다양한 시각과 견해를 알게 되고, 찬성과 반대 의견을 동시에 경험하게 된다는 것이다. 여기서 토론의 승패는 중요하지 않다. '2사람이 모이면 3가지 의견이 나온다.'는 이스라엘 격언에 공감이 간다.

1) 첫 딸을 잃은 슬픔과 40세에 다시 얻은 행복.

40세에 아기를 가졌다. 첫 딸을 초등학교 2학년 때 허망하게도 교통사고로 이 세상에서는 다시 만날 수 없는 곳으로 먼저 보낸 후, 아픔 속에서 지내던 중에 동생이 생긴 것이다. 첫 딸을 잃은 후, 항상 짠하고 미안하고 죄스런 맘과 딸에 대한 그리움이 나의 맘속에 웅크리고 있어서 기쁠 때에나 슬플 때에나 나의 감정을 낮추고 넘치지 않게 조절 해 주었다. 일에 쫓겨 다니느라고 아이를 잘 돌보아 주지 못했고, 놀아주지 못한 것 등, 아이가 가고나니 못해준 일들만 생각이 나서 한이 되어 있다. 그래서 아이가 없어도 감히 바라지도 않았으나 친정 모친께서 나만 보면 속 상하셔서 울음을 터트리시며, 나에게 자녀를 갖게 하시려고 별난 약초나 꽃 피는 선인장 등을 구해서 임신이 잘 된다고 달여 먹이고 나를 위해 늘 눈물의 기도를 하셨다. 어느 날 약업사를 운영하시는 어느 할머니에게 남편이 요즘 피곤해 하고 많이 허약하다고 말 했더니 녹용을 아주 강하게 먹여보라고 하셨다. 그래서 녹용을 구입해서 진하게 한약에 넣어 먹었는데, 얼마 후 내가 40세에 임신을 한 것이다. 이후 그 약업사의 할머니는 녹용의 효과를 보았다고 말씀하셨고, 친정모친은 하느님께서 기도의 응답으로 주신 것이라고 하셨다. 남편이 과중한 업무에 몸이 허한 가운데 보약으로 기운을 차리고 건강해져서 그런 것 같다고 내가 말하면 어머니는 믿음이 없어서 그렇게 말한다며 나를 나무라기도 하셨다. 이러한 에피소드를 가지고서 또 다른 행복한 삶을 살아갈 수 있는 자녀의 축복을 누리고 있다. 그 전에는 예사로이 생각하고 느끼지 못했으나, 불행이 있으므로 인해 행복이라는 말도 더 귀하고 크게 다가오는 듯하다.

2) 우연히 접한 유대인의 하브루타 교육

어느 날 성결교회에 다닌다는 두 여성이 전도하러 사무실로 방문했다. 자녀교육에 관한 책을 권하면서 사달라고 했다. 한권의 책값이 3만원이나 되어 망설여졌으나 열심히 설명하면서 선교비로 생각하고 구입해 달라고 다가오는 것에 거절하지 못하고 구입했다. 우연스럽게 구입하게 된 그 책을 통해서 유대인의 교육인 하브루타에 관심을 가지게 되었다.

(1) 유대인의 하브루타교육:

하브루타교육의 시작은 태교에서 부터이다. 먼저 뱃속의 아기와 이야기를 나누는 태담(胎談)이 중요하다 임신한 어머니는 수시로 배를 쓰다듬으면서 아기와 대화를 나누거나, 이야기를 들려주고, 책을 읽어주기도 한다. 이렇게 태아에 대한 관심과 애정은 태아의 뇌세포를 크게 자극하게 된다. 태아와 대화를 하려면 먼저 부모의 안정이 중요하다. 부모는 마음을 가라앉히고 태아에게 집중해야 한다. 부모의 안정적인 정서는 태아에게 좋은 영향을 미친다고 한다. 그리고 아기가 태어나게 되면 평온한 대화와 함께 스킨쉽(skinship)을 중요하게 여긴다. 이는 정서적으로 안정감을 주게 되며 정서적 안정은 뇌 발달에도 크게 영향을 미치게 된다. 또한 침대머리교육(베개머리교육)과 밥상머리교육(식탁교육)을 중요하게 여긴다. 침대머리교육은 자기 전에 자녀에게 행복한 대화를 나누거나 평온한 이야기를 들려주거나, 유익한 책을 읽어주기도 한다. 베갯머리교육에서 아이에게 책을 읽어주는 것은 아이가 자라서 책 읽기를 좋아하는 습관형성에 크게 영향을 미치며, 아이의 책읽기 습관은 말을 논리적으로 잘하게 하고 타인과의 소통능력을 향상시키게 된다. 밥상머리교육은 가족끼리의 유대감을 강화시키는 중요한 기회로서 간단한 질문과 대답으로 이어지며 가족 간의 격려와 칭찬은 물론이고, 하루일과에 대한 서로간의 관심과 토의는 가족의 강한 결속으로 이어진다고 한다. 더구나 가정은 예배장소였고 학교이었으며, 부모는 교사요 제사장이었다. 특히 유대인들은 안식일에 쉬면서 안식일식탁을 즐긴다. 유대인이 안식일을 지킨 것이 아니라 안식일식탁이 유대인을 지켰다고 할 정도로 안식일식탁은 유대인들에게 있어서 중요한 것이므로 다음에서 별도로 소개하고자 한다.

(2) 유대인의 안식일식탁

유대인의 안식일[153]은 온 가족이 함께 모여 서로를 확인하는 중요한 시간이다. 안식일예배는 저녁식사와 함께 시작되며 가족의 유대감을 강화시키는 중요한 기회로 여긴다. 중요한 것은 가족과

---

153) 금요일 해질 무렵부터 토요일 해질 무렵까지 이며, 안식일에는 아무 일도 하지 않는다.

안식일을 먼저 보낸 후 다음날 회당에서 공동체 유대인들이 모여서 기도와 예배를 드린다는 점이다. 그만큼 유대인에게 있어서 안식일가족식탁은 중요하게 여겨졌다. 이는 가족 간의 유대와 결속을 강화시키는 기회였으며 하브루타를 통해서 탈무드교육과 유대인의 정체성을 강화시키는 기회였다. 2000여 년간 나라 없이 세계 각지에 흩어져 살다가 1948년에 이스라엘이라는 나라를 다시 세우는 유대인들의 놀라운 저력은 바로 가족식탁에서 그 정체성이 유지되어 왔기 때문이라고 한다. 이는 가족식탁이 유대인 가정의 뿌리와 정체성을 확립해주는 기회였으며 나아가서 유대나라의 정신을 통일하고 유지시키는 중요한 매개체였음을 말해주고 있다.

에드워드 기번(Edward Gibbon, 1737~1794)은 그의 저서 『로마제국쇠망사([The History of the Decline and Fall of the Roman Empire)』[154]에서, "유대인만큼 가정을 소중하게 생각하는 민족은 없다. 유대인의 강력한 힘은 모두가 가정에서 나온다. 유대인은 비록 국가는 없어도 가정은 존재했다. 흩어진 유대인의 각 가정이 곧 국가였다. 가정이 성전이었고, 가정이 제단이었다."라고 기록하며 천년 로마제국이 붕괴한 중요한 원인을 '로마 가정의 붕괴'라고 지적했다.

(3) 유대인 일상의 하브루타교육

유대인의 문화는 하브루타 즉 토론의 문화이다. 유대인들에게 있어서 일상은 하브루타교육의 연속이다. 대화는 서로간의 정보를 잘 공유하게 한다. 그래서 자녀들은 가족 모두의 상황을 잘 알고

---

154) 1776~1788년에 걸쳐 전6권으로 간행된 계몽주의 역사학의 대표적 작품이며, 영문학사상의 명저로도 꼽힌다. 트라야누스(재위 98~117) 황제 시대에서 시작하여 서로마제국의 멸망, 유스티니아누스 1세(재위 527~565)의 동로마제국 건국, 샤를마뉴(재위 768~814)에 의한 신성로마제국 건국, 투르크의 침입에 의한 비잔틴제국의 멸망까지 약 1,300년간의 역사를 기술하고 있다.

있으며, 자신이 속한 공동체의 성격도 잘 이해하게 됨으로써 정체성 확립과 결속력이 뛰어나다.

가정이 붕괴되고 성격이 무너지고 가족애에 목말라하는 우리의 현실을 되돌아보아야 하지 않을까 한다.

3) 나의 하브루타교육 실천

유대인들이 자녀교육을 위해서 철저하게 실천하는 하브루타교육을 나는 우선 나의 태교에 접목하기로 했다. 음악성이 있는 나의 아기가 되었으면 하는 바램으로 음악태교를 실행해 보기로 한 것이다. 아기의 좋은 성품을 위해서 모차르트 소나타와 베토벤 소나타를 매일 아이와 태담(胎談)을 하면서 연주했다. 그 당시에는 피아노 학원을 경영하고 있었고 일상이 음악에 몰입해 있는 형편이었기에 음악태교를 할 수 있었다. 모차르트 곡은 아이가 밝고 낙천적이면서도 차분함을 얻기를 바라는 마음에서 이 곡을 선택했고, 배속에 든 아이가 아들일 것 같은 생각이 들었기에 만약 아들이라면 남성다운 대담성을 가졌으면 하는 마음으로 웅장함과 신비로운 선율의 베토벤 곡을 연주했다. 주로 감미로운 음악을 선택했고 연주하는 곡들의 특징을 태중의 아이와 함께 대화하면서 연주를 즐겼다.

4) 힘든 자녀교육과 그 이면의 행복을 찾아서

이후 아들을 출산하게 되었고, 아이에게 재능을 길러주어야겠다는 생각에 다양한 악기를 접하여 연주해 볼 수 있도록 했으며, 피아노. 바이올린 수업도 시켰다. 교내 관악부에도 가입해서 활동하게 했었다. 그러나 놀기 좋아하는 어린시기이었기 때문인지 몰라도 부모의 기대만큼의 음악교육은 힘들었다.

　아들이 음악에 남다른 관심이 있음을 알았을 당시는 6세쯤 이었는데 피아노곡 와이먼의 <은파>를 연주하면 아이가 차분히 눈을 감고 감상에 빠져서 몰입을 하면서 연주가 끝나면 계속 은파만 연주하라고 떼를 썼다. 이후에도 자신이 좋아하는 아름답고 밝고 부드러운 곡이 들려오면 하던 행동을 잠시 멈추고 조용히 감상을 한 후 기쁜 표정을 하는 아들을 보면서 함께 행복을 느끼기도 했다. 피아노 연습할 때에도 자신의 맘에 드는 곡은 연습에 깊이 몰입하였고 통통한 작은 손가락으로 감미로운 곡을 연주하면서 즐기는 것을 보았다. 이처럼 몰입을 하면 정말 즐겁고 자신의 능력을 최선의 상태로 가능해 진다는 것을 실감했다. 이러한 것들은 태중의 아기와 교감하면서 피아노 연주에 몰입하고 사랑과 열정을 쏟았던 태교의 결과물이었음을 확신한다. 자녀교육은 부모의 기대와 욕심대로 되지 않음을 알게 된다. 그것은 포기가 아니다. 그것을 깨닫는 순간 그 이면에 있는 또 다른 행복을 찾아가게 된다.

4. 아이의 미국유학 생활 속에서 느낀 행복

아이는 초등학교 4학년 여름 방학 때 혼자 미국으로 입학 테스트를 받기 위해서 가게 되었고, 이후 곧장 미국에 혼자 남게 됨으로써 갑자기 이별을 하게 되었다. 아이가 태평양건너의 먼 나라 미국에서 부모의 도움도 없이 지내는 동안 외로움과 스트레스를 해소할 수 있도록 피아노 개인교습이 가능한 홈스테이 집을 구해 주었다. 아들이 7월에 유학가고 그해 12월 25일 크리스마스에 우리 부부는 미국을 방문했다. 미국공항을 빠져나온 후에 보인 시야는 너무나 매력적인 야간 풍경들이어서 넋이 나갈 정도였다. 미국의 집들은 집집마다 정원이 있어서 마치 서로 경쟁이라도 하는 듯 환상적으로 아름답게 크리스마스장식으로 꾸며놓았다. 황홀하고 아름다운 미국의 크리스마스 야경은 내 눈을 즐겁게 했다. 마치 꿈나라에 온 것 같았다. 평화로움이 온천지를 감싸고 있었다. 미국에 도착한 후 다음날, 먼저 학교에 들려 교장선생님과 담임선생님을 면담 했다. 그곳에서 아들은 한국에서 유학 온 Pianist Peter Moon 으로 교내신문에 소개되어 있었다. 피아노 연습하는 모습을 보니 연주하는 곡의 특성과 흐름에 맞추어서 온 몸이 아름다운 선율에 몰입된 듯이 작은 손가락으로 잘 연주했다. 한국에서 이루마 피아노 연습곡 책을 한 권 사서 보내준 적이 있는데 그 책의 대부분을 외워서 피아노로 뽐내고 있었다. 유튜브(Youtube)에도 자신이 직접 작곡하고 연주한 곡들을 올렸었는데 자신이 의도하는 표현이 잘 나타나 있었다. 아름다움과 아들의 순수한 열정이 가득한 창작품들이었다. 자신이 스스로 선택해서 음악을 즐기는 모습에 엄마인 나의 맘은 흡족했었다. 불과 5개월 정도 아이와 떨어져 있었는데 아이는 미국에서의 생활이 한국에서보다 더 신나고 공부가 재미있다고 하면서 잘 적응하고 있었다. 그곳에 계신 분들의 말씀으로는, 피터(Peter, 아들의 영어명)는 미국생활에 금방 적응해서 마치 미국에서 태어난 아이 같다고 하셨다. 성격이 원만하고 대인관계가 좋은 아이여서 낯선 곳에서도 스스럼없이 잘 적응하리라 기대는 했었지만 걱정도 반반 있었다. 그러나 아이는 정말 잘 지내고 있었다. 아이는 미국으로 유학 보내준 것을 많이 감사하다고 했다. 요즘도 아들과 내가 하는 대화 중에는 아들에게 "공항에서 티켓을 들고 마지막 통과하는 문에서 뒤도 돌아보지 않고 가버려서 서운했다"하고 말하면 "아빠가 '남자는 갈 길을 정했으면 뒤돌아보지 않는 것'이라고 해서 보고 싶어도 참았다"라고 대답하면서 지난 추억을 되돌아보기도 한다.

 당시에 어린아이를 혼자 미국으로 보낸데 대하여 주변 사람들은 "어떻게 어린아이를 혼자 미국으로 보내느냐?"라고 하면서 의아해했다. 돌아보니 '아들에게 정서적으로 너무 심하지 않았을까!' 반성이 되기도 한다. 아빠는 조기교육에 대한 신념이 분명했으므로, 아이 혼자 유학 보내는 것도 언제 몇 살 때는 가야한다는 계획에 맞춰서 보냈으니, 누구나 쉽게 할 수 있는 결정은 아니었던 것 같다. 남편은 조기유학을 계획대로 실행했다. 나는 걱정되는 마음을 표현도 못하고 우유부단하게 따라갈 수밖에 없었으며 나의 심정을 표현하지도 못하고 걱정하면서 아이와 헤어져야만 했다. 이래저래 아이의 미국 유학생활을 지켜보다가 다음 해에 아들을 혼자 두기 불안해서 아빠가 합류해서 미국으로 들어가게 되었다. 그곳에서 아이는 아빠의 도움과 함께 미국의 문화와 교육에 적응하면서 성장하고 있었다.

 나도 매년 방학동안은 미국에서 보냈다. 미국학교에서 봉사를 많이 하시는 분의 부탁으로 그곳의 교포학생들에게 기타지도의 봉사를 하게 되었다. 이때 다른 아이들과 함께 처음 기타를 접한 아들은 잠재된 음악성으로 빠르게 실력이 늘었으며 응용해서 연주도 잘 했다. 이후 교회에서 기타리스트로 봉사하고 피아노와 기타연주 그리고 작곡으로 음악과 친한 친구가 되어 있었다.

미국에서의 봉사활동 <기타 레슨>

아들은 현재 한국으로 돌아와 의무경찰로 복무중인데 거기에서도 노래를 잘 해서 행사에서 축가를 부른다고 초대되고 노래자랑대회에서 1등을 했다고 사진도 올라오는 것을 보면, 이 모든 것들이 하브루타 음악태교의 결과라는 생각이 든다.

여기서 중요한 것은 내가 음악과 아들에 대해서 말하고자 하는 것이 아니다. 여러 가지 변화의 상황 속에서 기쁨을 찾아가는 것과 행복의 조건을 선택하는 것이 중요하며 선택은 또한 노력이라는 과정으로 이어진다는 점을 강조해 본다. 덧붙여 아이를 잉태한 부모는 고운 마음과 바른 심성을 가질 수 있도록 노력해야 하며, 좋은 마음가짐으로 태교를 꼭 해야 한다고 주장하고 싶다. 그것이 또한 미래의 행복을 가져다주는 요인이 되기 때문이다.

1) 내가 본 미국 지인들의 생활과 하브루타

우리가 처음 미국에 갔을 때에 초면에도 불구하고 마음을 열고 잘 대해주셔서 낯선 미국생활에 적응하는데 많은 도움을 주신 분들이 계시다. 이 분들이 다니시는 교회예배에 참석해 보았는데 하브루타 토론식 예배로 남녀노소 모두 아주 적극적인 발표에 많은 감동을 받았다. 사실 한국 개신교회에서는 그냥 물 흐르듯 목사님의 예배인도에 따라 듣기만 하는 예배형식이지만, 이 교회는 성경주제를 가지고 각자의 의견을 발표하고 참여하는 모습을 보고 있노라면 모두가 목회자나 성경전문가들처럼 보여서 나에게는 정말 신선한 쇼크였다. 진지하게 경청하고 발표하다보면 시간이 언제 지나갔는지 모를 정도였다. 서로의 다양한 발표의 내용과 모습을 통해서 다양한 신앙의 모습과 성경지식을 서로 간에 배울 수 있다. 상호성장에 도움이 되는 수준 높은 의사소통 현장을 처음 본 것이다. 그 후 몇 년 동안 미국에서 도움을 주신 그 분들과 접촉하면서 가까이서 보니 이민자의 생활에 정착하느라 무척 힘드실 텐데도 불구하고 가족구성원이 서로 인격적으로 존중하는 관계를 잘 유지하면서 화목한 가정생활을 하는 모습이 보였다. 가족 간에 짜증을 내지 않고 배려하는 모습이었으며 각자의 다른 점을 인정해주고 자녀들에게도 편안하게 신앙심을 일깨워가는 자상한 부모의 모습이었다. 하브루타의 생활모습이 엿보이는 듯했다. 우리가족이 귀국 후에도 미국을 생각하면 우선적으로 생각나는 가족들이며 그분들의 나눔에 항상 감사하고 있다.

2) 미국교회 모임에서 본 하브루타교육

미국유학생활 중에서 미국교회 기독교 청소년모임에 중학생인 아들을 데려다 주면서 어떤 내용인지 궁금하여 나도 함께 참여해 본 적이 있다. 그 시간에는 성공한 선배(연세도 중후한 성공한 분)들이 모임을 이끌어 간다고 했으며, 청소년들과 함께 소통하고 토론하고 모두 집중을 잘 하면서 자신의 생각을 분명하게 전하였다. 한 사람이 의견을 말 하면 다른 청중이 그 말에 이어서 주제에 맞추어 자신의 생각을 말하게 된다. 너도 나도 상대의 말을 경청하면서 진지하게 자신의 의견을 말하고자 서로 불이 붙어 경쟁하듯 하면서도 질서 있게 진행되는 모습이 참으로 신선하게 다가왔다. 마치 정치인들이 출마할 때 TV토론하는 것과 같은 분위기이어서 '이것이 미국의 교육이구나.' 싶었다. 마무리 때는 모두가 하나 되어 즐거운 찬양으로 달구어짐을 보았다. 하브루타처럼 질문과 토론식의 논쟁을 함으로써 다양한 생각과 창의적인 사고를 기르게 하는 참신한 내용이었고 고등 사고력을 기르는 최고의 방법으로 보였으며, 그 가운데서도 타인 존중과 질서를 배우는 기회였다. 돌이켜보니 이 곳에서도 은연중에 하브루타교육을 실천하고 있었던 것이다.

아이도 한국사회에서 무조건 명령어만 듣는 환경에서 벗어나 나만의 독특한 생각이나, 남과 다른 나만의 견해를 갖고 대화하고 토론하는 진지한 모습으로 더욱 의젓해 보였으며, 소통과 경청, 설득하는 능력을 기르는 미국의 교육방법에 잘 적응하고 있는 같아서 대견스러웠다. 교육의 힘은 크다. 자녀에게 가장 소중한 것은 물질을 많이 물려주는 것이 아니라 유대인들의 교육방법처럼 물고기를 잡는 방법을 가르쳐주는 것임에 공감한다.

그리고 경제적 형편이 그리 넉넉하지 않음에도 불구하고 때를 놓치면 안 된다는 생각을 가진 남편 덕에 미국에서의 생활도 경험해 보았고, 돈은 있다가도 없는 것이므로 돈을 끌어안고 있기보다는 무리를 하더라도 꿈을 향해 도전을 한 우리 가족을 선한 길로 인도해 주신 하나님과 지인들에게 감사드리게 되니, 이 또한 행복이 아닌가 싶다.

5. 행복은 운명인가, 선택인가?

이제 주제에 초점을 맞추어 글을 마무리하고자 한다. 이 글을 읽으면서 독자가 스스로 결론을 찾아 가기를 바라지만, 필자는 나름대로의 생각과 삶의 태도에 비추어 의견을 제시하고자 한다. 과연 행복은 운명인가, 선택인가?

1) 모태교육과 그 결과

필자의 친정조카 연주회

나의 막내 여동생과 음악태교에 대하여 대화를 하다가 서로 공감을 느낀 적이 있다. 동생도 아들을 임신했을 때 피아노 레슨을 했었는데, 지금도 28세 된 아들이 클래식 음악을 좋아해서 음악감상과 악기연습을 게을리 하지 않는다고 한다. 맘에 드는 연주가의 연주 일정이 잡힌 오스트리아에 까지 여행일정을 잡아서 음악회를 보러갈 정도이다. 현재 서울대학교 박사과정 중에 있는데 무척 바쁜 가운데서도 바이올린 연주를 좋아해서 음악전공도 아니지만 정기적인 연주활동을 하면서 항상 음악과 함께하고 있다. 사실 우리 3자매는 모두 피아노강사를 했는데 자녀들 모두가 음악을 좋아하고 연주도 잘 해서 타고난 끼로 재미난 사회생활을 하고 있는 모습을 본다. 태교로 음악적 재능을 부여받은 우리 자녀들은 이후에 행복이란 운명이 아닌 선택이었음을 분명 이해할 것이다. 모태에서부터 끊임없이 음악소리를 들려주었고 스스로 악기를 즐길 수 있도록 철저한 레슨을 시킨 3자매의 자녀들은 성인이 된 지금도 음악동아리에서 연주 활동을 하면서 즐거운 사회생활을 하고 있다. 우리 자매들의 자녀들을 보면 모태교육의 결과가 어떻게 나타나는지를 조금은 이해할 수 있을 것 같다.

2) 몰입이 주는 행복감

몰입이란 칙센트미하이(Mihaly Csikszentmihalyi)[155]가 처음 소개한 개념이다. 몰입(flow)은 '자신이 하는 일에 완전히 집중하여 몰두한 상태로 긍정적인 의미'이고, 비슷한 용어인 중독(addiction)은 '어떤 활동에 지나치게 몰두하여 의존현상으로 나타나서 조절 능력을 상실한 상태로서 부정적인 의미'라고 할 수 있다.

칙센트미하이에 의하면, 긍정적 의미인 '몰입'은 사람들로 하여금 인생을 더 즐기고 행복하게 살게 하며, 다양한 상황에서 더 잘 할 수 있도록 한다. 또한 몰입하는 시간이 많을수록 생활 경험의 질이 향상된다고 말하고 있다. 주간지 TED2004(TED.COM, February 2004)에서 "행복의 근원은 절대적인 부의 증가가 아닌, '몰입'상태

---

155) 칙센트미하이 (Mihaly Csikszentmihalyi)는 헝가리 태생의 심리학자이며, 40여 년간 미국 시카고대학 심리학교수로 재직한 후, 지금은 클레어몬트라는 소도시에서 삶의 질 향상을 위한 연구에 몰두하고 있으면서 클레어몬트 대학원 교수로도 재직 중이다. 그의 저서 중 '창의성의 즐거움'에서 몰입이 가져오는 삶의 질 향상과 행복감에 관해서 설명하고 있다.

에 도달하는 경지'에 있다."고 주장하고 있다. 말하자면 몰입의 상태가 곧 행복임을 강조하고 있다. 이는 행복이 운명이 아님을 단적으로 보여주고 있다.

나는 내 아이의 마음에 스트레스와 분노가 쌓이지 않는 성품을 지니게 하고 싶어서 취미활동을 잘 할 수 있는 기능으로 아름다운 음악과 함께 즐기는 삶을 살도록 교육시켰다. 나의 경험으로는, 내가 우울하고 힘들 때에 그것을 누구에게 하소연한다고 해결되는 것이 아니므로 피아노를 친다거나 영어단어를 막연하게 외운다든가, 자신이 평소에 잘하는 것으로 기분전환을 시켜서 몰입하다보면 몰입한 곳에서 새로운 성취감을 느끼게 되고 마음이 흐뭇해져 있는 나를 발견하게 된다. 스트레스를 해결하는 데에 참으로 좋은 방법이 몰입이라고 생각한다.

3) 행복과 불행, 선택과 운명

같은 상황에서도 행복을 감지하는 몫은 각자 다르지만 자신이 좋아하는 것을 체험하고 터득해서 즐거움을 느끼게 된다면 스트레스도 받지 않을 뿐 아니라 행복의 주체인 나는 이미 행복한 사람의 대열에 속해 있게 되는 것이다.

우리는 '불행 중 다행'이라는 표현을 자주 한다. 불행과 다행은 멀리 떨어져 있는 것이 아니라 함께 공존한다. 행복과 불행 중에 어느 쪽을 선택하느냐는 전적으로 자신에게 달려있다. 행복이 운명이라면 선택의 여지가 없겠지만 선택이라면 자신의 문제이다. 그리고 선택의 길로 가기위한 준비과정과 실행과정이 있게 마련이다. 그러한 과정 속에서도 또한 행복을 느낄 수 있어야 한다. 그리고 또한 우리는 "행복은 멀리 있는 것이 아니라, 가까이 있다"라고도 말한다. 이 역시 행복은 선택의 문제임을 말해주고 있다. 다시 말하면 행복을 바라보는 자신의 시각차이 이다. 행복을 눈에 보이는 것으로 알고 큰 것을 잡으려고 하면 평생 불행하게 살 수 밖에 없다. 행복의 실현은 자신의 마음의 문제이다. 자신의 주변에서 일어나는 사소한 것에서 자기만족을 누리며 행복의 조건을 찾아가는 지혜가 필요하다.

6. 글을 맺으면서

글을 쓰면서 내 주변의 이야기를 많이 한 것 같다. 그 점은 내 주변에서 내가 겪은 일 들을 통해서, 내가 얻은 행복이 어떤 것인지를 사실적으로 표현하긴 위한 것이며, 그러한 것들이 우연히 주어진 것이 아니라, 나의 선택이었고 내 주변 가까운 곳에서 행복의 조건을 찾아서 누리는 내 모습을 소개하고자 한 것이므로 이해하길 바란다. 그리고 하브루타 등 교육과 관련된 이야기를 많이 하게 된 것은 우리의 삶 가운데서 자녀교육의 비중이 크기 때문이며 자녀교육의 과정을 통해서 선택된 행복의 의미를 함께 나누고자 함이다. 사실 우리가 찾고자하는 여러 가지 행복의 조건 가운데서 우리는 모두 자녀의 미래에 대한 불안감이 크게 자리하고 있음을 인정한다. 그것의 많은 부분이 또한 부모의 욕심에서 비롯되고 있음도 알고 있다. 여기서 나는 나의 자녀교육관에 대해서 잠시 소개하고자 한다.

<<< 나는 자녀의 삶을 부모의 욕심으로 제한하고 싶지는 않다. 다만 아들의 삶에서 거시적인 측면에서의 바램은 있다. 나는 내 아이가 장래에 사회적 위치에서 다른 사람과 비교당하면서 어떤 명예나 권력을 누리는 것을 우선적으로 기대하지 않는다. 대기업에 취직하거나 명예적인 인물이 되는 것에도 관심이 없다. 무엇보다도 먼저 자기 자신을 돌아보아 분수를 알고 정직하고 성실하게 살기를 바란다. 또한 자신의 주변에 관심을 기울이고 살필 줄 아는 사람이길 바란다. 그리고 살아가면서 항상 현재 자신이 처한 상황에서 또는 가까운 곳에서 행복의 조건을 찾아낼 수 있는 지혜로운 삶을 살았으면 한다. >>>

이러한 부모의 바람에 대하여 내 아들이 어떻게 받아들이고 살아갈 지는 역시 아들의 선택이며 아들의 몫이다. 현명한 아들이 되길 바란다.

　행복은 무엇이며, 어디 있는가? 이에 대해 어떻게 대답할 것인가? - - - 이는 철학적인 물음이 아니다. 행복이란 멀리 있는 것이 아니고, 열매처럼 다른 것에서 따 올 수 있는 것이 아니다. 행복은 내 마음에 있으며 자기만족이다. 내가 지금 현재에 누릴 수 있는 자유이며 기쁨이다. 매일 매일 부딪히는 인간관계 속에서 우리는 서로의 마음을 나누고 용서하고 보듬어 주면서 인격적인 삶을 통하여 내가 선택한 행복을 영위해 가야할 것이다.

[행복에 관한 명언]

* 모든 행복과 불행은 나의 마음가짐에 달려 있다. (몽테뉴)

* 자신의 생각만 바꾼다면 삶을 전혀 변화시키지 않고도 행복해질 수 있는 법이다. (리처드 칼슨)

* 인간이 불행한 것은 자기가 행복하다는 것을 알지 못하기 때문이다. (톨스토이)

* 사람은 행복하기로 마음먹은 만큼 행복하다. (링컨)

* 사람의 행복은 얼마나 많은 소유물을 가지고 있는가에 달려 있는 것이 아니라 그것을 어떻게 잘 즐기는가에 달려 있다. (찰스 H. 스펄전)

* 행복의 비밀은 자신이 좋아하는 일을 하는 것이 아니라 자신이 하는 일을 좋아하는 것이다. (앤드류 매튜스)

* 행복에 있어 가장 큰 장애물은 너무 큰 행복을 기대하는 마음이다. (퐁트넬)

* 남을 행복하게 하는 것은 향수를 뿌리는 것과 같다.
　　　뿌릴 때에 자기에게도 몇 방울 정도는 묻기 때문이다. (탈무드)

* 스스로 행복한 사람만이 다른 사람을 행복하게 만든다. (헨리 해즐릿)

* 행복은 할 일이 있는 것,   바라볼 희망이 있는 것,

　　　　　사랑할 사람이 있는 것, 이 세 가지다.　　　　(중국속담)

* 행복은 현재와 관련되어 있다.

　　목적지에 닿아야 행복해지는 것이 아니라

　　　　여행하는 과정에서 행복을 느끼기 때문이다.　　(앤드류 매튜스)

* 침상에 누울 때, 내일 아침 일어나는 것을

　　　　　　　즐거움으로 여기는 사람은 행복하다.　　　(C.힐티)

* 행복이란 과잉과 부족의 중간에 있는 조그마한 역이다.　　　(C.폴록)

* 행복을 두 손 안에 꽉 잡고 있을 때는 그 행복이 항상 작아 보이지만,

　　그것을 풀어준 후에는 비로소 그 행복이 얼마나 크고 귀중했는지 알 수 있다.

　　　　　　　　　　　　　　　　　(막심 고리끼)

* 인생의 목적이 행복이라고 단정 짓지 말아야 행복할 수 있다.

　　　　　　　　　　　　　　　(조지 오웰)

　　　　　　　　모두 행복하시길 기원합니다!!! - 박 미 향 -

Ⅷ. 팔공산(八公山)이 말하는 풍수(風水) 이야기

박 상 구(朴祥九)[156]

Park, Sang-goo

---

156) 영남대학교 대학원 건축학과 공학박사 졸업,
前 대구한의대 동양사상학과 객원교수,
現 영남대 환경보건대학원 환경설계학과(풍수지리 전공) 교수

1. 팔공산 프롤로그(palgongsan prologue)

팔공산(1,192.9m)은 1980년 5월에 도립공원으로 지정되어 현재 대구광역시 동구, 경상북도 군위군 부계면, 산성면, 효령면 일부와 영천시, 칠곡군, 경산시, 구미시 등 6개의 지자체에 걸쳐 있는 광대한 명산인데, 도립공원의 총면적은 125.7㎢(대구 35.4, 칠곡군 29.7, 군위군 21.9, 경산시 9.5, 영천시 29.2)이고, 팔공산의 생물자원은 4천739종에 이른다.

화강암으로 이루어져 있어 수질은 물론 경관도 수려한데, 팔공산 순환도로변의 사계절 풍경은 전국적으로 정평이 나 있다. 팔공산에는 대한불교조계종의 제9교구 본산인 동화사를 비롯하여 은해사·파계사·부인사·북지장사·선본사·수도사 등이 있고, 보물 9점, 가산산성 등의 사적 2점, 그 밖에 30개소의 명소가 있다.

팔공산의 사찰들은 그 명성에 걸맞게 기도처를 뛰어넘어 문화유산이자 관광자원으로까지 활용되고 있다. 팔공산이 팔공산이라는 이름으로 자리매김한 것은 바로 이러한 불교문화유산이 온전히 맥을 이어오고 있기 때문이다.

▶ 팔공산의 가치를 창출할 경쟁력 있는 문화 콘텐츠는 무얼까?

스님들의 알뜰 장터 팔공산 동화사 승시 축제(경북일보)

팔공산이 경쟁력을 갖출 수 있는 가치를 가지는데 일조할 수 있는 유일무이한 문화 콘텐츠는 어떤 것이 있을까?

동화사 통일약사대불은 전북 익산군에서 약 300t의 원석을 싣고 와서 조성한 세계 최대 석불이다. 팔공산은 하나의 산에 동화사(제 9교구 본산) 및 은해사(제10교구 본산) 등 대한불교조계종의 본산이 두 곳이나 존재하는 곳이며, 동화사 일원에서 고려·조선시대 스님들의 물물교환 장터를 재연한 승시(僧市) 축제가 열리는 곳이다.

승시는 고려시대부터 조선시대까지 번성했던 스님들의 산중장터로, 사찰마다 전해지는 전통 특산품을 다른 사찰물품들과 교역하고 스님들이 필요한 물품, 옷가지, 불구(佛具), 차 등을 교환하는 장터를 의미한다. 지역에서는 부인사와 동화사 인근에 스님들만의 승시장(僧市場)이 섰다는 기록들이 문헌에 남아있다.

또한 우리나라 최초의 대장경인 초조대장경이 보관됐던 부인사가 있는 곳이기도 하다. 이밖에 천연기념물 제1호가 지정(1962)된 도동 측백수림, 전국에서 가장 오래된 홍옥 사과나무(1930), 현존물로 가장 오래된 도포(1740 영조임금 도포)가 파계사에서 발견됐다. 그리고 대구에서 유일하게 운영되는 자동차극장(씨네80, 동화시설지구)이 있으며, 대구지역에서 청정 미나리 재배농가(89개, 비닐하우스 644동)가 가장 많은 곳이기도 하다.

동화사는 많은 산내암자를 거느린 교구본사로서의 위상, 파계사는 조선시대까지 대표적 왕실의 원찰이었다는 점, 부인사는 고려시대 초조대장경을 봉안했던 점, 선본사는 갓바위 부처님을 가까이 모시고 있는 점, 비교적 작은 사세로 밖으로 뻗어나가기 보다 안으로 갈무리하듯 내실을 기하며 맥을 이어온 유명한 지장기도처 북지장사 등 다양한 모습으로 불자들과 맞이하고 있다. 특히 일명 '갓바위'(보물 제431호)라 불리는 관봉석조여래좌상은 한 가지 소원은 들어준다는 속설에 따라 해마다 전국의 수많은 사람이 찾아와 기도를 드리며, 특히 입시철에는 수험생을 둔 학부모들의 발길이 인산인해를 이루고 있다.

▶ 팔공산은 지역 최대의 산인만큼 지명 유래도 많다.

신라시대 이래 공산·부악(父岳)·중악(中岳)으로 불려오다가 조선시대에 들어 팔공산(1,192.9m)이라는 지명이 비로소 나타난다. 『신증동국여지승람』에 "공산은 팔공산이라고도 부른다. 해안현(解顔縣)에서 북으로 17리쯤에 있다. 신라시대에 '부악'이라 하였고, '중악'으로 칭해 중사(中祀)를 지내기도 하였다. 대구도호부를 비롯해 하양·신령·부계(缶溪)·인동·팔거(八莒) 등지에 걸쳐 분포한다."라고 기록되어 있다.

비로봉 너머 군위 부계면(동산리)과 영천 신녕면(치산리) 경계

팔공산은 최고봉인 비로봉을 중심으로 동봉(1,155m)과 서봉(1,041m)이 양 날개를 펴고 있다. 남동쪽으로는 염불봉·수봉·인봉·노적봉·관봉 등이 이어져 있고, 서쪽으로는 파계봉을 넘어 가산(架山)에 이른다.

팔공산의 지명유래는 몇 가지가 전해오나 가장 설득력 있는 유래는 중국 안후이성(安徽省)에 있는 팔공산(八公山)에서 유래된 것으로 본다. 383년 전진(前秦)의 부견(符堅, 337-385)과 동진(東晉)의 사현(謝玄) 간에 벌어진 '비수전투(淝水戰鬪)' 당시의 상황이 927년 고려 태조 왕건(王建, 877-943)과 후백제 견훤(甄萱, 867-936) 간에 대구 팔공산에서 일어난 공산전투와 유사한 것으로 전해진다. 당시 비수전투지에는 중국의 팔공산이 있었고 비수전투와 공산전투의 성격이 유사한 것에 견주어 사대주의자들이 '공산'을 '팔공산'으로도 불렀던 것으로 보인다. 이밖에 불교의 팔간자와 관련되었다는 설, 여덟 고을에 걸쳐 있다는 설, 고려 왕건의 심복 여덟 장수가 공산전투에서 순절했다는 설 등이 『한국지명유래집(경상편)』에 전해온다.

2. 봉황의 배를 지나 최고봉으로 치닫는 비로봉 코스

　갓바위로 유명한 팔공산이지만 이번 산행은 정상 비로봉(1,192.9m)에 가장 가깝고 짧은 코스를 찜했다. 씨네 80-신림봉-낙타봉-비로봉-석조 약사여래 입상-동봉-씨네 80 회귀 코스이다.
　산행은 9.35km에 5시간 30분 잡고 슬슬 계단을 오를 생각이다.
　팔공산은 대구광역시와 경상북도 일부 시군(군위군, 경산시, 칠곡군, 영천시 등)이 경계에 맞물려 살아가고 있지만, 대구에서는 산꾼들이 주로 동봉(미타봉)과 서봉(삼성봉)쪽을 많이 찾는데, 최고봉 비로봉이 방송탑 등으로 통제 됐다가 2009년 산행로가 개방되어 많이 찾고 있다.
　팔공산은 비로봉을 중심으로 동봉(1,155m)과 서봉(1,041m)이 양 날개를 편 듯 대구분지를 병풍처럼 싸고 있어 흔히들 대구의 산으로 오해하고 있지만, 실제 비로봉은 군위군 부계리 행정구역에 속한다.
　들머리 자동차극장인 시네80 주차장에 차를 세우고 암벽 등반 연습장을 지나 공원 관리소 앞으로 곧장 지나 등로를 따라 낮은 오르막을 걸어가면 깔딱고개를 만난다. 땀 좀 삐질 삐질 나기 시작해서 능선을 만나면 비로소 본격 산행이 시작된다.

　팔공산의 주 수종이 소나무였는데, 대프리카의 온난화로 인해 상수리나무, 서어나무, 신갈나무 같은 활엽수들이 우세를 나타내고 있다. 아침 운무가 산속 활엽수 나뭇잎에 파고들어 눈이 시리다.
　이 코스는 짧은 대신 특히 계단이 많아 나이가 들면 한숨이 깊어지는 특징이 있다. 케이블카와 같이 오르고 기계음을 들으며 발꿈치에 힘을 주고 오르면 이내 신림봉에 도달한다.

▶ 신들이 노니는 신림봉은 봉황의 자궁 자리

신림봉(820m)은 신들이 노니는 신성한 봉이라서 그 이름을 얻었으며, 세 곳의 바위군 중 신림1봉은 코끼리바위, 신림2봉은 고인돌바위, 신림3봉은 달마바위 등으로 불리는데, 영화 `달마가 동쪽으로 간 까닭은?`의 촬영지로 유명하다. 지금은 케이블카 정상 승, 하차장이다.

안내판에 따르면, 예로부터 팔공산은 비로봉이 머리, 동봉과 염불봉을 지나는 주능선을 좌측날개,

신림봉 조형물

서봉을 지나는 주능선을 우측날개로 보아 커다란 새, 즉 봉황으로 여겼다. 팔공산을 봉황이 알을 품고 있는 봉황포란형국으로 삼아 신성시 하였으며, 신림봉을 봉황의 자궁으로 여겼고, 신림봉 정상의 세 곳 바위를 봉황알로 여겨 신이 사는 곳으로 명명해 놓고 귀하게 여겼다.

동화사는 알을 품고 있는 봉황의 왼쪽 겨드랑이에 입지되었고, 신라 때 심지대사가 832년(흥덕왕 7) 사찰을 중창할 때 한겨울에도 오동나무가 상서롭게 피었다하여 오동나무 동자에, 꽃필 화자, 를 써서 동화사라 부르게 된 유래를 갖고 있다.

봉황은 300년마다 열리는 죽실을 주로 먹고 오동나무에 자리를 틀어 깃든다고 한다. 봉황이 깃드는 동화사엔 대나무도 많이 심었지만, 석탑 탑신에도 대나무를 돋을 새김해 두었으며, 후대에 와선 돌을 세 개 둥글게 깎아 봉황알로 비치해 두고 있다. 또한 일주문을 봉황문이라 명명하고, 봉서루 누각까지 지은 까닭은 봉황이 날아가지 못하게 환경을 조성하여 봉황의 상서로운 기운이 머물게

하려는 환경설계상 비보의 의도이리라.

▶ 팔공산과 후삼국 동수대전(桐藪大戰)

고려 태조 왕건(왕씨 족보)

고려 태조가 즉위한 뒤 7~8년 동안은 고려와 후백제 사이의 긴장관계는 소강상태에 있었다. 그러나 왕건이 소백산맥을 넘나드는 요충지 문경을 점령하자 이에 자극받은 견훤이 친고려 정책을 펴는 신라에 대하여 공세를 펴게 되고, 결국 두 나라 사이의 관계는 악화되어 큰 충돌이 일어났다. 927년 9월 견훤은 고울부(高鬱府, 지금의 영천)를 습격한 뒤 신라의 왕도 서라벌로 쳐들어가 경애왕을 죽이고 비빈을 욕보이며 재보를 약탈하였다. 이 소식을 접한 왕건은 사신을 신라로 보내 조문하는 동시에 친히 정예 기병 5천을 거느리고 구원에 나서 후백제군의 퇴로를 차단했다.

첫 싸움은 팔공산 동쪽 기슭 은해사 입구에서 벌어졌다. 치열한 전투에서 고려군은 대패하여 퇴각하지 않을 수 없었다. 후퇴한 왕건은 신숭겸이 이끄는 증원군과 합세하여 팔공산 남쪽 동수 입구, 지금의 지묘동 일대에 진을 치고 다시 한 번 후백제군과 일대 접전을 벌였다. 결과는 고려군 1만 명의 전멸에 가까운 참패였다. 이 싸움에서 왕건은 자신과 옷을 바꿔 입고 분전하다 전사한 신숭겸과 김낙 등의 도움으로 간신히 포위망을 뚫고 목숨만을 구해 달아났다. 왕건 생애 최대의 패전으로 기록되는, 후삼국 통일전쟁의 3대 전투 가운데 하나로 꼽히는 '동수대전'의 전말이다.

'동수대전'의 승패에 적잖은 영향을 미친 것이 창건 이래 줄곧 동수(桐藪) 또는 동사(桐寺)로 불리던 지금의 동화사(桐華寺)이다. 그 무렵의 동화사는 견훤 세력과 깊이 밀착되어 있던 진표율종(眞表律宗), 즉 백제계 법상종(法相宗) 사찰로 신라 영토 안의 견훤 세력 근거지였다. 때문에 동화사에서는 알게 모르게 견훤을 지원했고, 이런 도움에 힘입어 견훤은 왕건에게 쓰라린 패배를 안겼던 것이다.

이렇게 후삼국기 삼국의 쟁패에 깊이 개입했던 동화사는 신라 소지왕 15년(493)에 극달화상이 창건하여 유가사(瑜伽寺)라 이름하다가 흥덕왕 7년(832) 심지왕사가 중창할 때 오동나무 꽃이 상서롭게 피어나 동화사라 고쳐 불렀다고 「동화사사적비명」에 전한다. 그러나 창건연대는 그대로 믿기 어렵다. 유가종이라고도 일컫던 법상종은 중국에서도 7세기 후반에나 등장하는데 신라에 불교가 공인되기도 전인 5세기 말에 이미 '유가'라는 이름을 쓰는 절이 생겼다는 것은 앞뒤가 맞지 않기 때문이다. 그보다는 오히려 심지왕사 때의 중창을 사실상 창건이라고 보는 것이 일반적인 견해다.

신림봉-낙타봉 230m 구름다리(대구광역시)

▶ 신림봉-낙타봉을 잇는 팔공산 구름다리

대구는 지금 팔공산 구름다리가 뜨거운 감자다.

대구시에서 국비를 보태

140억원으로 신림봉에서 낙타봉까지 230m의 구름다리를 놓겠다고 4억원을 들여 2017년 6월 실시설계를 발주했고, 2019년 완공 목표로 추진하자 환경단체는 발끈하고, 동화지구 상가 등에서는 환영 현수막을 내거는 등 기대감에 부풀어 있다.

주민들이 이렇게 기대에 부푼 이유는 지역 관광산업의 경제적 파급효과 때문일 것이다. 2011년 발표된 연구자료(관광산업의 경제효과 분석/ 2009년 산업연관표 기준)에 따르면, 2009년 관광산업의 부가가치율(57.2%)은 전산업 평균(42.2%)과 제조업 평균(25.6%)보다 높게 나타난 점을 볼 때 헛된 기대는 아닐 것이다.

다양한 분야에서 세계 굴지의 경관시설물을 벤치마킹해 주민들의 기대를 충족해 주길 제언하고 있다.

예를 들면, 스페인 건축가 '산티아고 칼라트라바'가 설계한 미국 캘리포니아 새크라멘토 강을 가로지르는 '해시계다리(The sundial bridge)'는 약 262억원으로 현대식 다리를 건설했으며, 가장 큰 연어 킹새먼(king Salmon)의 산란을 방해하지 않기 위해 다리 중간에 기둥 없이 디자인한 것과 해시계 기능을 하는 217피트 높이의 기둥을 가진 것이 특징이다. 기둥은 580t의 강철을 사용했고, 700피트 길이의 이 다리 바닥은 200t의 유리와 화강암으로 구성이 되었는데, 개장 첫해 방문객이 42% 증가했다.

그리고 일본 오이타현에 약 209억원으로 설치한 '고코노에 유메오쓰리바시(九重夢大吊橋)는 해발 777m 위 일본 제1의 보행자 전용 현수교(H=173m, L=390m, B=1.5m)인데, 바닥이 석쇠처럼 뻥 뚫린 디자인을 채택했는데, 2006년 개장하여 2017년 3월에 1천만 명을 돌파하였다.

중국에서는 장가계 그랜드캐니언에 세계최고의 유리다리를 절벽 300m 높이에 붙여 건설하여 관광객을 모으다가, 이번에는 허베이성 홍야구 계곡 위를 가로지르는 세계에서 가장 긴 유리현수교

중국 홍야구 계곡 세계 최고 긴 유리 다리

(H = 2 1 8 m , L = 4 8 8 m , B=4m)를 3년간 건설하여 2017년 말에 개통했다. 이 현수교 유리 바닥은 두께 4cm 유리패널 1,077개로 만들었고, 최대 2,000명을 수용할 수 있으며, 600명을 동시에 입장시킬 수 있는 구조내력을 갖도록 설계했다. 바닥을 유리로 디자인하였고, 방문객들은 유리표면을 보호하기 위해 신발보호용 덧신을 신고 지나도록 하고 있다.

팔공산을 후손에게 잘 물려 줄 수 있는 대구시민들의 현명한 판단을 기대해 본다.

▶ **팔공산 산줄기 족보와 봉황체류 비보**

팔공산을 형성하는 산줄기 족보를 훑어보자.

백두대간을 행룡하던 대간룡이 두타산(1,353m)과 덕항산(1,073m)을 차례로 지나다가 태백시의 매봉산(1,303m) 가기 직전에 동남쪽으로 분맥한 것이 낙동정맥이다. 남쪽을 향해 힘차게 행룡하던 낙동정맥은 청송 주왕산(721m)을 지나 무포산(717m)을 거치면서 포항의 침곡산(725m)을 향하는 도중 서쪽으로 산줄기를 분맥함이 보현지맥이다.

서남쪽을 향해 달리던 보현지맥은 포항의 베틀봉(934m)-면봉산

2009년 11월 전면 개방된 비로봉

(1,121m)-영천의 보현산(1,124m)을 차례로 거쳐 석심산(751m)을 기봉하고는 잠시 숨을 고르고 남쪽으로 분맥하여 팔공지맥을 내리고 의성을 향해 서북쪽으로 달음질 한다.

석심산에서 분가된 산줄기 팔공지맥은 서남쪽으로 뻗어가다가 화산(828m)-시루봉(726m)을 지나면서 남쪽을 향해 봉우리를 기봉하니 바로 팔공산 비로봉(1,192.9m)이다.

팔공산의 산세는 주능선이 험하고 거칠어 산줄기가 남으로 뻗어오면서 기운을 정제하고 순화시켜, 동화사 뒤편에서는 기운이 아주 유순해지면서 동화사 뒤편의 대웅전으로 몸을 낮춰 입수하고 있다. 그리고 주된 산줄기에서 뻗어 나간 좌청룡과 우백호는 단정한 자세로 명당 주위를 에워싸고 있는데, 동화사는 봉황이 알을 품고 있는 왼쪽 겨드랑이에 입지되어 있고, 중심영역으로 산줄기의 흐름이 겹겹이 관쇄되어 있는 형국이다.

동화사의 일주문은 봉황문(鳳凰門)이고, 경내로 진입하는 누각은 봉황의 정기가 서려져 있다는 뜻의 봉서루(鳳棲樓)로 명명되어있다.

이와 함께 누각으로 올라서는 계단에 돌로 깎은 봉황알 3개를 놓아 둔 것과 백호 끝자락의 대나무 숲, 그리고 오동나무는 봉황이 깃드는 터로서의 상징성을 나타낸 것이리라.

▶ **몸과 마음을 치유하는 동봉 석조약사여래 입상**

낙타봉을 바라보며 오르는데 대는 검고, 갓은 시커먼 점들이 박힌 '털귀신 버섯(솔방울 그물버섯)'이 눈에 들어온다. 대는 팍팍해 찌개에 어울리고, 갓은 담백해 가지나 양파에 청양고추 넣어 볶으면 이름과 달리 식감이 뛰어나다.

정상 산형이 낙타등처럼 생겨 낙타봉(917m)이란 지명을 얻은 봉우리를 넘어 끊임없이 돌산의 계단을 올라 정상 이정표를 보고 왼쪽으로 가파르게 치고 오르면 비로봉(1,192.9m)이다.

비로봉은 빛을 상징하는 비로자나불을 의미하는 화엄종의 주불이다.

이 산 정상에는 방송 및 통신탑이 즐비하고 이 시설을 보호하기 위한 철조망이 삼엄한데, 한켠에 정상석을 놓고 기념촬영할 수 있도록 조촐한 자리가 꾸려졌다.

비로봉 정상은 군위군 소관인데 2014년 영천시에서 비로봉 명칭을 천왕봉으로 바꿔 달라 요청했고, 국립 지리원 국가 지명 위원회가 열렸으나, 대구시에서 천왕봉은 유교식 지명으로서 현 비로봉의 호칭이 아니며, 시민과 동화사 신도 4천명의 서명을 받아 무산 시켰다.

비로봉에서 동봉까지는 400m 인데, 동봉을 오르기 직전 대구시 유형문화재로 지정된 석조약사여래 입상을 만난다. 자연석을 쪼아 6m 높이로 우뚝 선 약사여래는 동방 유리광 세계를 관장하시며 병든 자를 고치느라 왼손에 약병을 들고 늘 서쪽을 바라보시고 계

동봉에서 바라본 정상 비로봉

신데, 입가에 번지는 미소가 자비로워 우째 단발머리 할매 같은 친근감이 든다.

약사여래를 서향시켜 서쪽에 다듬고 동봉을 아미타불이 동향하신 곳으로 설정하여 미타봉으로 불렀으리라.

약사여래 불상을 왼쪽에 두고 동봉으로 오른다. 옛날 동봉 오르는 길은 많이 거칠었는데 이제는 계단이 놓여 길이 쉬워져 정상부에는 사람이 들끓지만, 벌레도 들끓고 시끄러워 휴식할 공간도 없다. 동봉의 번잡함을 피해 하산을 서둘러 염불암으로 좌틀하여 왔던 길을 버린다.

동봉 석조약사여래 입상

염불암은 하늘을 배경으로 바위 능선을 베고 누워 신갈나무를 이불삼아 덮은 모양새다.

 포장된 염불암 진입도로를 타고 동화사로 내려오다가 우틀하여 하천을 건너 물소리를 들으며 원점 회귀한다.

아----
동봉 석조약사여래불께서
비로봉에서 내리는 깨끗한 물 한모금으로
몸과 마음이 지친 뭇사람들의 영혼까지
치유해 주길 염원해 본다.

3. 봉황의 왼쪽 날개 끝자락 삿갓봉에 문득 오르다.

대구시 팔공산 교육 수련관 처마에 단풍이 대롱 대롱 매달린다. 매달린 단풍이 산행자의 가슴으로 빛깔 고이 들어온다.

가을 단풍의 막바지에 수련관을 출발하여 삿갓봉-바른재-신녕봉-신녕재-폭포삼거리-폭포골-수련관으로 회귀하는 코스로 9km에 얼추 5시간 30분 예상한다.

팔공cc 아래의 학생수련관은 휴일이라 온통 철제 주름문으로 대문이 꼭꼭 잠겨져 있어 간신히 주차장을 찾아 주차 신세를 좀 진다.

팔공산은 봉황이 날개를 안아 알을 품고 있다는 '봉황포란형국'으로 유명한데, 배를 타고 최고봉으로 치닫는 비로봉-동봉 코스, 동화사를 벗어난 왼쪽 날개 끝자락 삿갓봉 코스, 오른 날개 어깻죽지로 오르는 서봉 코스, 경산 갓 바위 코스, 마지막으로 주능선 너머 영천 수도사에서 오르는 동봉-신녕재 코스로 나눠 나름 산행의 묘미를 맛보고 있는데, 오늘은 삿갓봉 코스를 잡았다.

▶ 왕건의 도망 루트 따라 왕건 관련 지명을 붙이다.

후삼국 중 고려와 백제의 전투가 한창이던 927년, 팔공산 아래에서 왕건의 군대가 미리 진을 치고 기다리던 백제 견훤의 군대에 완전히 포위되어 위기에 처했을 당시 충신 신숭겸과 7명의 장수가 왕건을 피신시키고 대신해 싸우다 전사한다. 이 때 왕건은 신숭겸과 옷을 바꿔 입고 적진을 빠져나와 위기를 가까스로 모면하게 되는데, 백제에 대패한 지점을 '파군재'라고 이름 붙여 대패를 잊지 않고 '반면교사'로 삼았다.

파군재 삼거리 북쪽에 위치한 산은 왕건이 잠시 머물렀다 하여 '왕산'으로 불리고, 파군재 아래쪽에 위치한 지묘(智妙)는 '지혜로운

묘 책'이 라 는 뜻인데, 신숭겸이 왕건의 갑옷으로 갈아 입은 채 어가를 타고 적으로 돌진, 대신 죽음으로써 왕건을 구한 전략에서 비롯된 이름이 지묘동

고려 왕건이 공산전투에서 패하고 도주하다가 잠시
앉아 쉬어간 독좌암

이다.

왕건이 도망치며 잠시 쉬어 간 바위는 '독좌암' 으로 붙이고, 왕건이 무태에서 숙영을 하고 북구 연경동(研經洞)에서 동구 지묘동 방향으로 향할 때 사람들의 글 읽는 소리가 크게 들린 곳은 '연경' 이라 불렀으며, 불로동(不老洞)은 독좌암을 거쳐 남동쪽으로 향한 왕건이 지나간 마을이다. '노인은 없고 아이들만 있다' 해서 붙인 이름이라고 전하나, 왕건이 견훤에게 패해 도주하다 문득 뒤를 돌아보니 체력이 떨어지는 늙은 병사들은 다 낙오하고 젊은 병사들만 따라오고 있다고 해서 불로동이라는 이름이 붙었다는 견해도 있다.

그리고 위기를 모면하고 탈출에 성공한 왕건이 비로소 마음을 놓은 지역은 '안심' 이 되었고, 왕건이 도망갈 때 반달이 비추어 줘 무사히 도착한 곳은 '반야월' 이 되었으며, 패퇴하던 왕건의 걱정스런 얼굴이 비로소 편안해진 곳은 '해안' 이라는 지명을 얻었다.

또한 대구 북구 동서변동 금호강과 동화천이 합류하는 두물머리 근처에는 왕건과 견훤이 강을 사이에 두고 서로 활을 쏴 '화살이 내(川)를 이뤘다'는 뜻의 '살내'가 있고, 왕건이 군사를 이끌고 지금

의 대구 북구 서변동을 지나 연경동 방향으로 진군하던 중 군사들에게 "경계를 게을리하지 말고 태만하지 말라"고 당부했다고 해서 붙여진 무태(無怠)도 있다.

삿갓봉에서 바라보는 봉황 좌측날개 능선(신녕봉-병풍바위-염불봉-동봉-비로봉)

대구 앞산 쪽에도 왕건의 도망 루트를 따라 연관 지명이 생겼다. 왕건이 몸을 숨겼던 곳은 남구 앞산공원 인근에 있는 사찰인 '은적사'가 되었고, 은적사 대웅전 옆에는 사람 한 명이 들어갈 만한 조그만 굴이 있는데, 왕건이 이 굴에서 사흘간 머물렀으며, 왕건이 숨어 몰래 물을 마셨던 곳은 '장군수' 라는 이름을 받았다.

왕건은 사흘간 머물렀던 은적사보다 더 안전한 은신처를 원했다. 안일사(安逸寺)는 은적사보다 깊은 골짜기에 있어 왕건이 '편안하게 머물렀다'고 해서 안일사가 됐다는 설이 전해지며, 안일사에서 500m 거리에 위치한 왕굴은 왕건이 안일사까지 추격해 온 견훤을 피해 숨어들었던 풍화동굴이다. 그리고 왕건이 마지막으로 쉬어 간 곳은 '임휴사' 라는 이름을 얻었다.

▶ **승려들이 쓰고 다니던 삿갓 같아 삿갓봉이라.**

수련관측에서 철제 펜스로 경계를 치고 문을 달았다가 전부 폐쇄시킨 탓에 등로가 없어져 욕이 절로 나온다. 행위자가 대구시 인지, 대구 교육청 인지는 모르겠으나, 등로를 폐쇄한 무지막지한 놈들이 무슨 학생 교육을 얼마나 잘 수행할까?

겨우 임시 등로를 찾아내어 위안으로 삼고 상당히 가파른 가지능선에 몸을 붙여 오른다. 땀 좀 흘리며 오르면 바닥엔 마사토가 줄줄이 이어진다. 이 능선으로는 연암이 많은 탓에 바위가 쉽게 풍화되어 바위 주변에 마사토가 즐비하다.

다시 진행된 지그재그 등로는 주 능선에 다가 갈수록 바위가 많아진다.

멀리서도 볼 수 있는 삿갓봉의 랜드마크라 할 수 있는 암괴가 눈

삿갓 닮은 삿갓봉

앞에 나타난다. 정면 방향은 낙석 위험 있다며 막아 놓아 밧줄을 잡고 좌측의 바위를 타고 지나야 한다.

주능선에 자리잡은 삿갓봉을 지척에 두고 조망이 뚜렷한 봉우리에 배낭을 푼다. 꼭대기 한켠에 바위와 마사토로 되어 있는 작은 그늘을 찾아 막걸리 병을 딴다. 비록 표고는 낮지만 팔공산 주능선 쪽의 조망이 아주 좋은 곳인데, 저 멀리 서봉-비로봉-동봉-병풍바위가 하늘금 되어 줄줄이 보이고. 가까이 왼쪽으로 신녕봉, 오른쪽으로 삿갓봉이 고개 숙여 인사를 건넨다.

삿갓봉으로 오르는 능선 길은 산행내내 다른 사람을 못 만나지만, 신기하게도 길은 아주 잘 닦아져 있다. 막 일어서려는데 어르신 한분이 오셔 서로 인사를 건넨다. "연세에 비해 너무 무리 하시는게 아닙니까?" 라는 질문에 "올해 여든 둘인데 모두 요양병원

가고, 죽고 해서 친구도 없소. 요양병원은 저 세상 가는 디딤돌이라 그 곳 가지 않으려 일주일에 두 번씩 코스 바꿔 오르고 있소."

어르신에게 세상의 비정함과 자신의 비장함이 상호 교차되어 얼굴빛으로 나타난다. 더 슬퍼짐이 안타까워 건강하시라는 인사를 드리고 자리를 박찬다.

삿갓봉 정상은 해발 920m 인데, 산의 형태가 삿갓을 닮아 붙여진 이름이다. 지역에 따라 갈모봉, 갈미봉이라 부르는 곳과 그 형태가 같다. 정상이 나무에 둘러 쌓여서 조망이 없어 별 인기가 없으나 막걸리 한잔에 컵라면 먹기엔 그만이다.

저 아래로는 북지장사로 오르는 길이 뚜렷하게 보인다.

▶ 수려함이 어울려 오롯한 경관을 유지하는 북지장사

북지장사는 485년(신라 소지왕 7) 극달(極達) 화상이 창건했으며, 684년(신문왕 4) 양개(良价)가 창건한 달성군 가창면의 남지장사와 대비되는 절이다. 1040년(고려 정종 6) 최제안(崔齊顔)이 쓴 경주 천룡사(天龍寺) 중창 관련문서에 따르면, 이 절의 밭이 200결이나 되었다고 하므로 당시에는 매우 큰 절이었음을 알 수 있다.

한때 여러 부속 암자를 거느리기도 했던 북지장사는 안타깝게도 19세기 초 동화사의 부속암자로 편입될 만큼 사세가 기울었으나 끊임없는 중창불사의 노력으로 북지장사를 존재케 했다. 무릇 '지장(地藏)'이란 땅에 숨겨지고 감추어진 보물과 같은 모체와 같아서 어떠한 탁한 것이라도 한번 이 땅의 품속을 거치면 새로이 청정한 생명을 잉태하는 법이므로 지장보살과 인연이 소중한 북지장사 역시 새로운 기운과 복덕이 넘쳐흐를 것이다.

북지장사는 팔공산의 여러 고찰로 향하는 쭉쭉 뻗은 도로가 아니라, 아직도 승용차 1대가 겨우 다닐 만한 굽이굽이 거친 길의 끝에 자리하고 있다. 그러나 그러한 어려운 교통편 덕분에 한 때 폐

사지였던 북지장사가 수려한 자연경관과 어울려 오롯한 사격을 그나마 유지하고 있는지도 모르는 일이다. 대구의 달성 가창의 남지장사와는 단지 '지장사'

수려한 경관을 자랑하는 북지장사 가는 길

라는 사명이 같아 구분하기 위해 이름이 지어졌을 뿐 두 사찰과의 관계는 특별한 것이 없는 것으로 알려졌다. 북지장사에는 보물 제805호인 대웅전과 더불어 대구광역시유형문화재 제6호인 삼층석탑 2기과 제15호인 석조지장보살좌상이 자리하고 있어 눈길을 끌고 있다. 또한 현재 국립중앙박물관에서 소장하고 있는 '북지장사 지장보살도' 역시 사격을 더해주는 귀중한 자산이다.

▶ **행주형국에 풍파 막아 평안케 하는 신녕(新寧)**

다시 출발하여 꽤나 험한 내리막을 내려온 끝에 바른재를 만나고, 좌틀하면 폭포골 삼거리가 나오며, 우틀하면 약수터가 나온다. 직진하면 신녕봉이 손 흔들어 반긴다.

신녕봉은 해발 997m 로서 신녕재에서 가까워 이름을 얻었다. 원래 '신녕(新寧)' 은 지형이 배와 같아, 바다의 풍파를 막아 평안하게 지내게 한다는 뜻을 유래로 삼고 있다.

곧이어 밧줄 몇 번 타고 암벽을 오르면 신녕재가 나타나고 좌틀해서 내려간다. 하산길은 낙엽이 푹신하게 쌓인 부드러운 흙길로

써 '도마골'로 불리는데 무리없이 내려갈 수 있다. 이내 폭포골 삼
거리에서 바른재로 내려온 등로와 만나 물소리를 듣는다.

'도마골' 과 '바른골' 의 합수지점이라 물이 제법 많고 깨끗하다.
졸졸졸 물 흐르는 소리가 경쾌하게 뇌에 파장으로 전달된다.

산행의 즐거움인 발 담그고 쉬기는 필수지만 시간상 아쉬움을 뒤
로하고 수련관 주차장에 발을 내린다.

아---
팔공산 찾은 가을은 발자국을 남기고,
오색 뿌린 단풍은 고고함을 던지며,
아담한 폭포 리듬은 풍요되어 안긴다.

4. 봉황의 오른쪽 날갯죽지 암릉 서봉에서 눈꽃에 홀리다

대구 봉무동 이시아 폴리스를 지나 팔공산 수태골 입구 주차장으로 가노라면 '파군재(破軍-) 삼거리'라는 다소 독특한 지명의 도로를 만나게 된다. 원래는 파군치(破軍峙)로 『대구읍지』와 『교남지』에 파군치로 기록되어 있다. 파군재는 파군재삼거리 근처에 자리잡은 고개인데, 927년(고려 태조 10년) 후백제 견훤이 신라를 침공하자 신라 경애왕은 고려에 원병을 요청했다. 고려 태조 왕건은 기병 5,000명을 직접 이끌고 이 고개 일대에서 견훤 군대와 격전을 치렀다.

그러나 왕건 군대는 견훤 군대에 크게 패해 왕건 자신만 겨우 목숨을 구해 달아난다. 이 때문에 이 고개의 이름이 파군재가 됐다는 것이다. 이 전투에서 신숭겸 장군은 태조 왕건으로 가장해 수레를 타고 적진에 뛰어들어 전사하기도 했다. 신 장군을 포함해 왕건이 아끼는 8명의 장수가 모두 전사했다. 비록 사후지만 왕건이 각별히 챙겼다는 신 장군의 유적지도 파군재 너머 왕산 아래에 있다.

▶ 팔공산 암릉 서봉에서 눈꽃에 정신을 뺏기다

산행 시작 지점을 수태골 초입의 수태지 연못으로 잡았다. 팔공산 주요 봉우리 중 봉황의 오른쪽 어깻죽지에 해당하는 서봉을 밟고 비로봉과 동봉을 거쳐 돌아오게 된다. 수태지 연못을 출발해 용 능선-서봉-오도재-마애약사여래좌상-비로봉-동봉-염불봉을 차례로 통과하는 원점회귀 산행이다. 산행 거리는 9.2km 남짓한데, 산행 시간은 6시간 정도 잡는다.

수태지 연못 옆에 주차를 하고 팔공산 정상을 살피니 유독 서봉

과 비로봉 주변이 환함을 눈치챈다. 아--- 새벽에 산신령께서 일찍 눈뜨시어 흰 가루를 뿌린 듯한데 눈 내린 양이 꽤 되어 보인다. 첫눈을 만난다는

서봉을 오르다가 신림봉을 문득 내려보다.

설레임이 아이젠 준비를 하지 않은 두려움을 훨씬 앞서고 있음을 직감한다.

 수태골에 들어서면서 성지골과 만나는 두물머리를 건너는 초입부터 하천을 건너 용 능선을 탄다. 된비알이라 바짝 몸을 산기슭에 붙여 보지만 숨이 차오른다. 이 능선은 다이렉트로 서봉까지 연결되지만 꾸불꾸불 한데다 험준한 바위로 이루어져 있어 산객들에겐 용 능선으로 불린다. 좌측에는 성지골 물길, 우측에는 주추방골 물길을 토대로 물살을 가르며 하늘을 향해 꿈틀거리는 용을 닮아 그 이름을 붙였으리라.

 땀이 나려하면 바위를 안고 올라야 하고, 몸이 더워지려하면 로프를 잡고 건너뛰어야 하며, 몸이 풀렸는가 싶으면 양팔로 몸을 의지하고 바위 아래로 두 다리를 내려야 한다. 이 코스는 잠시 잠깐이라도 긴장의 끈을 늦출 시간이 없다.

 여기서 잠시 기운을 비축해 발 끝에 힘을 모으면 해발 1,041m의 서봉 정상이다. 탁 트인 조망에 조금 전 등반의 힘겨움이 금방 날아간다. 볼을 때리는 차가운 칼바람이 생각보다 거세다. 서봉은 봉황의 오른쪽 날개 방향의 대표적인 봉우리로서 삼성봉으로도 불린

다. 서봉 아래에 삼성암이라는 암자가 있어 그렇게 불렸을 텐데 지금은 암자 터만 남아 있다.

서봉 아래에 2-3cm 눈이 쌓여 메마른 마음을 동심으로 가지고 간다. 나뭇가지는 눈꽃이 피어 웃는 듯하나, 바람에 너무 흔들려 힘겨움이 역력하다. 들뜬 마음을 진정시킬 길이 없어 눈꽃 핀 가지를 잡고 포즈를 취하기도 하고, 눈 쌓인 산봉우리를 배경으로 엉거주춤한 폼을 재보기도 한다.

잠시 밤 막걸리에 김밥으로 눈꽃 잔치에 흥을 돋우고 다시 길을 나선다. 눈 쌓인 바위를 조심스레 밟고, 데크를 손으로 부여잡고서 뒤뚱거리는 몸을 지탱해 앞으로 나아간다.

▶ 용으로 된 대좌 위에 모셔진 비로봉 마애약사여래 좌상

비로봉 정상으로 가는 길목에 대구 유형문화재 제3호로 지정된 마애 약사여래좌상이 새겨져 있는데, 불상 높이 1.82m로서 팔공산 동봉의 약사여래 입상의 서쪽 연화대좌 위에 가부좌(跏趺坐)를 틀고 앉아 있다.

정수리에서 나오는 빛인 두광(頭光)과 몸에서 발하는 빛인 신광(身光) 그리고 온몸에서 나오는 빛인 불꽃무늬의 거신광(擧身光)이 함께 갖추어진 완전한 불상이다. 보존 상태는 양호한 편이나 대좌 부분에는 이끼가 가득하다.

코는 오뚝하고 인중(人中)은 뚜렷한데, 입은 좀 작게 표현되었으나 엷은 미소를 띄고 있다. 두 귀는 어깨까지 닿을 듯 길게 표현되었고 목에는 삼도(三道)가 뚜렷하다. 어깨는 당당하나 경직되었고 가슴은 편평하여 양감이 표현되지 않았다.

옷은 오른쪽 어깨가 드러나는 우견편단(右肩偏袒)으로 옷주름이 유려하고도 규칙적이다. 경주남산 칠불암 마애삼존불의 본존상과 비교될 수도 있지만 이 불상에서는 보다 더 경직되고 도식화되었다. 오른손은 손바닥을 바깥으로 한 채 곧게 내려 무릎 위에 자연스럽게 놓았다. 왼손은 배 앞에서 약호를 들고 있으며 손가락이 유난히 길게 표현되었다.

여기서 주목되는 것은 연화좌 밑으로 목은 길게 빼고 대좌를 받치고 있는 용의 형상인데, 두 마리의 용은 서로의 몸을 엇갈려서 대좌를 떠받들고 있듯이 표현되었다. 입을 딱 벌리고 있으며 눈은 부리부리하다.

이처럼 불상의 대좌에 용두를 조각한 것은 희귀한 예이다. 기록상으로는 최치원(崔致遠)의 사산비(四山碑)인 숭복사(崇福寺) 비명에 "2층 불전의 용으로 된 대좌 위에 노사나불을 모셨다."라는 대목이 있어 이러한 대좌가 숭복사 불상이 만들어진 9세기 이후에는 제작되었으리라 추정한다. 이 불상은 전체적으로 조각이 우수하고 구도도 안정감이 있다. 하지만 평면적인 신체의 구성이나 화려한 장식성으로 미루어 조성 시기를 통일신라 말기로 본다.

서봉의 웅장한 바위더미에 오르기에는 곳곳에 쌓인 눈과 쌀쌀한 날씨로 인해 그리 좋은 환경이 아니지만, 크고 작은 바위가 이어지는 암릉 타는 재미가 쏠쏠하다. 서봉 정상에서 하늘금을 살피니, 서쪽으로 1,018m의 상여바위와 1,054m의 가마바위봉이 우뚝 솟아 있고 그 우측 옆으로 톱날 같은 바위능선이 장엄한 모습을 뽐내고 있다.

멀리 동쪽에는 팔공산의 주봉 비로봉과 방송탑이 머리를 내밀고 있고, 그와 연하여 동봉-염불봉-병풍암 등이 우뚝 솟아 차례로 줄을 서 있다.

▶ **최초의 종주 기록, '유팔공산십수(遊八公山十首)'를 들여다 보다.**

가장 오래된 팔공산 종주 기록은 낙애(洛涯) 정광천(鄭光天, 1553~1594)이 『낙애집(洛涯集)』에 남긴 '유팔공산십수(遊八公山十

비로봉 마애약사여래 좌상

首)'이다.

선조 8년(1575년), 23세의 낙애(洛涯) 정광천(鄭光天, 1553~1594)은 아버지 임하(林下) 정사철(鄭師哲, 1530-1593)을 모시고, 연정(蓮亭) 서형(徐泂, 1524~1575)과 낙재(樂齋) 서사원(徐思遠, 1550~1615) 부자(父子), 송재(松齋) 주신언(朱愼言, 1539~?) 등과 함께 파계사에서 출발하여 파계후봉-정각소암-삼성암-광석대-염불암-동화사에 이르는 팔공산 종주를 하고 그 감회를 시로 남겼던 것이다.

정사철과 정광천(鄭光天) 부자가 살았던 당시에는 유람(遊覽)하며 산수를 즐기던 시절이라 요새처럼 바위를 타지 않고 종주능선에 나있는 산길을 따라 정각소암과 삼성암으로 갔을 것으로 짐작된다.

'유팔공산십수(遊八公山十首)로 산행경로를 재구성 해 보면, 먼저 정사철 부자(父子)는 이날 새벽에 집을 나서 오후 늦게 파계사에 도착하여 첫날은 이 절에서 묵었다. 다음날에는 파계사의 뒷산을 오르고 정각소암(靜覺小庵)을 돌아보았고 삼성암(三聖庵)에서 묵었다.

눈 내린 서봉에서 비로봉-동봉을 한 화면에

사흘째 되는 날에는 비가 내렸는데 빗속에도 광석대소암(廣石臺小庵)과 염불암(念佛庵)을 돌아보았다. 그리고 산을 내려와 동화사를 돌아보고 입구에서 서로 작별하였다. 이때 정사철이 지은 시 1수가 『임하실기(林下實紀)』에 수록되어 있다. 시제(詩題)는 '주인지 신언의 팔공산을 유람하다라는 시에 차운함(次朱訒之 愼言 遊公山韻)' 이다.

"나막신을 신고 짧은 지팡이를 짚고 산을 오르니/ 석문(石門) 깊은 곳에는 흰 구름이 걸려있네. 산을 오르는 묘한 비결을 그대는 아는가/ 한발 한발 나아가면 모름지기 최상봉에 이른다네.(理屐尋山策短筇, 石門深處白雲封. 升高妙訣君知否, 去去須登最上峯.)"

위의 시에서 정사철은 먼저 구름이 깔려 있는 팔공산의 모습을 말하였고, 이어서 '산을 오르는 묘한 비결을 그대는 아는가' 라고 묻고 있다. 이 말은 '그대는 산을 오르는 묘한 비결이 있다고 생각하는가' 라는 말과 같은 의미이다. 여기에 대하여 정사철은 산을 오르는 묘결(妙訣)은 없고 한발 한발 나아가면 정상에 도달할 수 있다고 말하고 있다. 이 시는 자연을 읊은 순수한 서정시이나, 정사철은 '학문하는 방법'을 등산에 비유하고 있는 것으로 보인다.

다시 말하면 학문을 하는 데에는 특별한 비결이 없고 부단히 노력하는 것이 최선의 방법이라는 것을 말하고 있다.

▶ 암릉 산행묘미의 극치, 팔공산 '톱날 능선'의 유래

골이 깊으면 산도 높다고 했던가. 서봉에서 서쪽 파계봉 쪽으로 이어지는 산줄기를 바라보면 눈앞에 바위산이 어긋난 톱날처럼 불규칙하게 솟아있고, 칼날같이 날카롭게 벼려있는 바위가 눈길을 끈다. 아마도 톱날능선이란 이름이 여기서 비롯하지 않았을까?

'톱날 능선'이란 지명이 생긴 것은 그리 오래지 않은 것 같다.

가마바위에서 본 눈 덮인 환상의 톱날 능선

1971년 서울 교진사에서 펴낸 등산코스 안내집 75개 산악에는 '도마재 동쪽에 있는 993m 봉우리를 동봉(東峯), 가마바위라 불리는 1,054m 봉우리를 서봉(西峰)으로 표시했다.

1980년 팔공산도립공원기본계획에 '주봉의 동서로 각각 2km 지점에 동봉과 서봉이 고준한 능선을 형성하고 그 웅대한 모습을 과시하고 있다'고 하여 이때에는 서봉으로 불렸음을 알 수 있다. 이 책에도 톱날능선이란 지명은 없다.

1986년 대구지도센터에서 만든 팔공산등산지도에는 이곳의 바위 봉우리에 대한 명칭이 표시되지 않았고, 바위능선 또한 '초심자 등반 유의 벼랑이 많은 코스'라고 기록했다.

한국지명총람(1978년)에는 팔공산 종주능선에서 느패재, 도마재, 장군메기, 마당재, 파계재, 한티재와 같이 고개이름을 기록하고 있으나 1,000m가 넘는 봉명에 대한 기록은 찾아볼 수 없다. 아마도 1970년 중반만 해도 산에서 나무를 해서 난방을 하던 시절이라 골짜기에 대한 기록은 비교적 상세한 반면에 정상부의 봉명은 당시 사람들이 관심 밖에 있었던 것으로 여겨진다.

2005년에 매일신문에서 발간한 '팔공산하'에는 '어떤 등산지도는 벼랑바위 구간을 칼날능선이라 표시했다. 다른 경우에는 '톱날바위'라고 불렀다. 발붙이기가 힘들게 뾰족뾰족 솟아있는 벼랑바위들이 능선을 형성했기에 붙인 이름일 것이다. 하나 이가 어긋난 모양새로 봐서는 톱날능선이란 이름이 어울릴 성 싶다'고 했다.

그러나 월간 산 2009년 6월호 부록 '전국명산위치도'에 '톱날능선'이라 표기했고, 2015년 국제신문의 파계재-서봉 등산지도에 '가마바위'와 '상여바위'로 기록된 반면 현재에도 네이버(naver.com) 지도에는 '칼날바위'로 표기하고 있어 혼란스럽기만 하다.

▶ **냉골에서 산림욕 15분을 즐기면 스트레스와 혈압이 저감된다.**

최고봉 비로봉을 내려 단발머리 할매를 닮은 대구시 유형문화재 제20호로 지정된 동봉 석조약사여래불에게 반가움의 인사를 건네고 곧장 동봉을 밟는다. 연이어 염불봉에서 우틀하여 수태고개를 지나 염불암으로 발길을 내린다.

염불암을 지나 시멘트 포장길을 걸으며 계곡을 따르다가 우틀하여 신림봉과 낙타봉 사이의 냉골재를 보고 산기슭을 가로 지른다. 암릉 산행으로 체력이 일부 소진되어 다리가 무거워 옴을 느끼지만 속도를 붙여 냉골재에 다다라 긴 숨을 들이키고 다시 걸음을 재촉하여 수태골로 접어든다.

냉골재에는 해발 700m 위치에 산림욕장을 만들어 놓았는데, 다양한 산책로가 마련되어 있어 산림욕을 즐기기에 안성맞춤이며, 대구 시내보다 무려 10도 가량 낮아 아주 시원해서 냉골이라는 명칭이

항암에 좋다는 염불봉 아래 참나무 겨우살이

붙었다.

잠시 찬 공기를 코 속으로 불어 넣으며 여유를 부려본다. 15분간 숲을 보면 스트레스 호르몬인 코티솔 농도가 15% 낮아지고, 혈압은 2% 감소하는 효과가 있다고 하는데, 추위가 기승을 부려 발걸음이 바빠진다. 곧이어 아침 일찍 출발했던 수태지 연못이 보이고 산행에 마침표를 찍는다.

아---
새벽따라 내린 눈은 수줍음에 켜켜이 쌓고,
가지가지 맺힌 눈발 솜사탕으로 우뚝섰네.
암릉타고 오르는 육신 편할 수야 없지만,
한발 한발 내디디니 최상봉에 오른다네.

5. 경산 팔공산 갓바위에서 딱 한가지 소원을 말하다

 팔공산은 대구의 진산으로 북서쪽에 우람한 산세를 자랑한다. 비로봉이 가장 높고, 남동쪽 동봉 일대는 암릉과 암벽이 어우러져 뛰어난 경관을 보이나, 이보다 더 유명세를 떨치는 봉우리가 관봉(853m)이다.

 경산 관봉 코스는 팔공산 동봉에서 뻗어온 암릉의 아름다움을 찍어 맛볼 수 있고, 주능선 모습을 내 맘대로 조망할 수 있는 큰 장점을 가졌다.

 가쁜 숨을 허덕이며 은해봉에 올라서면 사방으로 조망이 탁 터진다. 땀을 훔치며 여기까지 온 노력의 대가가 주어진다. 은해봉은 마땅히 영천의 천년고찰 은해사 뒤편의 봉우리라서 그 이름을 얻었으리라.

동쪽 아래로 은해사 백흥암과 조선 인종의 태를 묻은 태실봉(462m)이 눈 안으로 줌인된다.

▶ 인종 태실, 조선 제12대 인종의 태를 묻은 태봉

 태를 봉안하는 제도가 시작된 시기는 문헌기록상 가장 이른 시기의 것으로 신라 때 김유신 태실이 있어 적어도 신라 때 부터는 태를 봉안하는 습속이 있었던 것으로 보인다. 최초의 기록을 보여주는 「삼국사기」와 왕실 장태의 제도가 확립되었음을 보여주는 「고려사」의 기록 등이 장태 제도의 역사를 보여준다. 현재 확인된 태봉은 조선시대 왕실에서 조성한 태실이며, 그 이전 시기의 태봉은 위치만 추정할 수 있을 뿐 태실 관련 석물들이 정확히 확인되지 않아 형태를 알 수 없다.

 김유신의 태가 진천의 태령산에 안장 하였다는 최초의 기록은

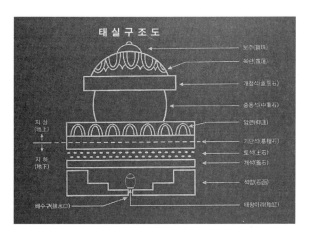

태실은 옥개석 높이 25cm, 지름 1.6m, 둘레
3.2m이며, 몸돌(중동석) 신석은 높이 60cm, 지름
1.2m, 둘레 2.4m이다.

「삼국사기」에 두고 있으며, 「고려사」와 「세종실록」은 삼국사기의 기록을 인용한 것으로 보여진다. 고려시대 이전의 태봉으로 알려진 산 정상은 태실 관련 흔적을 거의 찾아볼 수 없고 현재 정비되어 있는 김유신의 태실과 유사한 호석이 돌려진 형태와 토총의 형태일 것이라 추측하고 있다. 태를 매장하는 의식은 중국에서 오래전부터 행해졌다는 기록이 있으나, 우리나라처럼 왕실에서 제도화하여 의식을 가지고 있지는 않아 태봉에 태를 봉안하기 위한 석물구성은 우리만이 가지는 독자적인 문화라 할 수 있다.

그리고 태실의 입지조건을 살펴보면, 첫째는 좋은 땅이란 것은 땅이 반듯하고 우뚝 솟아 위로 공중을 받치는 듯 하여야만 길지가 된다고 하였고, 둘째는 무릇 태봉은 산 정상에 쓰되 내맥, 좌청룡, 우백호, 안산은 보지 않는 것이 원칙이며, 셋째는 들판 가운데의 둥그런 봉우리를 택하여 그 정상에 태실을 만드는 것이 국속(國俗)이라고 태실의 공간적 입지선정 조건을 적시하고 있다. 여기에는 내룡, 혈장, 사신사, 물, 향 등에 관하여 어떠한 조건도 제시되지 않는 점이 일반적인 풍수지리의 조건과 다르다고 할 수 있고, 산 정상에 안태함은 육안태의 법에서 유래된 것이라 할 수 있다. 이를 형상화하면, 산맥으로 연결된 봉우리가 아니라 내맥이 없이 홀로 솟구쳐 우뚝 솟아 공중을 받치는 듯 하늘과 교감하는 반듯한 산봉우리 꼭대기를 말한다.

한반도 구석구석에는 '태봉, 태장산, 태령산' 이라는 산과 '태봉리, 태장리, 태실리' 라는 지명을 상당수 찾아볼 수 있는데, 그곳을 찾아보면 십중팔구 태실이 있다. 이곳들을 살펴보면, 대개 삼각뿔 모양의 늠름하고 빼어난 산형이 우뚝 솟아있고, 산봉우리 꼭대기는 평평하여 하늘에 제사를 모시던 단장(壇場=제단)처럼 생겼다. 주로 지표 높이가 약 100m-500m 정도의 산으로 그 정상에 안태되어 있으며, 그 아래쪽으로 재실이 위치하고 있다.

진천 태령산 김유신 태실 풍경(오마이뉴스 2012. 2. 8. 사진 인용)

인종은 슬픈 군주다. 태어나고 6일만에 생모 장경왕후가 죽자 계모에게 자랐으며, 계모 문정왕후 등살에 8개월 보름 왕위에 있다가 후사없이 세상을 떠난다.

▶ 장릉처럼 네모반듯한 농바위에서 네모를 그리다.

슬픈 장소를 뒤로하고 능선을 계속 오르면 왼쪽에 전망대, 오른쪽에 농바위가 시야를 막는다. 우측으로 배낭 맨 채 한명 지날 석문을 통과해서 농바위 벽을 보며 잠시 멈칫하다 금새 바위를 안고

끙끙 올라본다. 농바위 정상에는 금정산 금샘과 같은 오목한 바위 웅덩이가 두 개 있다.

주변 암석군이 도장처럼 생겨 도장인자, 인봉으로 불리다가 요즘은

산 능선이 파노라마처럼 열리는 농바위

부의 상징, 노적가리의 대명사 노적봉으로 정착되었다.

농바위에서 다리는 후들 후들하지만 시야는 확 열린다. 사방 저 멀리까지 파노라마처럼 산들이 이어진다. 산신령도 경치에 취해 스스로 숨는다는 암봉 능선 풍경을 맘껏 감상하고 엎드려 내려와 다시 관봉으로 향한다.

▶ '팔공산 갓바위 부처'는 한 가지 소원은 들어준다.

가파른 철계단 위 관봉의 암벽을 병풍처럼 두르고 남쪽을 향해 앉은 갓바위 부처는 보물 431호로 지정된 '관봉석조여래좌상'인데, 정식명칭은 고개를 갸웃거리는 사람이 많고, 일명 '팔공산 갓바위 부처님'으로 통한다.

높은 산 정상에 앉은 부처님이라 하늘과 가까워 소원을 잘 들어 줄 것 같은 기대심리, 그리고 가장 높은 곳인 머리에 놓인 커다란 갓에 대한 영험할 것 같은 신뢰감 등도 사람이 몰리는데 한 몫을 하지 않을까싶다. 더구나 갓은 벼슬과 명예의 상징인지라 갓바위

부처님이 합격과 승진을 이루어주는 명당으로 첫손에 꼽히는 것이다.

갓바위 부처는 서북쪽에 앉아 동남방을 바라보는데, 전후와 좌우가 그림같은 비경을 보여준다. 특히 벼슬과 명예를 관장하는 청룡이 겹겹이 싸고 또 감싸 풍수지리적으로도 장풍이 훌륭한 면모를 여실히 보여주고 있다.

갓바위 불상은 불상과 대좌를 하나의 돌에 조각하고 후대에 얇은  자연 판석(두께 15㎝, 지름 180㎝)으로 갓모양의 모자를 끼운 듯하다. 약간 큰 불두, 움츠린 어깨, 상체의 압축된 긴장감으로 보아 돌 크기에 맞춰 조각했음을 미루어 짐작케 한다.

한 가지 소원은 들어준다는 관봉석조여래좌상

갓바위 부처의 불상 뒤편에는 몸에서 나는 빛을 나타내는 광배가 없는 대신 암벽이 병풍처럼 둘러져 있고, 둥근 머리 정수리에 상투처럼 우뚝 솟은 육계가 뚜렷하며, 풍만한 얼굴 두 눈썹 사이에 난 흰 터럭인 백호가 두드러진다. 무릎 위의 두 손은 경주 석굴암의 본존불과 닮았는데 왼손 바닥에 둥근 물건이 있어 통일신라 후기의 약사여래로 추정된다.

특히 갓바위 부처는 '누구에게나 평생 한 가지 소원은 들어준다'는 속설로 사시사철 참배객이 끊이질 않으며, 특히 자녀의 합격을 빌러 온 어머니들로 발 디딜 틈이 없는 곳이다.

아－－－－－
동방 유리광 세계의 교주 약사여래부처님,
끝없는 인간의 욕심을 약병에 다 넣어 주십사
간절한 마음으로 한쪽 눈을 찡긋하고 하트를 날려 보낸다.

6. 봉황의 오른쪽 날개 끝자락 파계봉에 올라 눈덮인 톱날능선을 굽어보다

구름 낀 아침을 뚫고 포항-대구 고속도로 위를 달리다 문득 영천 창공에서 눈발이 휘날림을 본다. 경산을 지나도 그칠 줄 모르고 팔공산 IC를 거쳐 파군재 삼거리를 지나도 눈발은 여전하다. 중대지 연못 옆 주차장 눈 위에 살짝 주차하니 거친 눈발에 날씨는 어둑 어둑해져 중추신경이 경직된다.

이러다 쓰라린 낭패를 맛보겠다 싶어 휘날리는 눈을 등지고 다시 포항을 향했다. 눈 덮인 내리막길을 한참 내려오니 서촌 초등 삼거리다. 차를 세우고 주변을 살피니 동편 좌측으로 동응해산-응봉-왕산이 파군재로 이어지고, 서편 우측으로는 서응해산-도덕산이 펄펄 내리는 큰눈 너머로 희미한 자태를 뽐낸다.

서기 927년(고려 태조 10)에 왕건과 견훤이 삶과 죽음을 오가는 치열한 팔공산 동수전투를 하면서 이곳에서 고뇌의 시간을 보냈으리라.

눈발 산행 결심에 한표를 기부하고 다시 올라가 서둘러 눈길을 밟는다. 아스팔트를 죄다덮은 소복한 흰눈을 처음 밟는 초행자의 가슴은 벌렁 거림이 압도를 한다. 내 자취가 되어버린 걸어온 길을 돌아 보고, 아무도 걷지않은 신비스런 앞길을 내 것인양 착각하며 파계사 가는 길을 버리고 좌틀하여 산기슭에 몸을 붙인다.

▶ 아홉 갈래의 계곡 물줄기를 잡아 지기 흐름을 막은 파계사

파계사는 804년(애장왕 5) 심지(心地) 왕사가 창건하고, 1605년부터 1646년에 걸쳐 임진왜란으로 불탄 절을 1605년(선조 38) 계관(戒寬) 법사가 중창하였으며, 1695년(숙종 21) 현응(玄應)이 삼창하였다.

눈 덮인 파계재를 지나는 능선

주차장을 지나 비석거리에는 부도와 부도비를 두엇씩 거느리고 '팔공산파계사사적비'가 서 있다. 1935년에 세워진 것이라 조형적으로 눈길을 끄는 것은 없는데, 삼창주 현응스님과 숙종의 만남을 적고 있다.

그리고 1979년 관음보살상을 개금할 때 불상에서 나온 영조의 어의(御衣)는 영조 탄생설화의 신빙성을 더해 주는 것이었다.

파계사라는 이름에는 아홉 갈래나 되는 절 좌우의 계곡에서 흘러내리는 물줄기를 따라 지기(地氣)가 흘러나가는 것을 방비한다는 의미가 들어 있으며, 이층 누각 진동루(鎭洞樓)는 주차장에서 한 굽이 꺾어 돌아 높직하게 서 있는데 골짜기의 지기를 눌러준다는 뜻을 담고 있다.

누각 아래로 보이는 인공못 또한 아홉 갈래의 흐르는 계곡을 잡은 파계의 의미를 함축하여만든 것으로 결국 이중·삼중으로 지기 누설을 방패막이하는 셈이다.

원통전(圓通殿)은 파계사의 중심 법당으로 '원통'이란 말은 주원융통(周圓融通), 즉 '진리는 두루 원만하여 모든 것에 통해 있다'는 말의 줄임으로 관세음보살의 불격을 표시하는 용어이니, 원통전은 곧 관음전의 다른 이름이 된다. 그리고 문화재로는 보물 제1214호

파계사 영산회상도(靈山會上圖)가 있다.

▶ 성전암 현응선원(聖殿庵 玄應禪院)과 영조 임금 탄생 설화

눈 덮인 능선오름이 시작되며 된비알로 이어진다. 쉬지않고 부지런히 발품을 팔면 등에서 열이 나 이마에 땀이 송글 송글 맺힐 때쯤 화강암 덩어리가 서 있는 해일봉(657m)에 도착한다. 인근 송정마을 어르신들은 이 봉우리를 '해일이 봉우리'라 부른다.

눈은 계속 휘날리는데 도각봉은 가파르게 높이 솟아 있다. 소나무와 바위 위에도 눈이 쌓여 멋들어진 설경을 선사해주니 즐거움은 배가 된다. 우측 1시 방향 눈 사이로 가파른 길 위 아름다운 성전암이 위용을 드러낸다. 성철 스님이 8년을 철조망 치고 동구불출(洞口不出) 수행을 하신 곳인데, 암자의 건물 지붕에는 눈이 알맞게 쌓여 고즈넉한 산사의 전형적인 풍경을 연출하고 있다.

파계사(把溪寺) 암자인 성전암(聖殿庵)에는 영조의 탄생설화가 전해진다.

임란·호란 이후 조선사회는 극도로 혼란했다. 지방관리들의 수탈은 이루 말할 수 없었고, 국법으로 여러 가지 불이익을 받았던 사찰에 대한 수탈은 극심했다. 파계사의 주지였던 용파(龍波) 스님은 임금을 만나 관리들의 비리를 막아 달라고 해야겠다는 생각에서 한양에 올라갔으나 조선사회는 승려의 도성 출입을 법으로 금하고 있었으므로 그는 숭례문(남대문) 앞에 초막을 짓고 기회를 엿보고 있었다.

스님은 물장수로 연명하며 임금을 만나려 노력했다. 하지만 3년이 되던 해 가망이 없다고 판단하고 짐을 싸고 있었다. 그런데 임금이 보낸 관리 한 사람이 와서 대궐로 가자고 했다. 영문을 알수 없었으나 관리를 따라나섰다. 당시 숙종 임금이 스님을 부른이유는 꿈 때문이었다. 숙종의 꿈에 숭례문 앞에서 용이 승천하더

성철스님이 수행한 성전암에 흰 눈이 덮였다.

라는 것이다. 숙종은 당시 오래도록 아들을 보지 못해 노심초사하던 시기였다. 결국 숙종은 스님에게 아들을 낳을 수 있도록 기도를 해 달라는 부탁이었다.

용파 스님은 자신이 백일기도를 할 테니 임금께는 대신 대구 지방의 지방관 수탈을 막아 달라고 부탁했다. 약속을 들은 용파스님은 친구인 금강산의 농산(聾山) 스님에게 도움을 청해 같이 기도하기로 했다. 기도를 하던 농산 스님은 아무리 찾아봐도 임금으로 탄생시킬 인물이 없다고 고민을 털어놓았다. 결국 농산 스님 자신이 숙종의 아들이 될 수밖에 없다고 결정했다. 그러고는 머리와 발바닥이 가려워서 견딜 수 없다고 하며 입적했다.

머리와 발바닥이 가려웠던 것은 52년 동안이나 임금 자리에 있으려니 왕관과 버선·신발을 벗지 못해서였을 것이라는 해석이다.

이 설화는 영조가 그만큼 큰 인물이며, 어렵게 태어났다는 의미를 담고 있다. 『조선왕조실록』에는 「영조의 오른팔에 용의 비늘 같은 무늬가 있다」고 적고 있다. 하지만 이 설화가 사실인지는 알 수 없다. 어쨌든 숙종은 용파선사에게 현응선사의 시호를 내리고, 성전암을 하사했으며, 영조는 11살 때에 자응전(慈應殿) 편액을 써 주었다.

조선 21대 임금인 영조는 조선 왕조에서 특별한 위치를 차지한다. 우선 재위기간이 52년으로 가장 길었다. 또한 왕위 등극과정에서 죽을 고비를 몇 번이나 넘겼으며, 재위 중 커다란 반란을 겪는 등 순탄치 않았다. 당파간의 싸움도 끊이지 않았지만 영조는 많은 어려움 속에서도 문제를 하나하나 해결했다.

출생과 등극의 콤플렉스를 극복했고 당파간의 불협화음을 지극한 노력으로 조정해 나갔으며, 민생 안정을 위해 균역법·하천정비·서적발간 등의 정책을 실행했다. 그 결과 안정된 왕권과 사회를 손자인 정조에게 물려줄 수 있었다. 오늘날의 시각으로 보면 솔선수범하는 서민대통령의 모습이라 할 수 있다.

파계사와 연관된 영조의 탄생설화는 어떻게 보면 영조의 콤플렉스의 소산이라 할 수 있을 것 같다. 실제 영조는 미천한 신분의 어머니에게서 태어났다. 아버지는 임금이었지만 어머니는 대궐에서 청소 일을 하던 천민 무수리 출신이었다. 그러니 출생에 대해 고민스럽지 않을 수 없었을 것이고, 그의 출생을 미화할 필요성도 있었을 것이다.

▶ 장꼬방봉(991.2m) 어깨에 살포시 기댄 파계봉(把溪峰, 994m)

성전암 갈림길에서 도각봉 가는 길은 급한 오르막이 이어지고, 그 오름길에는 작은 암릉들이 펼쳐진다. 높이 솟은 도각봉(812m)에 잠시 배낭을 풀고 신발에 얹힌 눈을 털어낸다. 도각봉은 성전암의 인연에 도를 깨닫는다는 뜻의 '도각'에서 유래된 듯하다.

도각봉을 지나면서부터 능선은 완만하며 간간이 아기자기한 바위들과 숲길이 계속 이어진다. 아이젠으로 무장을 하고 뚜벅 뚜벅 황소걸음으로 흥얼거리며 눈길을 헤치니, 머리가득 눈을 인 우람한 소나무와 인사를 나눈다. 정상부는 평균 20cm 정도의 눈이 쌓였는데, 군데 군데 바람이 능선에 몰아 놓은 곳은 50cm 정도로 쌓여 먼저 밟은 사람의 발자국을 따라 딛느라 뒤뚱 뒤뚱 시간이 지체된다.

암릉을 돌아 파계사 뒤편 언덕 봉우리 874봉에 올라오니 좌우로 길이 갈라진다. 우측은 호박골과 파계사로 내려가는 길인데, 정상 곳곳에는 무더기로 돌을 모아 조경 방식에 입각해 누가 세운 듯 장엄하다. 바람 막아주는 곳에 짐을 내리고 칼바람을 피해 물과 귤 하나로 배를 좀 채운다. 다시 장대하게 펼쳐진 보석같은 눈길을 재촉하며 쌍둥이 소나

마당재로 가는 길에 눈꽃으로 치장한 참나무

무를 지나니 파계사, 제2석굴암 갈림길인 파계재에 닿는다. 파계재 는 예로부터 통행인이 많아 주막촌이 부계 쪽에 있었다 전한다. 로프 타고 두어번 암릉을 안고 낑낑 오르면 파계봉에 이른다.

파계봉(991.2m)은 파계사의 북쪽에 우뚝 솟은 곳인데 유일하게 정상석이 놓여있다. 물론 파계사 근방 산봉이라 파계봉이란 이름 을 얻었겠다.

파계봉에서 160m정도 더 진행하면 나타나는 994봉이 '장꼬방봉' 으로 불리는 '물불산(勿弗山)'이다. 994m 봉 이름을 인근 남사면 어르신들은 '장꼬방 말랭이'로 많이 불렀고, 북사면 남산1리 마을 에서는 '명들 말랭이'라고 불렀단다. 또한 장꼬방봉이 물불골 최고 봉이라 물불산으로도 불렸으리라.

장꼬방은 장독대의 경상도 사투리인데, 마늘봉처럼 단아한 파계봉 옆에 장독대처럼 넓적하게 붙어있는 봉우리라는 뜻으로 장꼬방봉으로 불리진 않았나 곰곰이 생각해 본다.

▶ 톱날 능선의 환상적인 설경에 또 취해버리다.

조금 내려와 돌출바위에 오르면 상여바위(1,018m)-가마바위봉(1,054m)-톱날능선과 서봉(1,041m)-비로봉(1192.9m)-동봉(1,155m)의 환상적인 설경 능선이 눈 안으로 빨려든다. 이른 아침 눈 내림으로 고민하던 번뇌는 장쾌한 눈길산행의 축복으로 반전된다.

끝없이 이어진 눈부신 눈밭 산행은 알파 파의 뇌파를 흐르게 하고, 신비의 엔도르핀이 다량 분비하도록 조력한다. 이 엔도르핀은 만수무강의 근본일지니.

이 장꼬방봉에서 우틀하면 팔공산 학생야영장이 있는 '물불골'이다. 흰눈 쌓인 선돌을 안고 바로 직진하면 우측 부인사 내려가는 능선길이다. 마당재를 지나 만나는 상여바위는 상례 때 시신을 운반하는

파계봉에서 눈 내린 능선을 내려보다.

기구인 상여를 닮음에서 유래했을 것이고, 뒤이어 얼어버린 로프를 두번 타면 가마바위봉에 오르는데, 가마바위는 1,054m 로서 정상바위가 탈 것인 가마를 닮아 그 이름을 얻었으리라.

가마바위봉 남쪽에는 듬직한 소나무가 바위에 뿌리를 깊이 내린 채 선승처럼 삼매(三昧)에 들어 관조(觀照)하는 듯한 모습이다.

눈속에 톱날 능선을 안고 로프를 타는 일이 실익이 없을 듯 하여 끝없이 이어지는 설봉 능선을 바라보다 터닝을 한다. 눈길 암릉을 조심조심 내려 마당재로 내려 하산한다. 마당재는 대구 용수동과 군위 대율리를 잇던 옛 고개로 '고갯마루가 마당처럼 널찍하다'고 해서 붙여진 이름이다.

눈길 하산은 능선을 버리고 고개를 선택해야함은 당연한 이치리라. 마당재에서 가장 완만한 계곡을 따르면 성지골을 거쳐 수태골로 내린다. 성지골 갈림길에서 우틀하여 이말재에 도착해서 벼락 맞은 나무를 쳐다보고 그대로 직진하면 20분 만에 부인사에 도착한다.

▶ **고려 초조대장경을 판각한 부인사**

원래 부인사는 신라 선덕여왕때 창건된 것으로 추정되며, 고려 초조대장경을 판각한 것으로 유명하지만, 판각은 몽골침입으로 대다수 소실되고, 현존 1,715판은 일본 교토 난젠사에 보관되어 있다. 몽골 침입이후 중건했으나, 임진왜란 때 다시 불탔다. 지금 건물은 1930년 비구니 허상득이 서북쪽 400m 떨어진 암자 터에 빽빽하게 중창한 것이다.

중대지 주차장을 출발해서 해일봉-도각봉-삼갈래봉을 지나, 파계재-파계봉을 찍고, 가마바위봉에서 터닝하여 마당재로 내려와 부인사에 안착하는 9.71km, 5시간 30분 흰 설산의 긴 여정은 모두 끝났다.

아－－－－－
눈 모자 삐딱한 톱날 능선의 설경,
흰눈으로 장엄하게 뒤덮인 장꼬방봉,
설산의 절경이 눈꽃으로 피어나노니.

7. 팔공산 에필로그(palgongsan epilogue)

산에 오르는 이유는 수 없이 많지만 반드시 이유가 있어서 산에 가는 건 아니나, 그렇다고 매번 함께 갈 사람이 필요한 것도 아니다.

때때로 혼자서 홀가분하게 호젓한 산길을 걷고 싶은 날도 있다. 뒤엉킨 고민을 풀어보고 싶거나, 온 몸이 온전히 쉬고 싶을 때, 혹은 신선한 숲 속에서 개운하게 땀을 흘리고 싶거나, 문득 누군가가 유난히 그리운 날은 혼자 말없이 산에 오르기 좋은 날이다.

▶ 도시 뒤에 펼쳐져 진호(鎭護)해 주는 큰 산이 진산(鎭山)이다.

풍수지리에서 산맥이 뻗어 나아가는 것을 용(龍)이라 한다. 멀리 태조산(太祖山)에서 사방으로 뻗어 나가는 행룡(行龍)을 통하여 크고 작은 지산(支山)을 이루면서 혈(穴)이 되려는 곳을 얼마 못 미쳐 우뚝 솟구친 산을 진산이라 하는데, 북현무(北玄武) 또는 후산이라 부르기도 한다. 또한 진산과 주산을 구분하는 경우도 있는데, 서울의 경우 삼각산(三角山)을 진산, 백악산(白嶽山=北嶽山)을 주산으로 제시하기도 한다.

고려시대의 지방군현은 개경과 달리 치소가 산성 형태의 치소성에 위치하였기 때문에 풍수적 형국을 갖추지 못하였으므로, 읍기 배후의 산을 진산으로 선정할 수 없었으나, 여말선초를 지나면서 치소가 산을 후면에 두면서 평지에 위치한 경우가 많아졌고, 읍치의 공간적 구조는 도성인 한양을 모델로 변하게 되어 대다수의 군현에 진산이 선정되었다.

팔공산은 산의 크기만큼이나 많은 문화재와 이야기를 담고 있다. 계곡과 산봉우리 마다 담겨진 이야기를 캐내어 다함께 공유할 때 팔공산의 진미가 발휘된다.

▶ 팔공산의 국립공원 지정에 두 손을 모아본다.

팔공산이 도립공원으로 지정된 지 40여년에 가까워져 국립공원으로 승격되어야 할 때가 되었다. 6개 지방자치단체와 2개의 광역자치단체가 정치적 마음을 비우고 손에 손잡고 한마음 한뜻으로 힘을 합쳐야 가능한 일이다.

팔공산은 동식물 자원과 문화유적지 및 스토리텔링이 무궁무진하여 국립공원으로 승격될 경우, 안동-영주의 유교권과 경주의 신라권을 잇는 광범위한 관광루트가 형성되어 지역 경제에 막대한 부가적 이익을 창출해 줄 것으로 기대되므로 팔공산이 국립공원으로 지정되어 더 훌륭한 산행지로 우뚝 서고, 한층 더 사랑받는 경승지로 다시 태어날 날을 학수고대해 본다.

IX. 전통(傳統) 상례(喪禮)의 염습(斂襲)에 내재된 음양오행 고찰[157)]

백 남 대(白南大)[158)]

Baek, Nam-dae

---

157) 본 글은 『한국상장례문화』 2집에 투고된 논문 내용입니다.
158) 영남대학교 대학원 한국학과 문학박사 졸업,
　　現 대구한의대학교 동양문화학과 외래교수.

1. 머리말

상례는 사람들의 인지(認知)가 발달하면서 그 시대의 요소 및 지역적·환경적 문화와 민족의 특성이 더하여져 일정한 절차, 즉 의례(儀禮)로 발달한 것으로 보이며 또한 이것은 자연스럽게 철학(哲學)과 종교(宗敎)의 시원(始原)이 되었을 것이다.

고대부터 인류는 죽음에 상당한 의미를 부여했으며, 누군가 죽으면 반드시 공동체 구성원들이 함께 모여 죽은 자를 저 세상으로 보내는 경건하고 정성스런 의식을 치렀다. 장례와 제사는 사자(死者)에 대한 공경심과 두려움이 어우러져 시공을 초월한 각 민족의 대표적인 전통문화로 자리매김하였고, 인간의 생활풍습 가운데 가장 끈질긴 전승력을 보여주는 관습이 되었다.[159]

죽음이라는 불가피한 현상에 따라 나타난 것이 바로 상례 풍속이다. 따라서 상례는 고대부터 현대에 이르기까지 어느 시대에나 보이는 민속 현상으로 그 민족의 사생관(死生觀)과 조령관(祖靈觀)을 나타내는 의례이다. 동시에 상례는 장기간 지속되는 관습으로 시대, 민족, 지역, 문화에 따라 방법이 다양하며, 복잡한 문화 요소가 습합(習合)하여 그 시대 사람들의 정신생활과 사회상을 살피는 데 귀중한 자료가 된다.[160]

상례란 사람이 죽고 난 다음부터 일어나는 의례는 아니다. 전통 상례의 절차는 『가례(家禮)』를 기본으로 한 『사례편람(四禮便覽)』 등 많은 예서(禮書)에서 19개 대절차로 구분하고 있다. 즉, 병이

---

159) 한국외국어대학교 외국학종합연구센터, 『세계의 장례문화』, 한국외국어대학교출판부, 2010, 3쪽.
160) 국사편찬위원회, 『상장례, 삶과 죽음의 방정식』, 두산동아, 2005, 54쪽.

위중하여 죽음에 다다르면 환자를 정침(正寢)으로 거처를 옮길 때
부터 시작하여 운명을 하고 난 직후까지의 의례가 초종(初終)이다.
이 초종 절차에서부터 길제(吉祭)까지의 19개 대절차를 마칠 때까
지 수반되는 모든 의례를 말한다. 또한 각 대절차마다 여러 개의
소절차로 구성되어 있다.

 본 논고에서는 이 19개 대절차 중에서 습·소렴·대렴 속의 소절차
구조 분석 및 이에 내재된 음양오행을 고찰하고자 한다.

2. 염습의 의미와 절차

1) 염습의 의미

시신을 목욕시키고 습의(襲衣,壽衣,襚衣)를 갈아입힌 후 반함(飯含)하는 절차이며, 운명한 날에 행한다.

습은 "집사가 휘장으로 침실을 가리고, 시종은 시상(尸牀) 앞에 상을 놓되 가로로 놓는다. 대자리를 펴고 보통 자리는 걷으며, 자리와 베개를 놓는다. 시신을 그 위로 옮기는데 머리를 남쪽으로 한다. 잘 보이지 않는 깨끗한 곳에 구덩이(굴감)를 판다."161) 굴감(掘坎)을 파는 것은 목욕에 쓰고 남은 물과 수건, 빗, 반함에 쓰고 남은 숟가락을 묻기 위해서이며, 머리를 남쪽으로 두는 것은 효자의 마음으로 아직 돌아가시지 않은 것으로 생각하기 때문이다. 목욕에서 빈(殯)에 이르기까지 역시 머리를 남쪽으로 두고, 다만 장사(葬事) 지낼 때에 이르러 머리를 북쪽으로 둔다.

처음 숨이 끊어지면 머리감기고, 목욕시키며, 좌우의 손·발톱을 자르고, 반함을 하는 것은 생시(生時)의 하던 일을 따른 것이다.

[보주(補註)] 『의례(儀禮)』의 주(註)를 살펴보면, "습은 다시 옷을 입히는 것이다. 향단(鄕袒)은 지금의 습에서 다시 옷을 입히는 것이다"라고 하였다. 「잡기(雜記)」의 주(註)에 "습은 목욕 후 옷을 입히는 것이다. 시신에 옷을 입힌 형체를 '시(尸)'라 한다. 이미 옷을 입혔더라도 만약 모(冒)로 싸지 않았다면 사람들이 그 시신의 형상을 싫어할 것이다. 이 때문에 습을 하고 모로 싸는 것이다"라고 하였다.162)

---

161) 『家禮』 卷4, 「喪禮」, 襲: "執事者以幃幛臥內, 侍者設牀於尸牀前, 縱置之施簀去薦, 設席枕, 遷尸其上南首, 覆以衾, 掘坎於屛處潔地."
162) 『家禮』 卷4, 「喪禮」, 襲: "補註 按儀禮註, 襲復衣也, 鄕袒今襲是復著衣也, 雜記註, 襲沐浴後以衣, 衣尸也, 則形者言尸, 雖已著衣, 若不設冒,

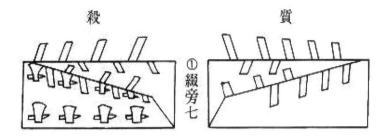

금모보쇄(錦冒黼殺)

출처:『沙溪全書』卷24,「家禮輯覽圖說」

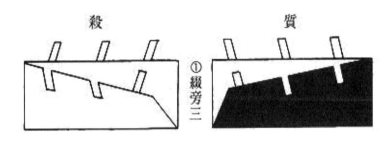

치모정쇄(緇冒經殺)

출처:『沙溪全書』卷24,「家禮輯覽圖說」

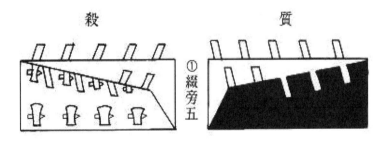

현모보쇄(玄冒黼殺)

출처:『沙溪全書』卷24,「家禮輯覽圖說」

(冒)는 시신의 모습을 감추는 것이며, 습에서부터 소렴을 할 때

則尸象形見爲人所惡, 是以襲而設冒也."

까지 모를 설치하지 않으면 시신의 모습이 드러나 사람들에게 추한 모습을 보이게 되므로 습을 한 후 모를 설치하는 것이다.[163]

상반신을 싸는 것을 질(質)이라 하고, 하반신을 싸는 것을 쇄(殺)라고 하는데, 각각 철방(綴旁), 즉 묶어 매는 끈을 달아서 아래위를 매듭짓게 되어 있다.

소렴(小斂)은 습을 마친 후 궐명(厥明), 즉 다음 날 밝을 무렵 <밝기 전>에 시신의 몸을 베로 싸고 묶어 관(棺)에 넣을 수 있도록 준비하는 절차이다.

염의 정의를 『가례』에 "습의(襲衣)는 시신에 옷을 입히는 것이고, 염의(斂衣)는 싸는 것이다. 이것이 습과 염의 차이이다"[164]라고 하고 있다.

소렴을 다음 날 하는 것은 효자의 마음인 것이다. 부모의 죽음을 차마 인정하지 못해 다시 살아나기를 바라는 마음에서 다음 날 염을 하는 것이다.

대렴(大斂)은 시신의 몸을 거듭 싸고 입관하는 절차이며, 소렴한 다음 날 궐명에 하며 죽은 지 사흘째 되는 날이다.

시신을 습한 후 싸서 묶어 입관하는 염습의 상징적 의미는 시신이 흉측하게 진행되는 것을 가족이나 친지에게 보이지 않도록 하기 위함이다.

---

163) 백남대,「朝鮮 王室 喪禮에 나타난 陰陽五行 연구」, 영남대학교 박사
학위논문, 2012, 52쪽.
164) 『家禮』卷4,「喪禮」, 小斂, 註: "高氏曰, 襲衣所以衣尸, 斂衣則包之而
已, 此襲斂之辨也."

2) 염습의 절차

(1) 습 절차

[진습의(陳襲衣)]

습의를 진설한다. 탁자를 당(堂) 앞 동쪽 벽 앞에 두고 습의를 진설하는데 옷깃을 서쪽으로 하며, 남쪽을 상(上)으로 한다.

[목욕 및 반함 도구 진설]

목욕과 반함할 도구를 진설한다.

탁자를 당 앞 서쪽 벽 아래에 진설하는데 남쪽을 상석으로 한다. 동전 3개를 작은 상자에 넣고 쌀 2되를 새 물로 일어 깨끗하게 해서 주발에 담는다. 빗 하나, 머리 말리는 수건 하나, 몸 닦는 수건 둘을 준비하는데, 몸 닦는 수건 둘은 상체와 하체에 각각 하나씩 사용한다.[165)]

[목욕]

수시(收屍)할 때 묶었던 손발을 풀고 옷을 벗겨 이불로 덮어두고, 먼저 머리를 감기고 빗긴 다음, 수건으로 말려서 묶은 다음 몸을 씻긴다.

목욕 시에 떨어진 머리카락과 좌우 손·발톱을 다듬고, 좌우를 구분하여 오낭(五囊)에 나누어 보관한 뒤 대렴할 때 관 안에 넣는다. 이는 신체발부수지부모(身體髮膚受之父母)이므로 소중히 하여 죽어서까지 버리지 말고 담아가야 한다는 효사상의 발현이다.

[습 시행]

습을 할 때에 습상(襲牀)을 휘장 밖에서 마련한 후 자리, 요, 베개

---

165) 『家禮』卷4,「喪禮」, 襲: "以卓子, 陳于堂前西壁下南上, 錢三實于小箱, 米二升以新水浙令精實于盌, 櫛一沐巾一浴巾二, 上下體各用其一也."

를 놓은 다음, 습의(襲衣) 물목(物目)을 놓고 들고 들어가 목욕상의 서쪽에 놓는다. 그 위에 시신을 옮겨 머리를 남쪽으로 한 다음 하체부터 입히고 상체를 입힌다.

심의(深衣)는 옛날에는 이때에 입히지 않았으나, 지금은 편의상 함께 입히는데 다만 옷섶은 여미지 않고, 매듭도 짓지 않으며, 습을 마치기를 기다린다.[166]

대대(大帶)도 띠지 않으며, 복건(幅巾)과 멱목(幎目), 악수(握手)도 씌우지 않고, 신도 신기지 않는다.

[설전(設奠) 및 주인 이하 곡(哭)]

습의를 다 입히면 습전(襲奠)을 드린다. 술, 과일, 포 등을 차려 습상의 동쪽에 두면, 주인 이하는 곡을 한다. 곡을 하는데 분향(焚香)이나 절은 하지 않는다.

[반함]

반함이란 염을 하기 전에 시신의 입에 진주나 구슬 또는 엽전, 쌀 등을 물려주는 의식이다.

『예기(禮記)』에는 반함하는 이유를 다음과 같이 밝히고 있다. "쌀과 패옥(貝玉)을 쓰는 것은 차마 망자의 입속을 비게 할 수 없어서이다. 음식을 드리는 도리로써 이렇게 하는 것이 아니라 아름다운 것을 가지고 입속을 채울 뿐이다."[167]

반함은 상주(喪主)가 직접 하여야 한다.

[졸습(卒襲) 및 복이금(覆以衾)]

졸습은 남은 습의를 입히는 것이며, 복이금은 습을 마친 시신을

---

166) 李縡, 『四禮便覽』卷3, 「喪禮1」, 襲: "深衣, 古者於此時不著, 今從便並著, 但未斂衽, 未結紐, 以待卒襲."
167) 『禮記』「檀弓」下: "飯用米貝, 弗忍虛也, 不以食道, 用美焉爾."

이불로 덮는 것이다.

반함을 마치면 치웠던 베개를 다시 놓고 멱건(幎巾)을 벗겨 먼저 망건(網巾)을 씌운다. 다음 복건을 덧씌우는데[내상(內喪)은 엄(掩: 帽)], 복건의 띠를 밖으로 해서 목 뒤에서 맺어 드리운다. 충이(充耳)로 귀를 막고 멱목으로 얼굴을 가려 뒷쪽으로 잡아 맨다. 이 때 상제(喪制)들은 크게 우는데 다시는 그 얼굴을 볼 수 없기 때문이다.

신을 신기고 그 끈을 신코 속으로 넣어 발등에서 묶고, 또 나머지 끈으로는 두발을 함께 묶어 서로 떨어지지 않게 한다. 심의를 입히는데 옷깃은 산사람과 반대로 오른쪽으로 여미고, 대대, 조대(條帶)를 한다. 두손은 악수(握手)로 묶고 홑이불을 시신에 덮는다.

[치영좌(置靈座)·설혼백(設魂帛)]

영좌를 설치하고, 혼백을 안치한다. 영좌는 습이 끝난 후 혼백을 안치하는 작은 교의(交椅)이며, 혼백은 육신을 떠난 혼이 조상신(祖上神)으로 승화해 신주(神主)에 의지하기 전, 빙의(憑依)하는 곳이다.

[입명정(立銘旌)]

명정을 세운다. 명정은 망자의 관직(官職)과 본관(本貫), 성(姓) 등을 쓴 조기(弔旗)이다.

명정을 쓰는 이유는 "명정이란 것은 기(旗)로써 명백하게 하는 것이다. 죽은 자는 누구인지 구별할 수 없기 때문에 기로써 표시하는 것이다. 사랑하기 때문에 이에 그를 기록하는 것이고, 공경하기 때문에 그 도리를 다하는 것 뿐이다."[168]

---

168) 『禮記』「檀弓」下: "銘明旌也, 以死者爲不可別已, 故以其旌識之, 愛之斯錄之矣, 敬之斯盡其道焉耳."

(2) 소렴 절차

[진소렴의금(陳小斂衣衾)]

소렴의(小斂衣)와 금(衾)을 진설한다.

탁자를 당의 동쪽 벽 아래 놓는다. 죽은 사람이 가지고 있던 옷을 적당히 쓰되, 만일 많으면 다 쓸 필요가 없다. 이불은 겹이불을 쓴다. '효(絞)'[169]는 가로가 셋이고, 세로는 하나이며, 모두 부드러운 베나 비단 한 폭으로 양쪽 끝을 갈라서 셋으로 만든다. 가로 끈은 몸 둘레를 서로 묶을 만큼 취하고, 세로 끈은 머리를 덮어서 발에 이르기까지 하되 몸 가운데서 묶을 수 있을 만큼 취한다.[170]

'이금(侇衾)'[171], 즉 구의(柩衣)를 준비한다. 이금은 시신을 덮거나 관(棺)을 덮는 이불이다. 무명으로 만드는데 너비는 다섯 폭이며, 위는 검고 아래는 붉은 빛이다. 소렴(小斂) 전에는 모(冒)를 사용하므로 이금을 사용하지 않는다. 소렴 후에는 옷이 많기 때문에 모를 사용할 수 없다. 그러므로 이금을 사용하여 덮는다.

[설소렴상포효금의(設小斂牀布絞衾衣)]

소렴상(小斂牀)을 차리고, 효금(絞衾)과 옷을 편다.

[수소렴(遂小斂)]

소렴을 한다.

시자(侍者)는 손을 씻은 다음 시신을 드는데, 남녀가 함께 부축하고 돕는다. 소렴상 위로 시신을 옮겨 먼저 베개를 치우고 비단 겹옷을 펴서 머리를 괸다. 이어 양끝을 말아 두 어깨의 빈 곳을 채

---

169) 시신을 싸서 묶는 束帶의 일종으로 斂布라고도 한다.
170) 『家禮』 卷4, 「喪禮」, 小斂: "以卓子陳於堂東壁下, 據死者所有之衣, 隨衣用之, 若多則不必盡用也, 衾用複者, 絞橫者三, 縱者一, 皆以細布或綵一幅, 而析其兩端爲三, 橫者取足以周身相結, 縱者取足以掩首至足, 而結於身中."
171) 이금(侇衾)의 侇와 夷는 상통한다.

운다. 또 옷을 말아서 두 정강이의 빈 곳을 채워 사방을 바르게
한 후 남은 옷으로 시신을 가린다. 왼쪽으로 옷섶을 여미되 매지
않고, 이불로 싸는데 아직은 효(絞)로 묶지 않으며 그 얼굴도 덮지
않는다. 효자는 여전히 다시 살아나기를 기다리며 때로 그 얼굴을
보고자 하기 때문이다. 염을 마치면 별도로 이불을 덮는다.[172]

효를 묶되 매듭을 짓지 않는다. 먼저 세로 효를 묶고, 다음에 가
로 효를 묶는다.[173]

[빙시곡벽(憑尸哭擗)]

소렴을 하고난 후 상주들은 시신에 의지하여 가슴을 두드리며 곡
을 한다.

[단괄발문좌우별실(祖括髮免髽于別室)]

곡이 끝나면 다른 방에서 변복(變服)을 한다.

남자로서 참최복(斬衰服)을 입을 사람은 단(祖)하고 괄발(括髮)하
며, 재최(齊衰) 이하 5세조를 같이하는 친족은 모두 별실(別室)에서
단하고 문(免)한다. 부인은 별실에서 북머리[髽]한다.[174]

[환천시상우당중(還遷尸牀于堂中)]

'돌아와'[175] 시상(尸牀)을 당(堂) 가운데로 옮긴다.

집사자(執事者)는 습상(襲牀)을 치우고 시신을 그 곳으로 옮긴다.

---

172) 『家禮』卷4,「喪禮」, 小斂: "侍者盥水擧尸, 男女共扶助之, 遷於小斂牀
上, 先去枕, 而舒絹疊衣, 以藉其首, 仍卷兩端, 以補兩肩空處, 又卷衣夾其
兩脛, 取其正方, 然後以餘衣掩尸, 左衽不紐, 裹之以衾, 而未結以絞, 未掩
其面, 蓋孝子猶俟其復生, 欲時見其面故也, 斂畢別覆以衾."
173) 李縡, 『四禮便覽』卷3,「喪禮1」, 小斂: "結絞不紐, 先結縱者, 次結橫
者."
174) 『家禮』卷4,「喪禮」, 小斂: "男子斬衰者, 祖括髮, 齊衰以下室同五世祖
者, 皆祖免于別室, 婦人髽於別室."
175) 단(祖)·괄발(括髮)·문(免)·좌(髽) 등을 하고, 자리로 돌아온 것.

곡(哭)하는 사람은 자리로 돌아가는데, 존장(尊長)은 앉고, 항렬이 낮거나 어린 사람은 선다.[176)

시신을 효자와 남녀 친속 모두 부축하면서 받들어 효경의 마음을 다한다. 시신을 당에 옮겨놓고는 이금으로 덮는다.

[내전(乃奠)]

전을 올린다. 습전은 시신의 동쪽 옆에서 드리나, 소렴전은 영좌 앞에서 드린다.

[곡·내대곡불절성(哭·乃代哭不絶聲)]

주인 이하는 곡으로 슬픔을 다하고, 이에 대곡(代哭)하게 하여 곡소리가 그치지 않게 한다.[177)

(3) 대렴 절차

[진대렴의금(陳大斂衣衾)]

집사자가 대렴할 옷과 이불을 편다. 옷이 많으면 다 쓸 필요는 없으며, 대렴의 포효(布絞)는 세로가 셋이고, 가로가 다섯이다.

[거관입 치어당중소서(擧棺入 置於堂中少西)]

관(棺)을 들고 들어가 당의 중앙에 놓는데, 조금 서쪽으로 한다.

집사자가 먼저 영좌와 소렴전을 옆으로 옮기면, 일꾼[役者]이 관을 들고 들어가서 상(牀)의 서쪽에 놓고 두 개의 받침목으로 받친다. 만약 항렬(行列)이 낮거나 어린 사람이라면 별실에서 한다. 일꾼이 나가거든 일을 거드는 사람[侍者]은 먼저 이불을 관 가운데에

---

176) 『家禮』 卷4, 「喪禮」, 小斂: "執事者徹襲牀, 遷尸其處, 哭者復位, 尊長坐, 卑幼立."
177) 『家禮』 卷4, 「喪禮」, 小斂: "主人以下哭盡哀, 乃代哭不絶聲."

놓고, 그 가장자리를 사방 밖으로 드리운다.[178]

일꾼[役者]이 관을 들고 들어갈 때는 주인은 곡을 하지 않는다.[179]

이불을 관 가운데에 놓을 때에 먼저 "관 안에 출회(秫灰, 차조를 태운 재)를 고르게 깐 후, 후백지(厚白紙, 두터운 흰 종이)를 편 다음 그 위에 칠성판(七星板)을 놓고, 요와 자리를 깐다."[180] 그런 다음에 이불을 관 가운데에 놓고, 그 가장자리를 사방 밖으로 드리운다.

[내대렴(乃大斂)]

시자(侍者)는 자손, 부녀와 함께 손을 씻은 다음, 머리를 가리고 효(絞)로 묶어서 함께 시신을 들어 관 속에 넣는다. 생시에 빠진 치아와 머리카락, 자른 손톱과 발톱을 관 모서리에 채워 놓고, 또 빈 곳을 헤아려서 옷을 말아 채우되 힘써 가득 채워서 흔들리거나 움직이지 않도록 한다. 삼가 금(金)이나 옥(玉), 진귀한 보물을 관 속에 넣어 도적질할 마음이 생기지 않게 한다. 이불을 거두어서 먼저 발을 덮고 다음으로 머리를 덮으며, 다음으로 왼쪽을 덮고, 다음으로 오른쪽을 덮어 관의 가운데가 평평하고 가득차게 한다. 주인과 주부는 관에 기대어 슬피 곡한 다음, 부인은 물러나 장막(帳幕) 안으로 들어간다. 이에 곧 장인(匠人)을 불러 덮개를 덮고 못을 박고, 상(牀)을 치우고 구의로 덮는다. 축(祝)은 명정을 가져다 영구(靈柩)의 동쪽 받침대에 설치하고, 다시 영좌를 원래의 자리에 설치한 다음, 부인 두 사람을 머무르게 하여 지킨다.[181]

---

178) 『家禮』 卷4, 「喪禮」, 大斂: "執事者, 先遷靈座及小斂奠於旁側, 役者擧棺以入, 置於牀西, 承以兩凳, 若卑幼, 則於別室, 役者出, 侍者先置衾於棺中, 垂其裔於四方."
179) 申義慶, 『喪禮備要』 卷1, 大斂: "士喪禮, 棺入主人不哭."
180) 申義慶, 『喪禮備要』 卷1, 大斂: "鋪秫灰於棺中, 使柩均平, 次鋪厚白紙, 次下七星板, 次鋪褥席."

[설영상어구동(設靈牀於柩東)]

영상(靈牀)을 구(柩)의 동쪽에 설치한다.

상, 휘장, 자리, 병풍, 베개, 옷, 이불 등은 모두 살아 있을 때와 같이 한다.[182)

[내설전(乃設奠)]

이에 전을 진설한다. 소렴의 의례(儀禮)와 같다.

[주인이하 각귀상차(主人以下 各歸喪次)]

주인 이하는 각각 상차(喪次)로 돌아간다.

차(次)란 참최를 입는 사람들은 '의려(倚廬)'[183], 재최를 입는 사람들은 '악실(惡室)'[184]을 말한다.[185)

[지대곡자(止大哭者)]

대곡자(大哭者)는 곡을 그친다.

---

181) 『家禮』 卷4, 「喪禮」, 大斂: "侍者與子孫婦女俱盥手, 掩首結絞, 共擧尸, 納於棺中, 實生時所落髮齒, 及所剪爪於棺角, 又取其空缺處, 卷衣塞之, 務令充實, 不可搖動, 謹勿以金玉珍玩置棺中, 啓盜賊心, 收衾先掩足, 次掩首, 次掩左, 次掩右, 令棺中平滿, 主人主婦憑哭盡哀, 婦人退入幕中, 乃召匠, 加盖下釘, 徹牀覆柩以衣, 祝取銘旌, 設跗於棺東, 復設靈座於故處, 留婦人兩人守之."
182) 『家禮』 卷4, 「喪禮」, 大斂: "牀帳薦席屛枕衣被之屬, 皆如平生時."
183) 여막(廬幕).
184) 벽에 진흙만 바른 방.
185) 『儀禮』「士喪禮」 注: "次謂斬衰倚廬, 齊衰惡室也."

3. 염습에 내재된 음양오행

1) 습에 내재된 음양오행

습을 할 때 시신을 습상 위로 옮기는데 머리를 남쪽으로 하는 것은, 앞서 효자의 마음으로 아직 돌아가시지 않은 것으로 생각하기 때문이라고 하였다. 즉 산 자는 머리를 양(陽)인 남쪽으로, 죽은 자는 머리를 음(陰)인 북쪽으로 두는 것이다.

또한 습의인 명의(明衣)의 상(裳)은 양인 앞은 3폭, 음인 뒤는 4폭으로 음양을 분별하였다.

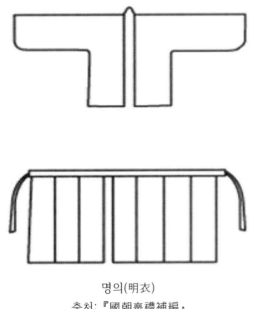

명의(明衣)
출처: 『國朝喪禮補編』

목욕에 있어 음양을 구분하여 남자 시신은 남자가 하고, 여자 시신은 여자가 하며, 입속에 물에 불린 쌀과 패(貝)를 입이 비어있지 않도록 반함을 할 경우에도 양의 수를 취한다. 『예기』에 "천자(天子)는 9패, 제후(諸侯)는 7패, 대부(大夫)는 5패, 사(士)는 3패"[186]로 되어 있는데 조선의 왕은 상의원(尚衣院)에서 진배한 구멍이 없는 진주 3개와 사도시(司䆃寺)에서 준비한 입쌀을 사용하였다.

---

186) 『禮記』「雜記」下: "天子飯九貝, 諸侯七, 大夫五, 士三."

습을 할 때 심의의 옷섶을 여미지 않고, 매듭도 짓지 않는 것은 음인 저승에서 양인 이승으로 다시 소생하기를 바람에서이다.

또한 습의를 다 입히면 습전을 드리는데 술, 과일, 포 등을 차려 습상(襲牀)의 동쪽에 두는 것도 떠오르는 양의 기운으로 다시 깨어 나기를 바람에서이다.

습을 마치면 주인 이하는 곡을 하는데, 이때 곡위(哭位)는 남자는 습상의 동쪽, 여자는 서쪽이다. 이와 같이 남녀의 음양을 분별하여 자리를 정하는 것은 『예기』에 잘 표현하고 있는데 "남자는 해[陽] 가 동쪽에서 나오는 것을 본뜬 것이고, 여자가 서쪽에 있는 것은 달[陰]이 서쪽에 있는 것을 본뜬 것이며, 이것이 음양의 분별이며 부부의 위치인 것이다"[187]고 되어 있다.

교의(交椅)

출처: 『國朝喪禮補編』

습이 끝난 후 혼백을 안치하는 영좌인 작은 교의에 양인 붉은 칠을 하는 것은 신성한 교의 의 혼백에 의지하고 있 는 혼(魂)에게 음의 사악 한 잡귀(雜鬼)가 접근하 지 못하도록 하기 위함 이다.

명정을 붉은 색으로 하는 이유는 "『대청회전도여위(大淸會典圖輿 衛)』에 '정(旌)은 붉은 비단으로 만든 것'이고, 『한서(漢書)』, 「고제기

---

187) 『禮記』「禮器」: "君在阼, 夫人在西房, 大明生於東, 月生於西, 此陰陽之 分, 夫婦之位也."

「高帝紀)」상(上)에 '기치(旗幟)는 모두 붉은 색이며 정기(旌旗)는 기(旗)의 총칭'이며, 『한서(漢書)』,「고제기(高帝紀)」찬(贊)에 '기치(旗幟)의 위는 붉은 색이고 화덕(火德)을 따르는 것'이다"[188]고 했다.

그러므로 붉은(陽) 색을 높여 사용한 듯하다. 또한 "사악한 기운을 쫓기 위해서이다."[189]

습을 마치면 (冒)로 시신을 가리는데, 상반신을 싸는 것을 질(質)이라 하고, 하반신을 싸는 것을 쇄(殺)라고 하며, 각각 철방(綴旁), 즉 묶어 매는 끈을 달아서 아래위를 매듭짓게 되어 있다.

『가례』에 "그 쓰임은 먼저 쇄로 발을 싸서 위로 올린 다음 질로 머리를 싸서 내려 손과 나란하게 한다. 군(君)은 금모(錦冒)와 보(黼)를 수놓은 쇄를 쓰며, 옆을 일곱 번 꿰맨다. 대부(大夫)는 현모(玄冒)와 보(黼)를 수놓은 쇄를 쓰며, 옆을 다섯 번 꿰맨다. 사(士)는 치모(緇冒)와 붉은 쇄를 쓰며, 옆을 세 번 꿰맨다. 모의 질은 길게 해서 손과 나란하게 하며, 쇄의 길이는 석 자이다"[190]라고 되어 있어 꿰맨 곳의 수를 양인 기수(奇數)를 사용하였으나 존비(尊卑)의 차이에 따라 7·5·3으로써 위계(位階)를 달리하였다.

"양수(陽數)는 9에서 끝난다. 천자(天子)의 경우는 양도(陽道)의 극진함을 체현(體現)하므로 당의 계단 높이 척수를 9로 하는 것을 절도로 삼는다. 이로부터 내려가면서 점차 2척씩 감한다. 그러므로 7척으로 하거나 5척으로 하거나 3척으로 한다. 이것으로 본다면 철방(綴旁)을 7개로 하거나 5개로 하거나 3개로 하는 것은 아마도 이 뜻인 듯하다. 그런 즉 천자의 모는 역시 철방이 9개일 것이

---

188) 中文大辭典編纂委員會,『中文大辭典』, 中國文化大學出版部, 民國82, 銘
旌: "(...) [大淸會典圖輿衛] 旌用紅緞, (...) [漢書高帝紀上] 旗幟皆赤, 旌
旗, 旗之總稱, (...) [漢書高帝紀贊] 旗幟上赤, 協於火德."
189) 정종수,「유교식 상례」,『상장례, 삶과 죽음의 방정식』, 국사편찬위원
회, 2005, 88쪽.
190) 『家禮』卷4,「喪禮」, 沐浴, 註: "其用之先以殺韜足而上, 後以質韜首而
下齊手, 君錦冒黼殺綴旁七, 大夫玄冒黼殺綴旁五, 士緇冒絰殺綴旁三, 凡
冒質長與手齊, 殺長三尺."

다"191)라고 한 것은 예에는 높은 것이나 많은 것을 가지고 귀하게 여기는 것이 있기 때문이다.

모도 상하를 고려하여 현(玄)과 홍(紅)으로 구분하는데 "『의례(儀禮)』「사상례(士喪禮)」모치질조(冒緇質條) 정현의 주(註)에 '상현(上玄) 하훈(下纁)은 천지를 상징한 것이다'"192)고 되어 있어 음양에 따른 것임을 알 수 있다.

2) 소렴과 대렴에 내재된 음양오행

(1) 소렴에 내재된 음양오행

소렴의(小斂衣)는 모두 19칭(稱:벌)이며, 이는 우주 만물 생성(生成:陽陰)의 천지(天地:陽陰), 즉 하늘과 땅의 수(數)는 1부터 10까지 <하도(河圖)의 수>로 천수(天數:1,3,5,7,9)는 9에서 끝나고, 지수(地數:2,4,6,8,10)는 10에서 끝나기 때문에 하늘과 땅의 끝수인 9와 10을 합하여 19벌을 사용한 것이다. 천지의 마지막 수를 본뜬 것은 사람은 천지 사이에서 마치기 때문에 마지막 숫자를 취한 것이다. 그래서 소렴 옷은 상하 존비의 구분 없이 천자, 왕, 사, 서인 모두 똑같이 19벌을 사용한다.193)

소렴의를 진설할 때 "19벌의 소렴의를 동쪽에 진설하는 것"194)도 양의 기운으로 다시 살아오기를 바라는 뜻에서 동쪽에 진설하는 것이다.

소렴금(小斂衾)의 효(絞)는 가로가 셋이고, 세로는 하나이며, 모두

---

191) 『沙溪全書』卷27, 『家禮輯覽』「喪禮」, 沐浴·襲·奠·爲位·飯含.
192) 『沙溪全書』卷36, 『疑禮問解』「喪禮」, 襲.
193) 『儀禮』「士喪禮」疏: "云十九稱, 當重之, 使充十九, 必十九者, 法天地之終數也, 天地之初數, 天一地二, 終數天九地十, 人在天地之間而終, 故取終數, 而斂衣稱數, 尊卑共爲一節."
194) 『禮記』「喪大記」: "十有九稱, 君陳衣于序東."

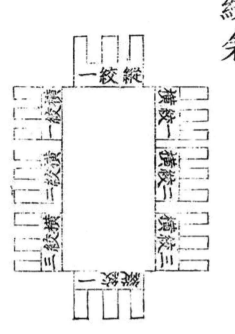

絞衾

부드러운 베나 비단으로 양쪽 끝을 갈라서 셋으로 만든다. 그러므로 가로는 9, 세로는 3폭이 된다. 이때에도 양인 기수를 사용한 것이다. 가로 끈은 몸 둘레를 서로 묶을 만큼 취하고, 세로 끈은 머리를 덮어서 발에 이르기까지 하되 몸 가운데서 묶을 수 있을 만큼 취한다.

소렴금(小斂衾)

출처:『國朝喪禮補編』

소렴 후에는 옷이 많기 때문에 모를 사용할 수 없다. 그러므로 이금, 즉 구의를 사용하여 덮는다. 이금은 위는 검고 아래는 붉은 빛

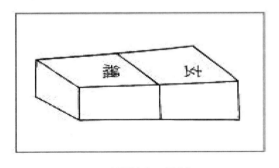

이금(侇衾, 柩衣)

출처:『沙溪全書』卷24,「家禮輯覽圖說」

이다. 이 또한 상현(上玄) 하훈(下纁)의 천지를 상징한 것이며, 음양에 따른 것임을 알 수 있다.

「사상례(士喪禮」 소(疏) : "이금(侇衾)의 질(質)과 쇄

(殺)를 마르는 방법은 모(冒)와 같으니, 위는 검은색으로 하고 아래는 붉은 색으로 하여 연결한 다음에 쓴다"고 하였고, 또 "이금이란 본래 시신을 덮고 관(棺)을 덮는 것으로, 입관(入棺) 때에는 쓰지 않는다. 그러므로 장사(葬事)를 지내려고 계빈(啓殯)할 적에도 관을 덮는 데 쓴다"고 하였다.195)

『예기』에 "소·대렴시 좌임불뉴(左袵不紐) 주(注)에 옷깃을 왼쪽으로 함은 왼쪽을 향해서 임(袵)을 하니 생시의 반대이다. 소(疏)에 임은 옷깃이라고 한다. 산사람이 오른쪽으로 향하게 하는 것은 왼손으로 띠를 풀고 당기기 편리한 것이, 죽으면 옷깃을 왼쪽으로 향하게 하는 것은 다시 풀지 않는다는 것을 보인 것이다. 생시에는 띠를 모두 고를 내어 묶어서 풀기 쉽게 하나, 죽으면 다시 풀일이 없는 고로 비틀어 묶으며 고를 내어 묶지는 않는다"196)고 되어 있다. 이 또한 음양을 고려한 것이다.

소렴을 마치면 빙시곡벽(憑尸哭擗), 즉 시신에 기대어 곡하며, 가슴을 두드리는데 주인은 동쪽에서 서향하여 시신에 기대어 곡하고 가슴을 두드리며, 주부는 서쪽에서 동향하여 또한 이와 같이 한다. 이도 음양에 따른 것이다.

(2) 대렴에 내재된 음양오행

조선 왕의 대렴의(大斂衣)는 아청숙초(鴉靑熟綃)를 쓰며 '오장(五章)'197)을 그리는데, 용(龍)은 오조룡(五爪龍)<陽>, 산(山)은 오봉(五

---

195) 申義慶, 『喪禮備要』卷1, 小斂: "士喪禮, 疏, 俟衾質殺之裁, 猶冒也, 上以緇下以頳, 連之乃用也, 又曰, 俟衾本爲覆尸覆柩, 不用入棺, 是以將葬啓殯覆柩亦用之."

196) 『禮記』「喪大記」: "小斂大斂, 皆左袵結絞不紐, 注, 左袵, 袵嚮左, 反生時也, 疏, 袵, 衣襟也, 生嚮右, 左手解袖帶便也, 死則襟嚮左, 示不復解也, 生時, 帶並爲屈紐, 使易袖解, 若死則無復解義, 故 絞束, 畢結之, 不爲紐也."

197) 용(龍), 산(山), 화(火), 화충(華蟲), 종이(宗彝).

峰)<五行>, 화(火) 3개<陽>, 화충(華蟲) 3개<陽>, 종이(宗彝) 3개
<陽>를 그렸다. 대렴상(大斂裳)은 홍숙초(紅熟綃)를 쓰는데 앞은 3
폭<陽>이고 뒤는 4폭<陰>이다. 문양은 네 가지를 그렸는데 조(藻:
수초,말), 분미(粉米:쌀), 보(黼:도끼), 불(黻:弓자가 등을 대고 있는
모양) 등이다.198)

왕의 옷에는 아홉가지 문양이 들어가므로 구장복(九章服)이라 한다.
상의(上衣)에 다섯 가지, 하의(下衣)에 네 가지의 문양이 들어간
다. 아홉 가지 문양은 왕 자체를 상징하거나 왕이 갖추어야 할 덕
성을 의미한다. 상
의는 양을 상징하
기 때문에 홀수
<5> 문양을, 하의
는 음을 상징하는
짝수<4>를 사용하
였다.199)

면(冕)

출처:『國朝喪禮補編』

왕의 면류관(冕旒
冠)은 평천관(平天
冠)이며 "전후의 '9
류(旒)'200)는 오색주(五色紬)로 조성하는데 매 류는 아홉 개의 옥
(玉)에 5가지 색채이다. 먼저는 붉은 색이고, 다음은 흰 색, 다음은
푸른 색, 다음은 황색, 다음은 검은 색"201)이다.
이 5가지 색채는 오행방(五行方)의 색채와 동일하다. 또한 면(冕)

198) 백남대,「朝鮮 王室 喪禮에 나타난 陰陽五行 연구」, 영남대학교 박사
학위논문, 2012, 59쪽.
199) 신명호,『조선 왕실의 의례와 생활, 궁중 문화』, 돌베개, 2007, 78쪽.
200) 면류관 앞뒤에 드리운 주옥(珠玉)을 꿴 줄.
201)『國朝喪禮補編』圖, 大斂條, 冕:"前後九旒, 以五色紬造成, 每旒九玉五
采, 先朱, 次白, 次蒼, 次黃, 次黑."

대렴금(大斂衾)
출처: 『國朝喪禮補編』

의 앞은 둥글고 뒤는 네모졌는데, 이는 음양의 조화로움을 상징한 것으로 천원지방(天圓地方)을 표현한 것이다.[202]

대렴의 포효(布絞)는 세로가 셋이고, 가로가 다섯이다.

고씨(高氏)가 말하기를 "대렴의 효(絞)는 세로가 셋인데 대개 한 폭의 베를 취하여 찢어서 3조각을 만들고, 가로는 다섯인데 대개 두 폭의 베를 취하여 찢어서 6조각을 만들어 다섯을 쓴다.

대렴의 옷은 많기 때문에 폭마다 3조각으로 찢어 사용하여 견고하고 팽팽하게 한다. 이불은 모두 둘인데 하나는 덮고 하나는 깐다"고 하였다.[203]

이 또한 양인 기수를 사용한 것이다.

---

202) 백남대,「朝鮮 王室 喪禮에 나타난 陰陽五行 연구」, 영남대학교 박사학위논문, 2012, 60쪽.
203) 『家禮』 卷4,「喪禮」, 大斂 註: "高氏曰, 大斂之絞, 縮者三, 皆取一幅布, 裂爲三片也, 橫者五, 皆取布二幅, 裂爲六片, 而用五也, 以大斂衣多, 故每幅三析用之, 以爲堅急也, 衾凡二 一覆之, 一藉之."

대렴을 마치면 빈(殯)을 한다. 『예기』에 "천자는 7일 만에 빈하고 7개월 만에 장사(葬事)지내고, 제후는 5일 만에 빈하고 5개월 만에 장사지내며, 대부·사·서인은 3일 만에 빈하고 3개월 만에 장사지낸다"[204]고 한 것도 같은 양인 기수를 사용하였으나 위계(位階)를 달리 하여 구분한 것이다. 그러므로 조선의 왕과 왕비도 5일 만에 빈하고 5개월 만에 국장(國葬)을 치루었다.

---

204) 『禮記』「王制」: "天子七日而殯, 七月而葬, 諸侯五日而殯, 五月而葬, 大夫士庶人三日而殯, 三日而葬."

4. 맺음말

상례   단순히 주검을 처리하는 의례가 아니다. 상례는 죽은 자를 공경하는 마음으로 장사지내고, 조상신(上神)으로 승화시켜 제향(祭享)하는 인간 윤리를 근본으로 한다.

국가나 사회, 그리고 집안의 질서를 유지하는 것에 있어 예보다 좋은 것은 없다. 예라는 것은 공경하는 마음으로 음양과 상하를 알고 인간 윤리를 실천하는 것이다. 특히 상례는 효를 바탕으로 한 인륜관계의 예이다. 그러므로 효가 중요하며 효는 덕의 근본이 되기 때문에 꼭 필요한 것이다.

본 논고는 전통 상례의 19개 대절차 중 습, 소렴, 대렴의 절차와 음양오행 사상의 상관관계(相關關係)를 밝히는 것이 아니라 음양오행 사상이 습, 소렴, 대렴에 어떻게 내재되어 있는가를 분석하고, 내재된 음양오행 사상이 전통 상례의 습, 소렴, 대렴에 발현된 것을 이해하여 전통 상례에 대한 이해의 틀을 넓히고자 하는 것이다.

음양오행 이론처럼 천지자연의 질서와 인사(人事)의 모든 현상을 설명할 수 있는 이론은 없을 것이다. 이는 천지의 질서와 변화에 내재된 법칙성인 천문과 지리, 사람들 간의 인사 등에 나타난 제 현상이 음양오행의 범주를 벗어나는 일은 없기 때문이다.

예(禮)는 효를 바탕으로 한다. 또한 음양오행의 범주 안에서 변화와 질서를 추구한다. 이 변화와 질서에 따르지 않으면 천지가 부조화하고 혼란스럽게 된다. 그러므로 당연히 인간의 도리이며 윤리인 예도 동일하다고 할 것이다.

인사의 모든 현상이 음양오행의 범주를 벗어나는 일이 없다는 것을 전제로 하여 분석한 결과, 상례의 염습 절차도 음양오행의 범주 안에서 진행되어짐을 알 수 있었다. 이는 음양오행론이 인간이 사고할 수 있는 모든 것에 적용되어 사유의 기초가 되어 있으며, 과거의 낡은 이론이 아니라 우리 문화를 이해하는 첩경(捷徑)이며, 중요한 이론으로 자리 잡고 있음을 알 수 있는 것이다.

X. 왕충에 있어서의 '진리(眞理)와 지배(支配)'관(觀)[205]

임 정 기(林正基)[206]

Lim, Chung-gi

---

205) 새한철학회 『哲学論叢』第34輯 제4권(2003)에 게재한 「王充における 「眞理と支配」観」을 번역하고 수정 보충한 글입니다.
206) 일본 동북대학교 대학원 문학박사졸업,
　　 現 대구한의대학교 동양문화학과 외래교수.

1. 머리말

『중용(中庸)』을 보면, "큰 덕은 반드시 지위를 얻는다(大德必得其位)", "큰 덕이 있는 사람은 반드시 천명을 받는다(大德者必受命)"(第十七章)라고 하는 말이 보이고 있다. 이것은 '진리(聖人)'와 '지배(王)'의 필연적 관계를 제시하고 있는 말이다. 그런데 춘추전국시대에 '성인(聖人)'이라고 불려진 사람 가운데 '왕'이 된 사람은 아무도 없다. 그 중에서 주목해야 할 것은 공자라고 하는 인물이다. 공자는 왕이 되지 않았다. 그러나 공자는 최고의 성인으로서 존경받고 있다. 유가에 있어서의 『중용(中庸)』적 사고방식과, 공자에 대한 관점과의 사이의 모순점은, 그 상이(相異)가 확실하며, 그 당시에 있어서도 명명백백했다고 생각한다. 즉 이 유가에 있어서의 둘 사이의 모순점은, 이론과 현실에 있어서의, 해결해 나가지 않으면 안되는 하나의 과제로서, 이미 실감하고 있었던 문제점이었지 않나라는 것이다. 그래서 본고에서는 이 두 가지의 모순점을 중심으로, 우선 공자 이후의 학자들은 '진리와 지배'에 대해 어떤 식으로 생각하고 있는지에 대해 고찰해 가고자 한다. 또 한대에 들어가면, 유가는 근본 존재적 측면에 있어서 더욱 강화된 이론을 갖추게 되는데, 그것은 이론적인 측면에 있어서, '진리와 지배'에 관한 이전의 모순점이 더욱 해결하기 어려워졌다는 것을 의미하는 것이기도 하다고 생각한다. 이러한 상황 속에서, 한대의 특이한 사상가인 왕충은, 이 문제를 어떤 식으로 해결하고 있는 것인가에 대해 고찰해 가고자 한다.

2. 왕충 이전에 있어서의 '진리와 지배'관

성인(聖人)을 중심으로 이 문제를 생각해 보고자 한다. 『서경(書經)』「홍범(洪範)」을 보면,

기자(箕子)가 아뢰었다. " · · · · 우(禹)가 이에 이어 일어나니, 하늘은 우에게 홍범구주를 내리사 일정한 윤리가 베풀어졌습니다. · · · · 첫째는 오행이요, 둘째는 다섯 가지 일을 공경히 행하는 것이요, · · · · 둘째, 다섯 가지 일이란 · · · · 다섯째는 생각하는 것이니, · · · · 생각하는 것은 사리에 통하는 것입니다. · · · · 사리에 통함은 聖(聖人)을 만듭니다."207)

라는 말이 있다. 여기에 성(聖)이라는 말이 보이는데, 성(聖)의 의미는 생각이 깊은 것, 즉 사물을 꿰뚫어 보는 것이라고 하고 있다. 이러한 성(聖)의 내용을 가지 사람은, 천의 대원칙(大原則)을 다하고 있으며, 따라서 천의 진리의 체득자라고 할 수 있다. 또 「강고(康誥)」에

왕이 이렇게 말씀하였다. " · · · · 그대의 크게 광명하신 아버지 문왕께서는 덕을 밝히고 벌을 삼가셨다. 감히 홀아비와 과부를 업신여기지 않으셨으며, · · · · 우리 서쪽 땅은 이분을 의지하고 따라서 상제께 알려지니 상제도 아름답게 여기셔서, 하늘은 이에 문왕에게 크게 명하시어 은나라를 쳐 멸망케 하시어 크게 그 명을 받았다."208)

---

207) 『書経』「洪範」: 箕子乃言曰, ···· 禹乃嗣興. 天乃錫禹洪範九疇. 彝倫攸敍. 初一曰, 五行. 次二曰, 敬用五事. ···· 二, 五事. ···· 五曰思. ···· 思曰睿. ···· 睿作聖.

208) 『書経』「康誥」: 王若曰, ···· 惟乃丕顯考文王, 克明德慎罰, 不敢侮鰥寡, ···· 我西土, 惟時怙冒,聞于上帝, 帝休, 天乃大命文王, 殪戎殷, 誕受厥命.

라는 말이 있으며, 천의 진리를 체득하고 있는 유덕자(有德者)에게, 지상의 지배자가 되라고 하는, 천으로부터의 명(命)이 부여된 것에 대해서도 볼 수 있다. 『서경(書經)』의 이와 같은 말로부터 추측해 보면, 성인(聖人)을 둘러싸고 두 모습을 찾아낼 수가 있다. 즉 진리의 체득자로서, 또 이상적인 지배자로서의 두 모습이다. 이미 언급한 바와 같이, 시대를 내려가서 『중용(中庸)』속에, 성인의 이 두 모습의 관계에 대해서 자세히 설명되고 있다.

공자께서 말씀하셨다. "순(舜)임금이야말로 대효(大孝)이실 것이다. 덕(德)으로는 성인(聖人)이 되시고, 존귀함으로는 천자(天子)가 되시고, ···· 그러므로 큰 덕은 반드시 지위를 얻으며, 반드시 녹봉을 얻으며, 반드시 명성을 얻으며, 반드시 수명을 얻는다. ···· 그러므로 큰 덕이 있는 자는 반드시 천명(天命)을 받는다." 209)

이 『중용(中庸)』의 말에 의하면, 성인의 두 모습은 성인의 내적, 외적 모습이라고도 할 수 있는데, 그 내외의 모습의 관계는 필연적 인과관계에 있음을 말하고 있다. 그러면 이와 같은 『중용(中庸)』적 견해는 그 이전에도 통용된다고 말할 수 있을까. 『서경(書經)』에 있어서, 성인(聖人)이 천자가 된다고 하는 인과관계가 성립하고 있는 것은 물론이다. 그러나 그 관계가 필연적이라고는 명확하게 말하고 있는 것은 아니다. 따라서 그 표현으로부터 본다면, 『중용(中庸)』적 견해는 그 이전에는 통용되지 않는다고 할 수 있다. 그런데 이와 같은 『중용(中庸)』적 견해는 역시 그 이전의 천명(天命)과 성인(聖人)과 천자(天子)에 관한 사고방식에 근거하고 있다고 생각한다. 또한 『서경(書經)』에 있어서 천명이라는 것을 생각

---

209) 『中庸』 第十七章 : 子曰, 舜其大孝也與. 德爲聖人, 尊爲天子. ···· 故大德必得其位, 必得其禄, 必得其名, 必得其壽. ···· 故大德者必受命.

해 보면, 천은 신적(神的) 존재로서 인간세계를 지배하고 있는 것이다. 천이 신적 존재로서 인간세계를 지배한다고 한다면, 인간은 반드시 자신의 덕에 상응하는 지위를 얻을 것이다. 이와 같이 본다면, 『중용(中庸)』적 견해는 그 이전의 사고방식을 더욱 논리적으로 이론화해서 설명한 것은 아닐까 한다. 이와 같이 생각해서 별 문제점이 없다고 한다면, 여기서 논하고자 하는 왕충 이전에 있어서의 성인관(聖人觀)은, 성인(聖人)에 관한 『중용(中庸)』적 견해를 일단 『중용(中庸)』 이전의 일반적인 사고방식으로 간주하고 거기서부터 논의를 진행해 가고자 한다.[210)]

그럼 지금부터 왕충 이전에 있어서의 성인(聖人)의 이 두 모습과 그 관계에 대해서 살펴보려고 하는데, 먼저 그 내적 모습인 진리의 체득자로서의 성인(聖人)에 대해서 생각해 보려고 한다.

학파라든가 사상가에 따라서 그 형태는 다르지만, 일단 진리를 체득하고 있는 최고의 인간을 성인(聖人)이라고 부르고 있다. 여기서 진리라는 것은 일반적으로 근본존재를 그 기준으로 하는 것이며, 다시 말하면 근본존재의 내용 그 자체가 진리라고 하는 것은 주지의 사실이라고 생각한다. 따라서 성인(聖人)이란 근본존재와

---

210) 『中庸』의 성립시기에 대해서는 다양한 설이 있다. 武內義雄 「子思子について」(『老子原始』所收), 赤塚忠 「中庸解說」(新釈漢文大系『大学・中庸』所收), 津田左右吉 『道家の思想と其の展開』第五篇, 浅野裕一 『孔子神話』第三章, 등 참조. 본인은 그 중에서 浅野裕一씨의, '孟子보다 이전이거나, 孟子와 거의 同時期의 成立'이라는 설에 의견을 같이하고 있다. 그 근거로는, 이 절에서 논하는, 천명과 勢에 의한 지배와의 관계를 제시하고자 한다. 중국 고대의 천의 신앙으로부터 보면, 역사적으로 천명의 부정과 함께 勢에 의한 지배이론이 등장했다고 생각한다. 한대에 들어와서 다시 천명이론이 등장하지만, 그러나 勢에 의한 지배도 긍정하고 있다. 이렇게 본다면, 『中庸』의 천명이론은 勢에 의한 지배이론이 등장하기 전의 천명이론이라는 것을 알 수 있다. 여기서 또 맹자에 있어서, 경미하기는 하지만, 천명부정의 사고가 보이고 있는 것으로부터 본다면, 『中庸』의 천명이론은 맹자 이전이거나, 적어도 맹자와 같은 시기라고 할 수 있겠다.

합일한 인간을 말하는 것이 된다. 그런데 이 근본존재와 합일한다고 하는 경우, 순자보다 이전과 그 이후를 나누어서 생각할 필요가 있는 것은 아닐까 하고 생각한다. 왜냐하면 순자보다 이전과 그 이후의 근본존재에 관한 사고방식을 동일하게는 취급할 수 없기 때문이다. 순자 보다 이전의 경우를 보면, 학파라든가 사상가와에 관계없이 근본존재에 진리의 존재를 인정하고 있는 것이다. 따라서 순자보다 이전의 경우에는 성인을 이 근본존재와의 합일로부터 생각한다고 하는 것은, 당연한 사고방식이었다고 생각한다. 그러나 순자라든가 한비자에 이르면, 이전과 같은 사고방식은 통용되지 않는다고 생각한다. 우선 순자부터 본다면, 순자는 자연적 천론을 주장하고, 이 천과 성인(聖人)의 내면적 모습과의 무관계(無關係)를 분명히 밝히고 있다. 그리고 한비자는 "대저 편안하고 이로운 것은 그것을 따르고, 위험하고 해로운 것은 그것을 피하는 것이, 사람의 마음이다."[211] 라고 해서 인간의 욕리(欲利)의 본성을 말하고, 또 뒤에 설명하는 것처럼 성인(聖人)의 도(道)는 시대에 따라서 달라야 한다고 말하고 있으며, 근본존재로부터는 성인의 내면적 모습을 설명할 수 없는 것이다. 따라서 순자의 경우는 '인지(仁知)가 지극한 사람으로서의 성인(聖人)'을 말하여[212], 유가의 전통으로부터 성인(聖人)의 내면적 모습을 설명하고 있으며,[213]

한비자의 경우는 현실적 치국(治國)이라는 자신의 관심으로부터, "성인(聖人)은 옳고 그름의 실정을 잘 알고, 다스림과 어지러움의 실정을 살펴서 안다"[214] 등으로 성인(聖人)의 모습을 설명하고 있

---

211) 『韓非子』「姦劫弑臣篇」: 夫安利者就之, 危害者去之, 此人之情也.
212) 『荀子』「君道篇」: ⋯⋯ 仁知之極也. 夫是之謂聖人, 審之禮也.
213) 『孟子』「公孫丑上」에 "昔者子貢問於孔子曰, 夫子聖矣乎, 孔子曰, 聖則吾不能, 我学不厭而教不倦也. 子貢曰, 学不厭智也, 教不倦仁也. 仁且智, 夫子既聖矣."라고 하고 있고, '仁'과 '智'가 유가의 전통적인 성인의 내용이라는 것을 알 수 있다.

을 뿐인 것이다.215) 어쨌든 이전의 성인관(聖人觀)을 계승하여 성인(聖人)을 최고의 인격자로 생각한 것에는 틀림없지만, 당시의 상황 등과 함께 근본존재를 이전과 같이는 해석할 수 없었던 결과라고 할 수 있겠다.

한대 이전에 있어서의 성인(聖人)과 진리(眞理)와의 관계는 대체로 이상과 같이 설명되지만, 한대에 들어가면 순자·한비자적인 사고방식보다는 근본존재에 진리를 인정한다고 하는, 순자 이전적인 사고방식 쪽이 주류가 되고, 성인(聖人)의 내면적 모습을 근본존재로부터 설명하려고 하는 것이 일반적 경향이었다고 할 수 있다. 그 주된 원인은 당시의 정치적 상황에 있었다고 생각하는데, 중심적 학자는 동중서(董仲舒)라고 할 수 있겠다.

이상과 같은 왕충 이전에 있어서의 성인과 진리에 관한 관계를 근거로 해서, 다음은 성인의 내적·외적 모습의 관계, 즉 성인과 천자와의 관계와, 그 시대적 전개에 대해서 살펴보려고 한다. 이미 언급한 바와 같이, 성인에 관한 『중용(中庸)』적 견해가 『중용(中庸)』 이전에 있어서의 일반적인 사고방식이었다고 한다면, 공자도 역시 그와 같은 사상적 분위기 속에서 그와 같은 사고방식을 가지고 있었음에 틀림이 없다고 생각한다. 또 『중용(中庸)』적 견해는, 공자와 『중용(中庸)』과의 관계로부터 추측해보면, 공자의 영향을 받고 있다고도 볼 수 있을 것이다. 이와 같이 본다면, 공자는 성인과 천자와의 관계를 필연적 인과관계로서 생각하고 있었던 것이 되지만, 이와 같은 관계로부터 보면, 또 어떤 사람이 성인인가 아

---

214) 『韓非子』「姦劫弑臣篇」: 聖人者, 審於是非之實, 察於治亂之情也.
215) 『韓非子』「五蠹篇」을 보면,「仲尼, 天下聖人也.」라고 하고 있다. 그러나「世異則事異」라는 관점으로부터, 이전과는 다른 성인의 모습을 내고 있을 뿐인 것이다. 따라서 성인으로서의 능력이라는 면으로부터 보면, 이전과 같은 견해를 가지고 있다고 생각한다.

닌가는, 천자가 되어 있는가 어떤가에 의해서 결정되는 것이라고 말할 수 있겠다. 즉 천자라면 성인이며, 천자가 아니라면 성인은 아닌 것이다. 이러한 성인과 천자와의 관계로부터 본다면, 공자 스스로도 인정하고 있는 것처럼, 공자는 천자가 되지 않았기 때문에 성인은 아니라고 할 수 있다.216)

  성인과 천자와의 관계를 이와 같이 보는 견해를 맹자는 역시 계승하고 있다. 그런데 맹자는 공자를 최고의 성인으로 취급하고 있다.217) 이러한 사실은 맹자가 성인과 천자와의 관계에 대해서의 그 이전의 생각을 계승하고는 있지만, 공자와는 완전하게 같은 것은 아니라는 것을 말하고 있다. 그럼 다음의 자료를 보자.

천자는 사람을 하늘에 추천할 수는 있지만 하늘로 하여금 그에게 천하를 주게 할 수는 없으며, ···· 옛날에 요임금께서 순을 하늘에 추천하시자 하늘이 그것을 받아들였다.218)

평민으로서 천하를 소유하려면 덕이 반드시 순(舜)이나 우(禹)와 같아야 하고, 또 천자의 추천도 있어야 하는 것이다. 그러므로 공자께서 천하를 소유하지 못하신 것이다. 대를 이어 천하를 소유하였는데도 하늘이 임금을 폐하는 것은 반드시 (폭군) 걸(桀)이나 주(紂)와 같은 경우이다. 그러므로 익(益)과 이윤(伊尹)과 주공(周公)이 천하를 소유하지 못한 것이다.219)

  덕이 있으면 반드시 천자의 추천을 받아서 천명을 받는 것은 아

---

216) 島田虔次『大学・中庸』下, 98쪽 (朝日新聞社), 참조.
217) 『孟子』「公孫丑上」에 "可以仕則仕, 可以止則止, 可以久則久, 可以速則速, 孔子也.···吾未能有行焉、乃所願、則学孔子也."라고, 「万章下」에 "孔子, 聖之時者也. 孔子之謂集大成."이라고 하고 있다.
218) 『孟子』「万章章句上」: 天子能薦人於天, 不能使天與之天下. ···· 昔者堯薦舜於天而天受之.
219) 『孟子』「万章章句上」: 匹夫而有天下者, 德必若舜禹, 而又有天子薦之者. 故仲尼不有天下. 繼世以有天下, 天之所廢, 必若桀紂者也. 故益伊尹周公不有天下.

님을 말하고 있다. 성인의 덕이 있어도 천명이 부여되지 않는 경우가 얼마든지 있다는 것이다. 여기서는 그 예로서 공자·익·이윤·주공이 거론되고 있지만, 맹자는 이 외에 백이(伯夷)·류하혜(柳下惠) 등도 천명을 받지 않은 성인으로서 들고 있다. 이와 같은 맹자의 사고방식은, 약간이기는 하지만, 이전의 천 혹은 천자에 대한 절대적 신념이 무너지고 있는 것을 의미하고 있다. 그것과 함께 성인은 천자, 천자는 성인이라는 등식에도 금이 가서, 천자는 성인이지만, 성인은 반드시는 천자가 아니라는 관계, 즉 덕과 지배와는 반드시는 일치하지 않는 관계로 되었다. 그래서 성인이 일반인의 목표로 될 수 있고, 실제로 성인이 이상적 인간상으로 되었다. 사실 이러한 사고방식은 공자 당시에도 있었다고 생각된다. 공자가 표면적으로 자신을 성인으로서 인정하지 않았을 뿐이고, 공자의 제자들은 공자를 성인으로서 인정하고 있었던 것을 『논어(論語)』에서 엿 볼 수 있다.[220] 이러한 분위기 속에서, 공자를 성인으로 되게 하는 길을 찾은 결과, 맹자는 천자의 추천이라고 하는 것을 생각하고, 천명을 받지 않은 성인의 존재도 인정하려고 한 것이 아닐까 하고 생각한다.

이상은 순자 이전의 천명을 인정하고 있는 경우에 있어서의 성인과 천자와의 관계에 대해서 살펴보았는데, 다음은 천명을 인정하고 있지 않은 순자와 한비자에 있어서의 성인과 천자와의 관계에 대해서 살펴보고자 한다.

우선 순자의 경우를 보면, 순자는 역시 유가의 전통을 계승해서 "성인(聖人)이 아니면 왕이 될 수 없다"[221]라고 하고 있다. 또 "이

---

220) 『論語』「子罕篇」에 "大宰問於子貢曰, 夫子聖者與, 何其多能也. 子貢曰, 固天縱之將聖, 又多能也."라고 있다. 『孟子』「公孫丑上」에도 子貢의 말이라고 해서 "夫子既聖矣"라는 말이 보이고 있다.
221) 『荀子』「正論篇」: 非聖人莫之能王.

것은 성인(聖人)의 세위(勢位)를 얻지 못한 사람이고, 중니(仲尼, 공자)와 자궁(子弓)이 이것이다. ⋯ 성인(聖人)의 세위(勢位)를 얻은 사람이고, 순(舜)과 우(禹)가 이것이다."[222]라고 해서, 당시의 일반적인 경향인, 지배와는 관계없는 덕만의 성인의 존재도 물론 인정하고 있다. 그리고 성인이 왕이 되는가 어떤가는, 천명을 받는가 어떤가가 아니라, 세위(勢位)를 얻는가 어떤가에 관계되는 문제인 것을 지적하고 있다. 같은 맥락에서 순자는,

따라서 사람의 운명은 천(天)에 있고, 국가의 운명은 예(禮)에 있다. 사람의 군주인 자가 예(禮)를 높이 받들고 현인을 존중하면 왕자(王者)가 되고, 법을 중시하고 민중을 사랑하면 패자(覇者)가 되고, 이익을 좋아하고 사기(詐欺)가 많으면 위태롭게 되고, 권모(權謀)를 쓰고 기울여 뒤엎고 숨어서 나쁜 일을 꾀하면 망하게 된다.[223]

라고 말하여, 지배자가 된 사람이 어떠한 정치를 하는가에 따라서 왕자(王者)·패자(覇者) 등으로 되는 것을 말하고 있다. 이러한 것은 지배자가 될 수 있는 인간이 성인에 한정되지 않는 것을 의미한다. 물론 이상적으로는 성인이 지배자가 되는 것이지만, 천명의 부정과 함께 지배자는 성인이라고 하는 사고방식도 성립하지 않게 되어 버렸다고 할 수 있다. 성인의 덕과 왕의 세위(勢位)와는 무관계이며, 따라서 순자에 있어서는 성인과 지배자는 인과적으로 무관계임을 알 수 있다. 이러한 사고방식은 지배자관에 다양한 변화를 초래했다고 생각된다.

---

222) 『荀子』「非十二子篇」: 是聖人之不得執者也, 仲尼子弓是也. ⋯ 則聖人之得執者, 舜禹是也.
223) 『荀子』「天論篇」: 故人之命在天, 國之命在禮. 君人者, 隆禮尊賢而王, 重法愛民而霸, 好利多詐而危, 權謀傾覆幽險而盡亡矣.

맹자의 패자관(霸者觀)을 보면, "힘을 가지고 인(仁)을 가장하는 자는 패자(霸者)이니, 패자는 반드시 큰 나라가 있어야 한다. 덕(德)을 가지고 인을 행하는 자는 왕자(王者)이니, 왕자는 큰 나라를 필요로 하지 않는다."[224]라고 해서, 왕의 치민(治民) 방법과는 다른, 무력으로 위압하는 것이 패자라고 말하고 있다. 이것은 결국 맹자는 패자의 방법을 지배자의 방법으로서 인정하지 않는다는 것이다. 그러나 순자의 경우는, '법을 중시하고 민중을 사랑하는(重法愛民)' 인간을 패자라고 하고, 또 "성인(聖人)을 존중하는 사람은 왕이 되고, 현인을 귀하게 여기는 사람은 패자(霸者)가 된다."[225]라는 것으로부터, 패자는 왕자(王者)에는 미치지 못하지만, 역시 차선의 지배자의 모습으로서 인정하고 있는 것을 알 수 있다. 또 "지자(知者)라도 인(仁)을 가지고 있지 않으면 안 되고, 인자(仁者)라도 지(知)를 가지고 있지 않으면 안 되고, 이미 지(知)가 있고 또 인(仁)이 있는 사람이, 사람의 군주의 보배이고, 왕자(王者)와 패자(霸者)의 보좌(補佐)이다."[226]라고 해서, 성인의 내용인, 지(知)·인(仁)과 관계 지워서 패자를 설명하고 있고 있기도 하다.

다음은 한비자에 대해서 생각해보려고 하는데, 한비자의 경우는 성인에 관한 설명을 조금 더 필요로 한다.

그러한 즉 지금 요(堯)·순(舜)·우(禹)·탕(湯)·무(武)의 도를 지금의 시대에 (통용된다고) 칭찬함이 있는 사람은, 반드시 새로운 聖人(新聖)의 웃음거리가 된다. 그래서 聖人은 먼 옛 것에 기대하지 않고, 항상 옳다고 하는 기준을 법으로 삼지 않고, 그 세

---

224) 『孟子』「公孫丑上篇」: 以力假仁者霸, 霸必有大國. 以德行仁者王, 王不待大.
225) 『荀子』「君子篇」: 尊聖者王, 貴賢者霸.
226) 『荀子』「君道篇」: 知而不仁不可, 仁而不知不可, 既知且仁, 是人主之寶也, 而王霸之佐也.

상의 일을 논하고 거기에 응한 대책을 세운다.[227]

로부터 보는 것처럼, 성인의 도는 시대와 함께 변해야만 한다고 말하고 있다. 이것이 "세상이 달라지면 일도 달라지고"(世異則事異), "일이 달라지면 대책도 바뀐다"(事異則備変)(『한비자(韓非子)』「오두편(五蠹篇)」)라고 하는 한비자의 정치관이다. 그래서 앞에서 언급했듯이, '성인(聖人)은 옳고 그름의 실정을 잘 알고, 다스림과 어지러움의 실정을 살펴서 안다'라고 해서, 성인(聖人, 新聖)의 자격을 치술(治術)과 관계 지워서 제시하고 있는 것이다. 이러한 성인의 모습은 한비자 이전에는 보이지 않는데, 어쨌든 한비자는 이러한 성인이 지배자가 되면 가장 이상적이라고 말하고 있다. 그러나 한비자도 역시 순자와 같이 세(勢)에 의해서 지배자가 된다고 말하고 있다.

노(魯)나라 애공(哀公)은 하등(下等)의 군주였지만, 남면(南面)하여 나라에 군주가 되자, 나라 안의 백성은 감히 신하가 되지 아니함이 없었다. 백성이란 본래 권세에 복종한다. 권세는 정말로 쉽게 사람을 복종시킨다. 따라서 중니(仲尼, 공자)가 도리어 신하가 되고, 애공(哀公)이 도리어 군주가 되었다. 중니(仲尼, 공자)는 애공의 정의에 따른 것이 아니라, 그 권세에 복종한 것이다. 따라서 정의로부터 본다면 중니(仲尼, 공자)는 애공(哀公)에게 복종하지 않지만, 권세를 타면 애공(哀公)이라도 중니(仲尼, 공자)를 신하로 한다.[228]

---

227) 『韓非子』「五蠹篇」: 然則今有美堯舜禹湯武 之道於當今之世者, 必爲新聖笑矣. 是以聖人不期脩古, 不法常可, 論世之事, 因爲之備. '禹湯武'의 '禹'자는 원래 '武'의 밑에 있다. 片山兼山・王先慎에 따라서 고침.

228) 『韓非子』「五蠹篇」: 魯哀公下主也. 南面君國, 境内之民莫敢不臣. 民者固服於勢. 勢誠易以服人. 故仲尼反爲臣, 而哀公顧爲君. 仲尼非懷其義, 服其勢也. 故以義則仲尼不服於哀公,乘勢則哀公臣仲尼.

권세에 의한 지배의 인정은, 어쨌든 일반적으로 성인과 지배와의 무관계를 인정하는 것이며, 순자의 경우에서 본 바와 같이, 지배자로서의 패자(霸者)를 인정하는 것이기도 하다. 그럼 다음에 한비자의 패자관(霸者觀)에 대해서 논하고, 그의 성인과 지배와의 관계를 다른 각도로부터 조명해 보고자 하는데, 한비자는 이 패자에 대해서 순자와는 조금 다른 견해를 제시하고 있다.

성인(聖人)의 다스림은 법률과 금령을 자세히 밝힌다. 법률과 금령이 명확하게 드러나면 관직이 다스려진다. 상벌을 확실하게 시행한다. 상벌이 치우치지 않으면 백성은 일을 잘 하게 된다. 백성이 일을 잘 하고 관직이 다스려지면 나라는 부유해지고, 나라가 부유해지면 군대가 강하게 되어 패왕(霸王)의 사업이 이루어진다. 패왕(霸王)이란 군주의 큰 이익이다.229)

『맹자(孟子)』·『순자(荀子)』에서는 패(霸)와 왕(王)과를 구별하고, 가령 함께 사용해도 왕패라고해서 왕을 존중하고 있다.『한비자(韓非子)』속에서도 패와 왕과를 구별해서 사용하는 곳도 있지만, 인용문으로부터 보는 것처럼 대체로 패왕이라고 하고, 또 왕과 패의 위치를 바꾸고 있을 뿐만 아니라, 패자를 성인의 지배자로서 말하고 있다. 맹자에 있어서는 그렇게까지 부정되었던 패자가 한비자에 이르러서는 성인으로서 취급되고 있는 것이다. 물론 성인의 내용은 바뀌어 있지만, 어쨌든 한비자의 이러한 사고방식은, 이전의 성인과 지배의 관계를 뒤집은 것이 아닌가라고 생각한다. 한비자에 있어서 성인이란 현실에 맞는 방법으로써 현실을 다스리는 인간이며, 그 현실을 다스릴 수 있는 인간이란 권세를 얻은 패왕에 다름 아니다. 또 패왕의 일이란 권세를 잃지 않고 자신의 나라를

---

229) 『韓非子』「六反篇」 : 聖人之治也, 審於法禁. 法禁明著則官治. 必於賞罰. 賞罰不阿則民用. 民用官治則國富, 國富則兵強, 而霸王之業成矣. 霸王者, 人主之大利也.

지키는 것이라고 말하고 있다. 이렇게 보면, 권세에 의한 지배가 성인인가 어떤가를 판명하는 기준이 된다고 할 수 있겠다. 따라서 순자 이전까지는 성인으로부터 지배로 라고 하는 방향성을 가지고 있었지만, 순자를 기점으로 해서 한비자에 이르러서는 반대로 지배로부터 성인으로 라고 하는 방향성을 가지게 되었다고 할 수 있다.

여기서 이 방향 전환에 대해 조금 더 생각해 보려고 하는데, 이 방향 전환은 당시의 현실적 상황에 의한 것이라고 생각한다. 그럼 왜 그와 같은 방향 전환이 있었던 것일까. 우선 그 방향과 관계없이 하나의 공통점을 찾을 수 있다. 지배자는 반드시 성인이어야만 한다고 하는 것이다. 이렇게 본다면, 순자가 천명을 부정하고 있는 것도 그와 같은 신념 위에서의 것임을 알 수 있다. 따라서 천명의 부정이라는 것은, 지배자는 성인이라는 신념을 종전과는 다른 방법으로 설명하지 않으면 안 된다고 하는 것을 의미하고 있다고 생각된다. 그래서 순자는 세(勢)에 의한 지배를 중심으로 해서, 패자를 맹자 적 해석으로부터 승격시켜, 이상적 지배자의 부류에 넣음에 의해서 그 신념을 설명하려고 했다고 생각한다. 그러나 순자는 종전의 성인의 해석을 그대로 믿고 있었던 것이다. 따라서 세(勢)에 의한 지배를 주장하고는 있지만, 성인이 세(勢)를 얻고 지배자가 되는 것을 이상적이라고 생각하고, 그 신념을 자신에게 납득시키고 있는 것이다. 이런 이유로, 순자는 패자를 왕자와 함께 뛰어난 지배자로서 생각하고는 있지만, 패자를 왕자까지는 승격시키고 있지 않다. 그 결과 순자 스스로는 자신의 신념이 충분히 설명됐다고 생각하고 있었는지는 모르겠지만, 사실은 그 설명 중에 모순되는 점이 생긴 것이다. 우선 세(勢)를 중심으로 보면, 세(勢)를 얻어 지배자가 된 사람은 패자이며, 따라서 직접 패자와 성인과의 관계로부터 자신의 신념을 설명하지 않으면 안 되는 것이다. 또 성인과 지배에 관한 사고방식에서 보면, 세(勢)와 함께 패자를 인정해서는 안 되는 것이다. 왜냐하면, 덕의 성인과 세(勢)의 지배자(패자)와는 무관계이기 때문이다. 이와 같은 모순은, 종전의 성인의 해석과 세(勢)에 의한 지배와를 동시에 인정하는 데서 일어난 것이라고 생각한다. 그래서 결과적으로, 순자에 있어서 성인과 지배와의 관계는, 실제로 믿어지고 있었음에도 불구하고, 논리적으로는 그 관계가 성립되고 있지 않은 것이다. 순자에 있어서의 이와 같은 문제점이 한비자에 이르면 솜씨 좋게 해결되게 된다. 그 해결책이 지배로부터 성인으로 라고 하는 성인과 지배와의 관계에 있어서의 방향 전환이었던 것이다. 한비자도 역시 종전의 학자와 마찬가지로, 지배자는 성인이라는 신념을 갖고 있었다고 한다면, 순자가 남긴 그 문제점을 의식했음에 틀림없다. 그럼 한비자는 어떤 방법으로 그 문제점을 해결하고 있는가. 이미 보았듯이, 한비자는 순자에 있어서의 모순점이었던, 종전의 성인의 해석과 세(勢)에 의한 지배 중에서, 세(勢)에 의한 지배를 중심으로 해서 종전의 성인의 해석을 자기 나름대로 바꿈에 의해서 그 문제점을 해결하고 있는 것이다. 즉, 패자를 종전의 왕자(王者)의 지위까지 승격시켜, 그 패자의 내면적 덕을 성인의 내용으로 함에 의해서, 그 방향은 이전과 바뀌어 있지만, 지배자는 성인이라고 하는 신념을 만족시키고 있는 것이다. 이 해결책은, 세(勢)에 의한 지배라는 것을 생각하면 당연한 것처럼 생각되지만, 당시의 상황으로부터 보면 그렇게 간단하지 않은, 획기적인 방법이었다고 할 수 있겠다.

한대에 들어오면 사상적 분위기는 조금 달라진다. 천(天)·기(氣)를 조금 더 철학적 개념화하고, 천·기로부터 인간의 모든 것을 논리적으로 해석하려고 한다. 한대의 경우는 『춘추번로(春秋繁露)』를 중심으로 보려고 하는데, 『춘추번로(春秋繁露)』는 역시 그러한 방향에서 성인과 지배와의 관계를 말하고 있다. 천이 인간 세계의 근본이며, 가치 기준이라고 하는 이론으로부터 보면, 인간 세계는 사실 천의 세계이며, 천에 의해 지배되는 세계인 것이다. 그래서 인간 세계의 지배자인 "천자(天子)도 천(天)으로부터 명(命)을 받아서"[230], 천 대신에 인간세계를 다스리고 있는 인간으로 되는 것이다. 이와 같은 천자가 될 수 있는 인간은, "사람의 변화를 다 살펴서 천에 부합시키는 것은 오직 성인(聖人)만이 할 수 있고, 그렇게 해서 왕의 사업을 세우는 것이다."[231]로부터 보는 것처럼, 천과 합할 수 있는 성인 밖에 없다고 하고 있다. 이렇게 보면, 『춘추번로(春秋繁露)』에 있어서의 성인과 지배와의 관계는 성인이 천명을 받아서 지배자가 된다고 하는 것이 된다. 또 "덕(德)이 천지와 같은 사람은 황천(皇天)이 그 사람을 돕고 아들로 삼기 때문에 이름을 천자라고 칭한다."[232]로부터 본다면, 성인이라면 반드시 천명에 의해서 천자가 된다고 말할 수 있을 것 같은데, 그러나 사실은 『춘추번로(春秋繁露)』 속에 천명을 받지 않은 성인의 이야기도 나온다. 어쨌든 이상과 같은 『춘추번로(春秋繁露)』의 사고방식으로부터 본다면, 패자에 대해서는 맹자와 같은 사고방식이 나오는 것이 당연한 것처럼 생각되는데, 사실은 그렇지 않다. 앞서 살펴본 것처럼 '천자(天子)는 천(天)으로부터 명(命)을 받고', 또 「봉본편(奉本篇)」에 "제나라의 환공이나 진나라의 문공은 주나라의 왕실을 존중하지 않았기 때문에 패자 노릇을 할 수 없었고, 삼대(하·은·주)의 성인(聖人)은 천지를 본받지 않아서 지극한 왕으로서의 역할을 할 수 없었다."[233]라고 하고 있고, 또 「순명편(順命篇)」을 보면 "제후는 명(命)을 천자(天子)에게서 받는다."[234]라고 있는 것으로부터 생각

---

230) 『春秋繁露』「順命篇」: 天子受命於天.
231) 『春秋繁露』「官制象天篇」: 盡人之變, 合之天, 唯聖人者能之, 所以立王事也.
232) 『春秋繁露』「順命篇」: 德侔天地者, 皇天右而子之, 號稱天子.
233) 『春秋繁露』「奉本篇」: 齊桓晉文不尊周室, 不能霸, 三代聖人不則天地, 不能至王.

한다면, 천으로부터 명(命)을 받아서 왕으로 되고, 천자로부터 명을 받아서 패자로 되는 것을 알 수 있다. 또 "왕자(王者)는 사랑이 사이(四夷)에 미치고, 패자(覇者)는 사랑이 제후(諸侯)에게 미친다."[235]라고 해서, 사랑이 미치는 범위의 대소에 의해, 왕자와 패자의 다름을 말하고 있다. 이렇게 본다면, 패자라는 것은 부정되는 지배자가 아니라, 왕자에는 미치지 못하지만, 제대로 지배자로서 인정되고 있다. 다음의 말이 『춘추번로(春秋繁露)』의 이러한 생각을 정리하고 있다.

춘추의 도(道)는 크게 그것을 얻으면 왕자(王者)가 되고, 작게 그것을 얻으면 패자(覇者)가 된다. · · · 패자와 왕자의 도는 모두 인(仁)에 근본을 두는데, 인(仁)은 천심(天心)이기 때문에 천심(天心)을 잇는다.[236]

이상과 같은 『춘추번로(春秋繁露)』의 패자관은, 순자와 한비자에 있어서의 현실상황의 해석과 그에 동반하는 사상을, 한대에 있어서 계승하고 있다는 것일 것이다. 또 진왕조(秦王朝)와 한왕조(漢王朝)는 한비자적인 이론에 의해서 정당성을 얻고, 정통 왕조로서 인정되고 있다고 하는 당시의 현실적 상황은, 『춘추번로(春秋繁露)』의 천론 속에서도 패자를 이상적 지배자의 부류에 넣게 한 것은 아닌가하고 생각한다. 그러나 『춘추번로(春秋繁露)』는, 그뿐만이 아니라, 패자를 세(勢)에 의한 지배자로서가 아니라, 천명의 연장선에서 생각함에 의해서, 천명에 의한 자신의 지배자관(支配者觀)을 체계적으로 설명하려고 하고 있는 것이다. 따라서 『춘추번로(春秋繁露)』에 이르면, 패자의 개념이 이전과 변해 있는 것을 알 수 있다.

---

234) 『春秋繁露』「順命篇」: 諸侯受命於天子.
235) 『春秋繁露』「仁義法篇」: 王者愛及四夷, 覇者愛及諸侯.
236) 『春秋繁露』「兪序篇」: 春秋之道, 大得之則以王, 小得之則以覇. ···· 覇王之道, 皆本於仁. 仁天心, 故次以天心.

이와 같이 패자를 천에 의한 지배자관(支配者觀)에 넣어서 설명한 것은, 이전의 천명에 의한 지배자관과 세(勢)에 의한 지배자관과의 대립을 종합 통일한 것이라고 할 수 있겠다.

 이상으로부터 보면, 진리를 체득하고 있는 성인이 지배자가 되어야 한다는 이상적 지배자관에 대해서는 견해를 같이 하고 있다. 그러나 춘추전국시대라는 현실 속에서, 이상적 지배자관의 내용도 현실과 함께 조금씩 변해가게 되었다고 생각한다. 먼저 성인관(聖人觀)이 변해간다. 원래 성인(聖人)은 '생이지지(生而知之)'라고 생각된 특별한 인간이었지만, 결국 그 내용으로 본다면, 덕의 유무(有無)가 성인의 변별기준이기 때문에, 보통의 인간이라도 덕만 있으면 성인이 될 수 있다고 하는 사고방식이 점점 퍼져 갔다. 한비자에 이르러서는, 덕 뿐만이 아니라 정치술(政治術)도 더해서 성인관(聖人觀)을 말하게 되었다. 또 그와 함께 지배자관도 변해가게 되었다. 인간세계는 근본존재에 의해서 존재하고, 지배된다고 하는 것이 당시의 일반적 사고방식이다. 따라서 당연히 천의 명령 등에 의해서 인간세계의 지배자가 될 수 있다고 생각하고 있었다. 그러나 당시의 현실은 그러한 사고방식을 변화시켰다. 지배자는 여러 가지 현실적 상황 속에의 세(勢)의 득(得)·불득(不得)에 의해서 후천적으로 결정된다고 생각하게 되었다. 그러나 당시는 아직 인간세계의 근본존재를 인정하고 있는 시대였다. 특히 한대에 들어와서는 점점 유가적 경향이 강해져 갔다. 그러한 분위기 속에서, 근본존재인 천과 인간과의 관계를 논리적으로 생각해 본다고 한다면, 세(勢)에 의한 지배자관은 모순이 되어 버린다. 즉 근본존재인 천이 정말로 인간세계의 근본존재로 되기 위해서는, 인간세계의 모든 것을 천으로부터 설명할 수 있지 않으면 안 되는 것이다. 이러한 천과 인간의 관계를 논리적으로 분명히 밝히면서, 천에 의한 지배자관을 재구축하려고 한 것이 『춘추번로(春秋繁露)』의 사상인 것이다.

3. 왕충에 있어서의 '진리와 지배'관

1) 성인(聖人)과 진리

왕충에 있어서의 성인의 덕에 관한 견해부터 살펴보고자 한다.

대저 현성(賢聖)은 도덕(道德)이나 지능(智能)의 칭호이고, ···· 현인(賢人)·성인(聖人)의 이름은 인(仁)과 지(智)를 함께 한다.[237]

왕충은 성인의 덕으로서 인(仁)과 지(智)를 들고 있다. 이 인(仁)과 지(智)에 관해서는 『논어(論語)』「술이편(述而篇)」의 문장을 부연 설명한 『맹자(孟子)』「공손축장구상(公孫丑章句上)」의 문장을 인용해서 "이러한 점으로부터 말하면, 인(仁)과 지(智)를 가진 사람은 성인(聖人)이라고 할 수 있다"[238]라고 말하고 있다. 이렇게 보면, 왕충에 있어서의 성인의 덕은 공자로부터 시작되는 유가의 사상을 계승하고 있는 것을 알 수 있다. 그럼 또 다음의 자료를 보기로 하자.

물어 말했다, '사람은 천지 사이에서 태어나고, 천지는 무위(無為)이다. 사람이 천의 성(性)을 받는다면, 또한 마땅히 무위(無為)여야 하는데, 유위(有為)인 것은 왜인가'라고. 대답해서 말했다. 지극한 덕이 순수하고 두터운 사람은, 천의 기(氣)를 받음이 많기 때문에, 천을 본받을 수 있어서 자연(自然)히 무위(無為)하게 된다. 기(氣)를 받음이 적은 사람은 도덕을 따르지 않아서 천지를 닮지 않기 때문에 불초(不肖)라고 한다. 불초(不肖)란 닮지 않음이

---

237) 『論衡』「知實篇」: 夫賢聖者, 道德智能之號, ···· 賢聖之號, 仁智共之.
238) 『論衡』「知實篇」: 由此言之, 仁智之人, 可謂聖矣.

다. 천지를 닮지 않고 성현(聖賢)의 부류가 아니기 때문에 유위(有爲)이다.[239]

성현(聖賢)은 천을 본받아 자연(自然)히 무위(無爲)다 라고 하고 있다. 이 문장으로부터 보면, 당시에 일반적으로 보여지는 경향이라고 할 수 있는데, 왕충은 유가뿐만 아니라 도가로부터도 성인의 덕을 설명하고 있음을 본다. 그러나 이 경우의 무위란 도덕을 다 한다고 하는 내용이며, 따라서 왕충은 도가의 무위 그대로를 말하고 있는 것은 아니다. 자신의 관점으로부터 자기 나름대로 해석한 무위를 성인의 덕으로 말하고 있는 것이다. 그러한 의미에서 왕충에 있어서의 성인의 덕이란, 그의 독특한 천론으로부터 유가와 도가를 비판·종합한 것이라고 할 수 있겠다.
왕충은 또 성인에 대해서 다음과 같이도 설명하고 있다.

성인(聖人)의 마음은 밝고(明) 어둡지 않고, 현인(賢人)의 마음은 조리가 있고(理) 어지럽지 않다. 밝은 마음으로써 그릇됨을 살피면 그릇됨이 나타나지 아니함이 없고, 조리 있는 마음으로써 의혹을 저울질하면 의혹은 정해지지 아니함이 없다.[240]

뒤에 상세하게 설명하지만, 왕충은 성현을 성인의 부류에 넣고 있다. 그러한 의미로부터 본다면, 마음이 총명하며, 조리에 맞아서 시비를 판별할 수 있는, 그러한 마음을 가진 사람을 성인이라고 말하고 있는 것을 알 수 있다. 이것은 인식적 측면으로부터 본 성인의 모습이라고 할 수 있다. 성인의 마음의 내용이라는 면으로부

---

239) 『論衡』「自然篇」: 問曰, 人生於天地, 天地無爲. 人稟天性者, 亦當無爲, 而有爲, 何也. 曰, 至德純渥之人, 稟天氣多, 故能則天, 自然無爲. 稟氣薄少, 不遵道德, 不似天地, 故曰不肖. 不肖者, 不似也. 不似天地, 不類聖賢, 故有爲也.
240) 『論衡』「定賢篇」: 聖心明而不闇, 賢心理而不亂. 用明察非, 非無不見, 用理銓疑, 疑無不定.

터 보면, 이러한 마음의 '명리(明理)'의 상태는, 인지(仁智)의 덕과 같은 내용이라고 말하지 않으면 안 된다고 생각한다. 왕충은 자신의 천론의 성격상, 이 인식적 측면의 중시는 어쩔 수 없다고 생각하는데, 그럼 다음에 이 인식문제와 관계 지워서 왕충의 성인관(聖人觀)에 대해서 조금 더 살펴보기로 하자.

유자(儒者)는 성인(聖人)을 논하여 (다음과 같이) 생각했다, 이전의 천년을 알고 이후의 만세(萬世)를 알고, 혼자만이 보는 밝음, 혼자만이 듣는 총명함이 있고, 일이 생겨나오면 이름 짓고, 배우지 않아도 스스로 알고, 묻지 않아도 스스로 깨닫기 때문에 그 사람을 성인(聖人)이라고 일컬으니, 성인(聖人)은 신령하다.[241]

당시의 유자(儒者)는 「생이지지(生而知之)」적인 성인관(聖人觀)을 말하고 있다고 지적하고 있다.[242] 왕충은 그러한 유자(儒者)의 성인관(聖人觀)을 비판하고, 아무리 성인이라고 해도 「생이지지(生而知之)」가 아니라 「학이지지(学而知之)」인 것을 주장하고 있다. 그 대전제로서 왕충은, "천지 사이에 피를 머금고 있는 부류로서 태어나면서 아는 존재는 없다."[243]라고 하여, 만물 중에서 「생이지지(生而知之)」적 존재는 없다는 것을 거론하고 있다. 그리고 "이른바 신(神)이라는 것은 배우지 않고도 아는 것이고, 이른바 성(聖)이라는 것은 배우기를 기다려서 성인(聖人)이 된 것이다."[244]라고 하여,

---

241) 『論衡』「實知篇」: 儒者論聖人, 以爲前知千歲, 後知萬世, 有獨見之明, 獨聽之聰, 事來則名, 不學自知, 不問自曉, 故稱 [之] 聖, [聖] 則神矣. '稱聖'의 사이에 '之'자를 보충(山田勝美의 說에 따름), 그 밑에 '聖'자를 보충(黃暉의 說에 따름).

242) 이와 같은 왕충의 견해를 일반적으로는 인정하기 어렵다고 생각한다. 그러나 이와 같은 왕충의 견해로부터, 당시의 사회상황을 조금은 이해할 수 있다고 생각한다. 즉 당시의 신비적인 사회적 분위기 속에서, 이론으로서 제시하지는 않지만, 「生而知之」적 성인관을 일반적으로 신념으로서 가지고 있었는지도 모른다.

243) 『論衡』「實知篇」: 天地之間, 含血之類, 無性知者.

신(神)과 성(聖)의 사이에, 「생이지지(生而知之)」와 「학이지지(学而知之)」의 경계선을 긋고 있다. 왕충은 이와 같은 신(神)과 성(聖)의 다름에 대해서는 다음과 같이 설명하고 있다.

대저 현성(賢聖)은 도덕(道德)이나 지능(智能)의 칭호이고, 신(神)은 한없이 넓고 황홀하고 형체가 없는 실체이다. 실체가 다르면 본질도 같을 수가 없고, 실체가 같으면 효과가 다를 수가 없다. 성(聖)과 신(神)은 칭호가 같지 않기 때문에, 성(聖)은 신(神)이 아니고 신(神)은 성(聖)이 아니라고 한다.[245]

神(신)과 聖(성)이라는 칭호가 다르기 때문에, 그 내용도 당연히 다르다고 말하고 있다. 즉 최초에 신(神)과 성(聖)이라는 칭호를 붙일 때, 그 내용이 다르기 때문에, 그 붙이는 칭호도 달랐다고 하는 것일 것이다.

이상의 사실로부터 본다고 한다면, 인지(仁智)라는 성인의 덕은 학문이라는 후천적 노력에 의해서 얻어지는 것이며, 따라서 성인도 학문에 의한 후천적인 인간상이 되는 것이다. 성인을 후천적 학문의 목표로 하는 것은 왕충 이전에도 있었던 사고방식이다. 그러나 왕충의 경우는 그것을 더욱 실증적으로 논하고 있다. 왕충 이전에는 항상 성인을 천자와의 관계로부터 논하고 있다. 그래서 명(命)을 받지 않은 성인도 있다는 것으로부터, 성인이 일반인의 학문의 목표로 된 것이다. 그러나 왕충은 성인(聖人)을 천자와의 관계에 구애되지 않고, 성인(聖人) 그 자체의 내용을 실증적으로 검증함에 의해서 분명히 밝히고, 학문의 목표로 하고 있는 것이다. 성인의 내용을 논증하고 있는 「지실편(知實篇)」의 첫머리에서, 왕

---

244) 『論衡』「實知篇」: 所謂神者, 不學而知, 所謂聖者, 須學以聖.
245) 『論衡』「知實篇」: 夫賢聖者, 道德智能之號, 神者, 眇茫恍惚無形之實. 實異質不得同, 實鈞效不得殊.聖神號不等, 故謂聖者不神, 神者不聖.

충은 그러한 자신의 관점을 명기하고 있다.

무릇 일을 논하는 사람이, 사실과 다른데도 증거를 인용하지 않으면, 비록 좋은 의론이나 많은 설명이라 해도 마침내 신용되지 않는다.[246]

이와 같은 관점으로부터 논증하고, 그 결과로서 앞에서 언급한, 성인은 「학이지지(学而知之)」의 인물이며, 학문에 의해서 인지(仁智)를 가지고 있는 인간이라는 것을 얻고 있는 것이다.

이러한 논증 과정 속에서, 왕충은 또 "대저 성인(聖人)은 현인(賢人)과 같다"[247]라고 하는 사실에 도달하고 있다. 성인(聖人)이 현인(賢人)과 같은 이유에 대해서는, "성인(聖人)은 신(神)일 수가 없다. 신(神)일 수가 없으면 현인(賢人)의 무리다."[248]라고 하는 식으로 설명하고 있다. 즉 인식의 면으로부터 본다면, 세상에는 「생이지지(生而知之)」와 「학이지지(学而知之)」라는 두 개의 부류의 인식이 있으며, 그 가운데 「생이지지(生而知之)」의 신(神)의 부류가 아니기 때문에 「학이지지(学而知之)」의 현(賢)의 부류라는 것이다. 이와 같이 성인을 현인과 같다고 하는 것은, 그의 실증적 관점으로부터가 아니면, 좀처럼 말하기 어려운 것일 것이다. 「학이지지(学而知之)」의 부류라고 말해도 모두 같은 것은 아니다. 이미 언급했듯이, 인간에는 홍유(鴻儒)에서 세속인까지의 등급이 있다.[249] 성인과 현인과의 관계에 있어서도 왕충은,

같은 무리라면 알고 있는 것은 다름이 없다. 그 다름이 있음에 미

---

246) 『論衡』「知實篇」: 凡論事者, 違實不引效驗, 則雖甘義繁説, 衆不見信.
247) 『論衡』「知實篇」: 夫聖, 猶賢也.
248) 『論衡』「實知篇」: 聖不能神矣. 不能神則賢之黨也.
249) 拙稿「왕충의 진리에 관한 고찰(2)」, 『人間과 思想』第27輯、한국동서철학연구원, 2015. 참조.

치게 되는 것은 도에 들어가는 방법에 의해서이다. 성인(聖人)은 빠르지만 현자(賢者)는 늦다. 현자(賢者)는 재능이 많지만 성인(聖人)은 지혜가 많다. 알고 있는 것은 같은 학문이지만, 많고 적게 그 분량을 달리한다. 길로 삼는 것은 같은 길이지만, 걷고 달리는 것이 서로 다르다.250)

라고 하여, 같은 부류이어도 조금은 차이가 있는 것을 지적하고 있다. 그래서 "사람의 뛰어난 사람을 성인(聖人)이라고 한다면, 성인(聖人)과 현인(賢人)의 차이는 (재능의) 대소(大小)의 칭호이고, 절대적으로 뛰어나다는 이름이 아니다."251)에서 보는 것처럼, 성인과 현인과는 같은 부류의 대소의 명칭이라고 말하고 있다. 그러나 양자가 같은 부류임에는 틀림이 없다. 그래서 왕충은 또

성인(聖人)과 현인(賢人)의 지혜는 그 차이가 많지 않기 때문에, 생각을 사용하는데 차이는 있지만, 일을 당해서 처리함에는 신비하고 괴이함이 없다. 따라서 (聖과 賢의) 이름은 서로 바꾸어 쓸 수 있다. 그렇기 때문에 대저 현성(賢聖)은 도덕(道德)이나 지능(智能)의 칭호이다.252)

라고 하여, 약간의 차이는 인정되지만, 성(聖)과 현(賢)이라는 이름은 서로 교환해서 사용할 수 있다고도 말하고 있는 것이다. 이러한 자신의 생각을 뒷받침하기 위해, 왕충은 「지실편(知實篇)」에서 『맹자(孟子)』 「공손축장구상(公孫丑章句上)」·「진심장구하(盡心章

---

250) 『論衡』「實知篇」: 同黨則所知者無以異也. 及其有異, 以入道也. 聖人疾, 賢者遲. 賢者才多, 聖人智多. 所知同業, 多少異量. 所道一途, 步驟相過.
251) 『論衡』「知實篇」: 人之殊者謂之聖、則聖賢差小大之稱、非絶殊之名也.
252) 『論衡』「知實篇」: 聖賢知不踰, 故用思相出入, 遭事無神怪, 故名號相貿易. 故夫賢聖者, 道德智能之號.

句下)」의   자하(子夏)·자유(子游)·자장(子張)·염우(冉牛)·민자건
(閔子騫)·안연(顔淵)·백이(伯夷)·이윤(伊尹)·류하혜(柳下惠) 등도
성인이라고 하는 말을 인용해서, 그 증거로서 제출하고 있다.

 그럼 여기서, 이러한 성인과 현인과의 관계를 언급하게 된 왕충
의 생각에 대해서 조금 언급해 보기로 하자. 이미 본 바와 같이,
당시의 유자들은 성인을 「생이지지(生而知之)」의 인물로 보고 있
었다고 한다. 그렇다고 한다면 「학이지지(学而知之)」의 최고 단계
의 인물을 현인이라고 일반적으로 생각하고 있었음에 틀림없다.
따라서 당시의 유자들에 의하면, 인간의 인식의 단계에서 「생잇지
(生而知之)」와 「학이지지(学而知之)」의 경계선은, 성인과 현인과의
사이에 있었던 것이다. 그런데 왕충은 자신의 실증적 관점에 의해
서, 그 경계선을 성인과 현인과의 사이로부터 신(神)과 성인(聖人)
과의 사이로 옮기려고 한 것이다. 그렇게 되면 성인은 이미 「생이
지지(生而知之)」의 인간이 아니고 「학이지지(学而知之)」의 인간이
되어 버리기 때문에, 그래서「학이지지(学而知之)」의 최고단계의 인
간이었던 현인의 부류에 성인을 넣은 것이 아닐까. 그러나 본래
성인이 현인보다 뛰어나다고 하는 것은, 당시의 유자, 왕충을 시작
으로 해서 그 누구도 인정하고 있었던 것일 것이다. 따라서 왕충
이 성인을 현인의 부류에 넣었다고 해도, 성인을 현인과 똑같다고
는 말할 수 없었던 것이다. 이런 이유에서 성인은 현인의 부류이
기는 하지만, 그 부류 속에서 가장 뛰어난 인간이라고 해서, 성인
과 현인을 구별하고 있을 것이다.

 이상의 사실로부터 정리해 보면, 왕충에 있어서의 성인은 「학이
지지(学而知之)」의 인간이며, 세세하게 말하면 현인보다 뛰어난 인
간으로 구별할 수 있지만, 포괄적으로 말하면 현인 부류의 인간인
것이다. 그래서 그 덕을 말할 때는, 앞에서 본 것처럼 '현성(賢聖)'

으로서, 현인과 성인을 함께 거론하고 있는 것이다. 따라서 왕충에 있어서의 이상적 인간은 현인이라고 해도 좋을 것이며, 이 현인을 후천적 학문의 목표로 하고 있다고 할 수 있다.

그럼 왕충에 있어서의 성인의 덕과 근본존재와의 관계는 어떠할까. 성인을 인간 중에서 가장 훌륭한 인물이라고 하기 위해서는, 성인이 가지고 있는 덕이 가장 가치가있는 것(진리)이라고 말하지 않으면 안 된다. 그 가치의 있고 없음의 기준은 일반적으로 근본존재에 있는 것이다. 이미 언급한 것처럼, 왕충에 있어서도 천이 근본존재이며, 그 천에 의해서 가치의 있고 없음이 결정되는 것이다. 그러나 왕충의 경우는 천이 무위 자연적 성격을 가지고 있으며, 따라서 그 이전 혹은 당시의 유자들처럼, 인간이 근본존재와 합일하는 것에 의해 최고의 가치를 자신의 것으로 하고, 성인이 된다는, 그런 이야기는 할 수 없었던 것이다. 그래서 이미 언급 한 바와 같이, 왕충은 인간이 근본존재의 진리를 인식하는 것에 의해 최고의 가치를 가진 성인이 된다고 말하고 있다. 이렇게 보면, 근본존재의 진리를 가지고 있는 인물이 성인이라는 면에서는, 이전과 변함이 없지만, 그 방법에 있어서 진리의 체득이 아니라 진리의 인식을 주장하고 있는 것이 그 특징이라고 할 수 있다.

2) 진리와 지배

이상의 성인에 관한 사실을 근거로 해서, 다음은 성인과 지배의 관계에 대해서 언급해 보고자 한다. 이미 언급한 바와 같이, 왕충은 인간의 운명은 태어날 때부터 정해져 변할 수 없다고 하고 있다. 따라서 지배자인 왕이 되는 것도 당연히 운명으로서 결정되어 있는 것이겠지만, 우선 이 점에 관한 자세한 설명부터 살펴보고자 한다.

유자(儒者)는 말한다, 성인(聖人)의 태어남은 사람의 기(氣)에 의하지 않고, 다시 정기(精氣)를 천에서 받는다. ‥‥ 성인(聖人)이 다시 기(氣)를 천에서 받고, 어머니가 (용과) 교감하고 (燕卵을) 삼킴이 있다고 말하는 것은, 허망한 말이다. 사실은 성인(聖人)은 저절로 종족(種族)이 있고, 문왕 무왕 같은 사람은 각각 부류가 있다. 공자(孔子)는 (음계를 정한) 피리를 불어서 스스로 은(殷)나라의 후예임을 알았고, 하우(項羽)는 이중의 눈동자로서 스스로 우순(虞舜, 순임금)의 후예임을 알았다. 오제(五帝)와 삼왕(三王)은 모두 황제(黃帝)를 조상으로 하고 있다. 황제(黃帝)는 성인(聖人)이므로 본래 귀명(貴命)을 받았기 때문에, 그 자손이 다제왕이 되었다. 제왕이 태어날 때는 반드시 괴기함이 있고, 그것이 사물에 나타나지 않으면, 꿈에 나타난다.[253]

유자가 말하는 성인의 의미는, 왕의 내용으로서의 성인이며, 따라서 왕과 같은 의미로 사용되고 있는 성인(聖人)인 것이다. 여기서 왕충은 우선, 성인 즉 왕은 천에 의해서 특별하게 만들어진 것이라고 하는 이전의 주장을 비판하고, 보통의 인간과 마찬가지로, 성왕도 인간의 부부에 의해서 만들어진 사람의 자식인 것을 주장하고 있다. 그럼 사람의 자식은 어떻게 해서 왕이 되는가.

사람이 태어나면서 성(性)과 명(命)이 부귀에 해당하는 자는, 처음부터 저절로 그러한 기(氣)를 받고, 기르고 자라서 커지면, 부귀의 명(命)의 효과가 나타난다. 문왕(文王)은 적작(赤雀)을 얻었고, 무왕(武王)은 백어(白魚)와 적오(赤烏)를 얻었다. 유자(儒者)는 이것

---

253) 『論衡』「奇怪篇」: 儒者稱, 聖人之生, 不因人氣, 更稟精於天. ‥‥ 言聖人更稟氣於天, 母有感呑者, 虛妄之言也. 實者聖人自有種世族, 仁如文武, 各有類. 孔子吹律, 自知殷後, 項羽重瞳, 自知虞舜苗裔也. 五帝三王, 皆祖黃帝. 黃帝聖人, 本稟貴命, 故其子孫皆爲帝王. 帝王之生, 必有怪奇, 不見於物, 則效於夢矣. ‘自有種世族, 仁如文武, 各有類’의 ‘世’자와 ‘仁’자는 衍文 (黃暉).

을 논하여 생각하기를, 작(雀)은 문왕(文王)이 명(命)을 받은 것이고, 백어(白魚)와 적오(赤烏)는 무왕(武王)이 명(命)을 받은 것이다. 문왕(文王)과 무왕(武王)은 천(命)을 천으로부터 받고, 천이 작(雀)와 어오(魚烏)로써 명(命)을 그에게 준 것이다. 천이 적작(赤雀)으로써 문왕(文王)에게 명(命)했는데, 문왕(文王)이 받지 않아서, 천이 다시 어오(魚烏)로써 무왕(武王)에게 명(命)했다, 라고. 이와 같은 것은, 본래는 천에서 명(命)받음이 없는데, 자신을 수양하고 선(善)을 행하여, 선행(善行)이 천에 알려져서, 천이 이에 제왕(帝王)의 명(命)을 부여했다는 것을 말한다. ···· 만약 이것을 실제로 논한다면 명(命)이 아니다. 명(命)은 처음부터 받아서 태어나는 것을 말한다. 사람이 태어나서 성(性)을 받으면 명(命)을 받는다. 성(性)과 명(命)은 함께 받고, 때를 같이하여 함께 얻는 것이고, 먼저 성(性)을 받고 나중에 명(命)을 받는 것이 아니다. ···· 문왕(文王)은 어머니의 몸 안에 있을 때에 이미 명(命)을 받았다. 왕자(王者)는 한 번 명(命)을 받으면 안으로는 성(性)이 되고 밖으로는 형체가 된다.254)

유자가 말하는 왕이 되는 방법은, 자기수양의 결과로서 얻게 된 천의 명령을 거론하고 있는데, 왕충은 이것도 또한 부정하고 있다. 인간이 최초에 부모에 의해서 만들어 질 때에, 천으로부터 왕으로서의 명을 받고, 성장하여 왕으로 되는 것이라고, 왕충은 말하고 있다. 이렇게 본다면 보통의 인간이, 태어날 때에 받은 왕으로서의 명에 의해서, 숙명적으로 왕으로 된다고 하는, 여러 가지 면에서 유자와는 다른 왕충 나름의 생각을 볼 수 있다. 그러나 유자와 다

---

254) 『論衡』「初稟篇」: 人生性命當富貴者, 初稟自然之氣, 養育長大,富貴之命效矣. 文王得赤雀, 武王得白魚赤烏. 儒者論之以爲, 雀則文王受命, 魚烏則武王受命. 文武受命於天, 天用雀與魚烏命授之也. 天用赤雀命文王, 文王不受, 天復用魚烏命武王也. 若此者, 謂本無命於天, 脩己行善, 善行聞天, 天乃授以帝王之命也. ···· 如實論之, 非命也. 命謂初所稟得而生也. 人生受性, 則受命矣. 性命俱稟, 同時並得, 非先稟性, 後乃受命也. ···· 文王在身之中, 已受命也. 王者一受命, 內以爲性, 外以爲體.

르다고 해도 전혀 다른 것은 아니다. 천명을 받아서 왕으로 된다는 사실에 있어서는, 유자와 왕충은 완전히 같은 것이다. 그럼 유자의 경우는 천이 의지를 가지고 있으며, 따라서 천이 인간의 행위를 보고 왕으로서의 명을 부여한다, 라고 하는 정말로 논리 정연한 천명 이론이 나올 수 있는데, 왕충의 경우는 천이 무의지이고, 무위 자연적 움직임 밖에 인정되지 않는데, 어떤 방법으로 왕으로서의 명(命)에 관한 이론을 근거지우고 있는가. 이미 언급한 것처럼, 왕충은 천지대응설(天地對應說)로 이 문제를 해결하고 있다.[255] 천의 성좌 세계에 왕의 상(象)이 있으며, 그 상(象)을 우연히 받고 태어난 사람이, 숙명적으로 인간세계의 왕이 된다고 말하고 있다.

이상, 지배자인 왕이 되는 방법에 대해서 살펴보았는데, 이러한 왕이 되는 이론으로부터 생각하면, 왕충에 있어서의 성인과 왕, 즉 성인과 지배와의 사이에는 어떠한 관계도 성립하기 어렵다. 과연 그 관계에 대해서 왕충은,

대저 현자(賢者)가 반드시 보좌가 되지는 않는 것은, 성인(聖人)이 반드시 명(命)을 받지는 않는 것과 같다. 제왕이 된 사람이 성인이 아닌 사람이 있고, 보좌가 된 사람이 현인이 아닌 사람이 있다. 왜냐하면 록명(祿命)이나 골법(骨法)은 재능(才)과 다르기 때문이다.[256]

라고 하여, 왕과 성인의 관계는 명(命)과 재(才)의 관계이며, 우연히 왕으로서의 명을 받은 사람이 성인인 경우는 물론 있을 수 있지만, 명(命)과 재(才)는 필연적 관계의 것이 아니고, 따라서 왕과

---

255) 왕충의 天地의 관계에 대해서는, 拙稿 「王充思想의 理解를 위한 試論」(『人間과 思想』第2輯, 嶺南東西哲学研究所, 1990,9) 참조.
256) 『論衡』「問孔篇」: 夫賢者未必爲輔, 猶聖人未必受命也. 爲帝有不聖, 爲輔有不賢. 何則, 祿命骨法, 與才異也.

성인 사이에는 필연적 관계가 없다는 것을 말하고 있는 것이다. 인식·수양에 의해서 도달할 수 있는 성인, 천에 의해서 결정되는 왕, 한 쪽은 인위적이며, 다른 한 쪽은 숙명적이기 때문에, 서로 관여할 수 없다. 인위적이기는 하지만, 성인은 천의 진리 그 자체를 가지고 있다. 또 왕이 되는 것도, 근본 존재인 천에 그 근거를 두고 있기 때문에, 진리에 다름 아니다. 이미 논한 바와 같이, 천은 하나이지만, 인간세계로부터 본 경우, 진리는 두 가지가 있는 것이 된다. 인간에게 있어서 가치가 있는 것은, 물론 성인으로서의 진리라고 왕충은 생각하고 있다. 어쨌든 왕이 되는 것과 성인, 양쪽 모두 천의 진리에 그 근거가 있다. 그렇지만 양쪽 사이에 관계가 없는 것에 대해서는 어떤 식으로 해석해야 하는가.

이상에서 본 바와 같이, 그러한 양쪽의 관계는 그의 천론에 명확하게 제시되어 있기 때문에, 그의 천론을 만들어 낸 왕조적(사회적)·개인적 입장 등으로부터 그 이유를 찾을 수 있다고 생각한다. 다시 말하면, 왕충이 자신의 천론을 이론 정립할 때, 성인과 지배에 관한 자기 나름대로의 충분한 사색도 하나의 역할을 하고 있었다고 하는 것이다. 그럼 왕충의 성인과 지배에 관한 사색이라는 것은 어떤 것이었을까.

성인이라는 문제는, 성인과 지배라는 관계에 있어서, 그 이전에도 그러했지만, 그 당시에도 가장 중요한 문제의 하나였다고 생각한다. 이미 언급한 바와 같이, 그 성인의 문제가 특히 주목되기 시작한 것은 공자를 둘러싼 것이었다고 생각한다. 성인과 천자가 딱 일치한다고 하는 사고방식 속에서, 수명(受命) 없는 성인(공자)[257]도 있다고 하는 사고방식이 싹트면서부터, 더욱 더 이 문제가 철학적 문제로서 떠오른 것이 아닌가 생각된다. 성인과 천자의 관계

---

257) '受命 없는 성인(受命なき聖人)'이라는 개념은, 浅野裕一 『孔子神話』에서 사용하고 있는 개념이다.

가 근본존재(천명)에 의해 성립되고 있는 중국고대 사상에 있어서, 성인과 천자가 정확히 일치한다고 하는 것은, 그것은 당연한 것이며, 따라서 그 관계에 대해서 별도로 설명할 필요성도 느끼지 못했다고 생각한다. 그러나 수명(受命) 없는 성인의 존재가 인정되면, 먼저 성인과 천자와의 사이에 그 관계를 재확인, 혹은 재해석할 필요성이 생기게 된다. 또 학문의 목표로서의 새로운 인간상, 즉 성인 상을 수립·설명할 필요성이 생겨 나오는 것이다.

왕충 이전의 성인과 지배에 관한 사상이, 이상의 두 개의 문제점에 관한 각자 나름의 설명이었던 것에 대해서는, 이미 본 바와 같다. 그 두 개의 문제점 중에서, 성인과 천자와의 관계를 중심으로 보면, 주된 과제는 수명(受命) 없는 성인을 어떻게 설명할 것인가였다. 어쨌든 천명을 믿는다면, 수명(受命) 없는 성인은 있을 수 없는 일이 되고, 수명(受命) 없는 성인을 믿는다면, 천명이 그 타당성을 잃어버리고 만다. 따라서 수명(受命) 없는 성인의 존재를 인정하려고 한다면, 천명을 부정할 수밖에 없었다고 생각한다. 그러나 수명(受命) 없는 성인이라고 하는 사고방식에 보이는, 천명에 대한 회의(懷疑)가 바로 천명의 부정으로 발전하는 것은 아니라고 생각된다. 사상사로부터 보면, 근본존재에 관한 도가적 해석을 거쳐서, 이윽고 천명에 대한 회의(懷疑)로부터 천명 부정으로 옮겨간 것이 아닐까.[258] 어쨌든 천명 부정의 사고방식의 현현(顯現)과 함께 수명(受命) 없는 성인에 관한 설명도 새로운 국면을 맞이하는 것처럼 보였다. 그러나 천명 부정의 경우도, 천을 완전하게 부정할 수는 없었던 때문인지, 결국은 지배와 성인이 당연히 무관계인 천명 부정에 있어서, 항상 지배와 성인과의 필연성을 주장한다고 하는 모순을 범하고 있는 것이다. 천명 부정의 경우에 있어서의 이러한

---

258) 内山俊彦 『中国古代思想史における自然認識』 第四章 「荀子」 참조.

모순은 수명(受命) 없는 성인을 둘러싼 문제까지도 모순인 채로 남겨두고 말았다고 할 수 있겠다.

이상에서 보면, 천명적(天命的)인 사고방식을 완전히 부정할 수 없는 한, 천명 부정의 경우도, 수명(受命) 없는 성인을 둘러싼 문제를 잘 해결할 수 없을 뿐만 아니라, 스스로도 모순에 빠져 버리는 것을 알 수 있다. 이러한 천명 부정의 경우의 모순을 해결하려고 한 것이, 『춘추번로(春秋繁露)』에 있어서의 성인과 지배와의 관계라고 생각한다. 그러나 『춘추번로(春秋繁露)』의 경우도, 천명에 의해서 그 모순을 해결하려고 했기 때문에, 천명 부정의 경우의 모순은 해결되었지만, 수명(受命) 없는 성인을 둘러싼 모순은 여전히 남아 있었던 것이다.

이상과 같은 문제점 위에 서 있었던 것이 왕충인 것이다. 성인과 지배에 관한 사상이 전개되고 변모해 가도, 최초의 수명(受命) 없는 성인의 문제는 그대로 해결되지 않은 채 남아 있었던 것이다. 즉, 최고의 인격자인 공자가 왜 천명을 받을 수 없었는가라고 하는 것이다. 이 문제를 해결하기 위해, 동중서의 경우는 공자를 소왕(素王)에까지 승격시키고 있지만, 그러나 그렇게 하면 할수록 더 해결할 수 없게 되어 버릴 것이다. 왜냐하면 그 정도의 성인이 천명을 받을 수 없었다고 하는 것은, 천명을 믿는 한, 도저히 이해할 수 없는 일이기 때문이다. 왕충이 이와 같은 사상사적 과제를 자신의 사색의 대상으로 했다고 하는 것은 틀림없는 일일 것이며, 이것은 또 당시의 학자로서 당연한 것이었다고 생각한다. 이전의 성인과 지배에 관한 설명에 있어서, 수명(受命) 없는 성인의 문제를 해결할 수 없었던 이유라는 것은, 전체적으로 말하면 그 근거가 천에 있는 부분과 인위적 부분과를 관계 지우려고 한 것에 있었다고 생각한다. 이것은 결과적으로 수명(受命) 없는 성인을 둘러싼 문제가 발생했을 때와 같은 상황 속에서, 그 문제를 해결하려고 한 것이라고 할 수 있다. 따라서 이 문제를 해결하는 방법은, 실은 그 인간사회에 있어서의 천의 부분과 인간적 부분과를 분리하는 것밖에 없었다고 생각한다. 결론을 먼저 말하면, 왕충이 그 문제를 해결하고 있는데, 그 때의 방법이 바로 이러한 방법이었던 것이다.

그럼 왜 그 문제의 해결에 그렇게 시간이 걸렸는가. 그것은 당시의 사상적 분위기와 관계가 있는 것이라고 생각한다. 즉 왕충 이전에도 왕충의 천론과 같은 자연적 천론이 나와 있지만, 그렇지만 인간 사회에 있어서의 천의 부분과 인간적 부분과를 완전히 분리할 수 없었던 것은, 그 당시의 의지적 천론의 분위기 속에서 자연적 천론을 주장은 하고 있지만, 왕충 정도까지 철저하게 이론 정립할 수 없는, 그러한 사상적 분위기였던 것에 그 이유가 있는 것은 아닐까 생각한다. 다시 말하면, 왕충 이전의 자연적 천론의 경우는, 성인과 지배와에 관한 여러 가지 각도로부터의 해석을 사상적 분위기로서 가지고 있지 않았다는 것이다. 이것에 비해서, 왕충의 경우는 성인과 지배와에 관한 여러 가지 각도로부터의 해석을 사상사적 결과로서 가지고 있고, 그런 의미에서 성인과 지배와의 관계를 둘러싸고 그 사상적 분위기가 무르익은 상태였다고 할 수 있겠다. 하나의 사상적 모순이 생긴 경우, 역시 이러한 무르익은 사상적 분위기가 되기까지는, 좀처럼 해결되기 어려운 것이 아닐까 생각된다. 이와 같은 사상적 분위기와 또 패자의 현실적 인정, 왕충의 비판정신과 철저하게 실증적인 방법 등은, 인간 사회에 있어서 천의 부분(지배)과 인간적 부분(성인)을 분리하고, 각각을 천의 진리로서 이론 지운 것은 아닐까 생각한다.

마지막으로 왕충의 패자관(覇者觀)에 대해서 보기로 하자. 천명의 부정은 패자의 긍정을 의미한다고 말했는데, 당시는 천명의 부정·

긍정과는 관계없이 일반적으로 패자를 인정하고 있었다고 생각한다.

고어에 말하기를, '왕을 꾀하여 이루지 못하면, 그 폐해로 패(霸)가 될 수 있다', 고 한다. 패자(霸者)는 왕(王)의 폐해이다. 패자(霸者)가 본래 마땅히 왕자(王者)에 이를 수 있는 것은, 인간의 수명이 마땅히 백세(百歲)에 이를 수 있는 것과 같다. 왕자(王者)가 될 수 없어서 물러나서 패자(霸者)가 되었다. ···· 왕자(王者)와 패자(霸者)는 동일한 사업이고, 우열(優劣)의 이름을 달리한다.259)

왕충도 역시 패자를 인정하여, 왕자와 패자와는 같은 사업이기는 하지만, 패자는 왕자의 낙오자와 같은 존재로서 취급하고 있다. 왕충의 숙명적 지배자관으로부터 보면, 왕자와 패자와는 숙명적 지배자이며, 이 점에 있어서는 양자는 구별을 짓기 어렵다. 그런데 왕충은, 예(例)로부터 보듯이, 덕을 그 기준으로 해서 왕자와 패자와를 구별하고 있는 것이다. 지배자이면서 최고의 덕을 가지고 있는 인간이 왕자이며, 그 왕의 덕에 미치는 못하는 지배자가 패자라고 하는 것이다. 이러한 패자관은, 왕충이 숙명적 지배자 관을 만들어내고, 지배자는 덕과 무관계라고 하고는 있지만, 역시 덕을 가짐에 의해서 이상적 지배자가 될 수 있다고 하는 왕충의 생각을 엿보게 한다.

---

259) 『論衡』 「氣壽篇」 : 語曰, 圖王不成, 其弊可以霸. 霸者, 王之弊也. 霸本當至於王, 猶壽當至於百也. 不能成王, 退而爲霸. ⋯ 王霸同一業, 優劣異名.

4. 맺음말

천을 절대적 존재로서 인정하고 있는 한, '진리와 지배'를 둘러싼 이전의 모순점은, 굉장히 해결되기 어렵다고 할 수 있겠다. 그러나 왕충은 천의 구조를 '이중의 진리 구조'로 함에 의해서, 그 난문(難問)을 솜씨 좋게 해결하고 있다. 이것은 결국, 천 가운데의 의지적 요소를 부정하는 것으로 이어지고 있다. 이것은 시각을 바꾸면, 천의 진리를 천의 법칙, 도리(道理)로서 볼 수도 있다. 또 상황이 바뀌면 그것이 천의 법칙, 도리(道理)로 바뀌는 것은 그다지 어려운 일이 아니었다고 생각한다. 이러한 점에서 본다면, 왕충의 천에 관한 사고방식은, 사상사적으로 봐서 고대의 천론에서 북송 이후의 천론으로 한 걸음 다가가고 있다고도 볼 수 있다. 그러나 이러한 천론으로부터 당시의 왕조를 본다면 어떻게 될까. 덕과는 무관계로, 다만 우연하게 지배자로 된 것이, 당시의 왕이 되는 것이다. 이러한 이론이 당시의 왕조로부터 허용될 수는 없다고 생각한다. 왕충도 물론 이에 대해 숙지하고 있었음에 틀림없다고 생각한다. 그래서 한왕조의 학자로서 '한(漢)을 위해서'라고 하는 강한 대한의식(大漢意識)을 가지고 있었던 왕충은, 당시의 왕조를 덕과의 관계에 있어서 설명하고, 옹호하려고 시도하고 있는데, 여기에 대해서는 후일(後日)을 기약하고자 한다.